내적치유와 축귀능력을 받기 원하는 분의 책

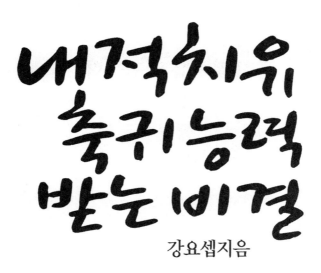

내적치유 축귀능력 받는 비결

강요셉지음

능력은 자신 안 성전에서 성령으로 발원된다.

성령

내적치유 축귀능력
받는 비결

성령

들어가는 말

내적치유와 축귀능력은 크리스천들을 영적으로 바꾸는데 기본적인 능력입니다. 필자가 이 책을 집필하게 된 동기가 있습니다. 필자를 찾아와 치유와 능력을 받는 작은 교회 목회자들이 하나같이 내적치유와 축귀능력을 받게 해달라고 합니다. 모두 교회를 자립성장 시키기 위하여 전도하고 치유하여 정착시키는데 필요한 능력이기 때문입니다.

내적치유와 축귀능력을 받으려는 분들은 능력을 받을 때까지 기다려서는 절대로 능력이 나타나지 않습니다. 내적치유와 축귀사역을 하려고 해야 합니다. 내적치유와 축귀사역을 할 때 능력이 나타나는 것입니다. 자신은 능력이 없지만 자신의 주인인 성령님이 하신다고 생각하고 상황을 만들어서 적극적으로 사역을 하시기를 바랍니다. 그러면 성령께서 역사하여 내적치유와 축귀사역을 인도하실 것입니다. 기다려서는 영원한 천국에 갈 때까지 내적치유와 축귀사역을 하지 못할 수도 있습니다.

능력이란 이미 예수를 믿을 때 자신에게 와있는 것입니다. 자신에게서 나타나게 하는 것은 사역을 하는 것입니다. 절대로 능력은 사용하지 않는 목회자에게는 나타나지 않습니다. 담대하게 적극적으로 상황을 만들어서 사역을 하려고 하는 사역자에게 나타나는 것입니다. 능력이 나타나는 개념이 자신에게 내적치유하고 귀신을 축사하고 싶은 감동을 주십니다. 내적치유와 귀신을 축사해야 되는 상황이 주어지기도 합니다. 자신 앞에 영육의 환자가 찾아온다는 것입니다. 이때 자신에게 능력이 없다고 시도하지 않으면 상당한 기간 동안 연단을 받게 됩니다.

자신은 능력이 없다고 생각될지라도 성령께서 하신다고 믿고 담대하게 손을 얹어 기도하면 성령의 역사가 일어나면서 내적치유와 귀신축사가 이루어집니다. 물론 사역하면서 여러 부족한 부분도 발견하게 되는 것이지요. 점차로 부족한 부분을 보강하면서 내적치유와 귀신을 축사하는 전문사역자가 되는 것입니다. 처음 시도가 중요합니다. 시도하여 날이 새도록 고생할 수도 있습니다. 어떤 때는 영적인 손상을 당하여 고통을 당할 수도 있습니다. 이 모든 것이 전문사역자가 되어가는 훈련입니다. 성령께서 훈련하시는 것이지요. 중간에 포기하지 말고 사역을 계속하면 점점 능숙한 사역자가 되는 것입니다.

이 책은 필자가 지난 18년 동안 사역을 하면서 체험한 일부를 정리 종합한 책입니다. 이 책을 읽어보면 내적치유와 축귀사역에 자신이 생길 것입니다. 부디 이 책을 통하여 많은 내적치유와 귀신을 쫓아내는 사역자들이 탄생하기를 바랍니다. 그래서 주님의 소원인 이 땅에 하나님의 나라가 건설되기를 소원합니다.

주후 2017년 05월 20일

충만한 교회 성전에서

저자 강요셉목사

세부적인목차

1부 능력의 기본적인 영적원리를 이해하라.

1장 능력이란 무엇인가 바르게 인식하라

(요15:7)"너희가 내 안에 거하고 내 말이 너희 안에 거하면 무엇이든지 원하는 대로 구하라. 그리하면 이루리라."

성령의 능력은 자신의 옛 사람이 없어지면 질수록 강하게 나타납니다. 성령의 능력은 성령님으로 발원하기 때문입니다. 성령의 능력은 성령님을 주인으로 인정하는 사람을 통하여 나타나는 것입니다. 그렇기 때문에 성령의 역사를 일으키고, 병자를 치유하고, 내적인 상처를 치유하고, 귀신을 축사하는 목회자나 사역자가 능력이 있는 것이 아닙니다. 사역하는 목회자나 사역자의 마음 안 성전에 주인으로 계시는 성령님의 능력인 것입니다. 절대로 성령의 역사를 일으키고, 병자를 치유하고, 내적인 상처를 치유하고, 귀신을 축사하는 목회자나 사역자가 능력이 있다고 인정하거나 말하면 안 됩니다. 사역하는 목회자나 사역자는 예수를 믿을 때 죽었습니다. 다시 예수님으로 태어난 사람입니다. 하나님께서 분명하게 말씀하셨습니다. "그리스도의 사랑이 우리를 강권하시는 도다. 우리가 생각하건대 한 사람이 모든 사람을 대신하여 죽었은즉 모든 사람이 죽은 것이라. 그가 모든 사람을 대신하여 죽으심은 살아 있는 자들로 하여금 다시는 그들 자신을 위하여 살지 않고 오직 그들을 대신하여 죽었다가 다시 살아나신

이를 위하여 살게 하려 함이라(고후 5:14-15)"

분명하게 "자신을 위하여 살지 않고 오직 그들을 대신하여 죽었다가 다시 살아나신 이를 위하여 살게 하려 함이라고" 하셨습니다. 예수님을 위하여 살게 하려고 부르신 것입니다. 예수님께서 하신 일을 하게 하려고 부르신 것입니다. 예수님은 영이십니다. 육체가 죽지 않고 예수님을 위하여 살아갈 수가 없습니다. 그래서 죽었다가 다시 살아나 예수님으로 살도록 하시는 것입니다. 이제 자신의 인간적인 생각이나 지혜나 열심으로 살지 말아야 합니다. 성령의 인도를 받아야 합니다. "무릇 하나님의 영으로 인도함을 받는 사람은 곧 하나님의 아들이라(롬 8:14)" 그래서 하나님은 "만일 우리가 성령으로 살면 또한 성령으로 행할지니(갈 5:25)" 라고 말씀하십니다.

예수를 믿고 성령으로 거듭난 성도는 성령으로 깨달아야 하고, 성령으로 기도해야 합니다. 자신은 예수를 믿을 때 죽고 다시 예수로 태어나 예수님을 위하여 살기 때문입니다. 예수를 믿고 성령으로 거듭난 크리스천들은 특별하고 위대한 사람들입니다. 예수님의 인생을 살고 있기 때문입니다. 그렇기 때문에 빠른 시간 내에 자신이 없어지고 순수하게 성령으로 깨닫고, 성령으로 기도하면서 성령의 지배와 인도를 받아야 합니다. 그래야 하나님께서 주시는 것들을 온전하게 누리면서 살아갈 수가 있는 것입니다.

하나님은 관념적인 하나님이 아닙니다. 영이시지만 살아서 역사하시는 실제적인 하나님이십니다. 살아서 역사하시는 성령하나님으로 꽉 채워지려면 먼저 알고 믿어야 할 것이 있습니다. 다름이 아니라 자신은 예수를 믿을 때 죽고, 다시 예수로 태어났다는 것입니다. 지금 자신이 사는 것은 예수님으로 사는 것입니다. 예수님은 자신 안 성전에 주인으로 계십니다. 자신 안 성전에 주인으로 계시는 예수님은 영이십니다. 영이신 예수님은 성령으로 살아서 역사하십니다. 살아서 역사하시는 성령하나님이 자신 안에 꽉 채워져야 예수님으로 다시 태어난 사람답게 초자연적인 능력을 나타내면서 살수가 있기 때문입니다.

자신이 예수를 믿을 때 죽은 것을 잘 모르고 자신이 주인 되어 살기 때문에 능력이 부실한 것입니다. 빨리 자신이 죽어야 합니다. 자신이 죽어 없어지면 질수록 능력은 강해지는 것입니다. 반대로 자신이 살아있으면 있을수록 능력은 부실한 것입니다.

생명의 말씀과 성령으로 자신이 없어지면 질수록 자신의 능력은 강해지는 것입니다. 능력은 자신이 무능하다는 진리를 깨달으면 깨달을수록 강해지는 것입니다. 하나님은 이렇게 말씀하십니다. "아무도 자신을 속이지 말라 너희 중에 누구든지 이 세상에서 지혜 있는 줄로 생각하거든 어리석은 자가 되라 그리하여야 지혜로운 자가 되리라(고전 3:18)" 어리석은 자가 되어야 지혜로운 자가 된다는 하나님의 말씀입니다. 이 또한 깨달아야 자신의 것이 되는 것입니다. 예수님은 요한복은 8장 43절에서 이렇게 말씀하십니다. "어찌하여 내 말을 깨닫지 못하느냐 이는 내 말을 들을 줄 알지 못함이로다." 예수님의 말씀인 진리를 깨달으려면 예수님의 말씀이 들리고 알아야 한다는 말씀입니다. 예수님의 말씀이 들리고 깨달아 알아지려면 성령으로 충만해야 가능합니다. "우리가 이것을 말하거니와 사람의 지혜가 가르친 말로 아니하고 오직 성령께서 가르치신 것으로 하니 영적인 일은 영적인 것으로 분별하느니라(고전 2:13)" 성령으로 진리를 깨달아 자신이 없어지고 성령으로 충만하면 능력은 저절로 강해지는 것입니다. 성령으로 하나가 되어가기 때문입니다. 예수님은 "그 날에는 내가 아버지 안에, 너희가 내 안에, 내가 너희 안에 있는 것을 너희가 알리라(요 14:20)" 말씀하셨습니다. 성령으로 세례를 받으면 예수님과 하나가 된다는 뜻입니다. 성령께서 깨달아 알게 하시는 것입니다. 절대로 조금 머리로 안다고 교만하지 말고 예수님과 하나가 되어 성령으로 깨달아야 합니다. 하나님은 고린도전서 8장 2절에서 "만일 누구든지 무엇을 아는 줄로 생각하면 아직도 마땅히 알 것을 알지 못하는 것이요" 경고하셨다는 것을 명심해야 합니다.

성령의 능력은 반드시 성령님을 주인으로 인정하고 구하고 찾고 행해야 나타나신다는 것입니다. 영적인 생활을 위하여 유익하다는 것을 깨닫고 구하고 사용하면 나타나는 것입니다. "각 사람에게 성령을 나타내심은 유익하게 하려 하심이라"(고전 12:7). 목회자라도 목회에 필요성을 깨닫고 구해야 능력이 나타나는 것입니다. 성령의 능력을 안다고 나타나는 것이 아니고, 필요성을 인식하고 구하고 사용해야 나타나는 것입니다. 성령님이 자신 안에 성전삼고 주인으로 계시더라도 관심가지고 찾고 구하고 행해야 나타나는 것이 성령님의 속성이시기 때문입니다.

분명하게 내적치유의 능력은 내적치유 사역을 하면서 사용하게 하기 위하여 주시는 것입니다. 그렇기 때문에 내적치유 사역에 관심을 가지고 성도들의 잠재의식을 치유하여 영적인 성도로 양육하기 위하여 필요성을 느끼고 구하는 사역자에게 내적치유 능력을 주시는 것입니다. 직접 목회 현장에서 내적치유 사역을 할 때 능력이 나타나는 것입니다. 내적치유사역을 하지 않으면 능력이 나타나지 않습니다. 성령의 능력은 사용하는 사역자를 통하여 나타내시는 것입니다. 축귀능력도 마찬가지입니다. 축귀사역에 관심을 가지고 구하는 사역자에게 주시는 것입니다. 축귀능력이 나타나는 시점은 축귀사역을 할 때 나타내십니다.

축귀사역을 하지 않으면 축귀능력은 나타나지 않습니다. 귀신을 축사하는 사역을 할 때 나타나는 것입니다. 목사님들은 모두 성령이 내주하는 분들입니다. 그렇지만 내적치유나 축귀사역에 관심을 갖지 않으면 내적치유나 축귀능력은 나타날 이유가 없는 것입니다. 아무리 큰 교회 목회를 하시는 목사님이라 할지라도 내적치유와 귀신축사에 관심을 갖지 않고 사역하시지 않으면 나타나지 않을 수가 있는 것입니다. 내적치유나 축귀능력은 직접 사역을 하는 사역자가 사역을 할 때 나타나는 것입니다. 그렇기 때문에 내적치유나 축귀능력은 모든 목회자에게 나타나지 않을 수가 있는 것입니다.

그러나 작은 개척교회를 목회하는 목화자라도 목회와 사역에서 내적치유와 축귀의 능력이 필요하여 구하고 찾고 내적치유와 축귀사역을 행하려고 한다면 성령님이 나타나십니다. 성령님의 인도에 순종하면서 성령의 역사를 일으키는 사람을 통하여 내적치유와 축귀의 능력이 나타나게 하시는 것입니다. 내적치유와 축귀의 능력은 목회 사역할 때 현장에서 나타나는 것입니다. 목회 현장에서 내적치유와 축귀사역을 하지 않으면 나타나지 않습니다. 성령님은 인격이시기 때문에 반드시 찾고 구하고 행해야 나타나십니다.

초보 목회자와 성도들은 내면을 강화시키는 것보다 외형으로 나타남을 추구합니다. 영적인 능력도 밖으로 무엇이 나타나야 강한 것으로 인식을 하고 추구합니다. 기도를 하더라도 밖으로 보이는 역사를 나타내려고 합니다. 능력을 받는 것도 마찬가지입니다. 밖으로 나타나는 행동을 하면서 능력이 나타나기를 소원합니다. 성령의 역사를 일으키는 것도 마찬가지입니다. 꼭 밖으로 어떤 동작이나 행동이 나타나야 성령으로 충만한 것으로 인식하는 경향이 있습니다. 그러다가 진리를 깨닫고 깊어지면 외형으로 나타나는 현상보다도 내면의 변화와 평화를 추구하게 됩니다. 내면이 안정되지 않으면 아무것도 되는 것이 없다고 느끼고 깨닫게 됩니다. 내면의 평안이 곧 능력이라는 것을 깨달아 알게 됩니다. 그러나 여기까지 발전하려면 많은 시행착오와 시련과 고통을 통과해야 깨닫게 됩니다. 그래서 "존귀하나 깨닫지 못하는 사람은 멸망하는 짐승 같도다(시 49:20)" 하시는 것입니다.

내면이 부실하니까, 밖에서 부족을 채우려고 합니다. 자신의 노력으로 내면을 강하게 하려고 열심히 하고, 밤잠을 설 처가면서 인간적인 노력을 합니다. 그러다가 건강에 문제가 발생하기도 합니다. 스트레스가 과하여 불면증이나 우울증이나 불안 장애가 발생하기도 합니다. 피부병이 발생하기도 합니다. 내면이 부실하여 마음을 몸이 따라주지 못하기 때문에 일어나는 현상입니다. 아토피도 마찬가지입니다. 피부에 아무리 약을 발라도 치유가 되지 않습니다. 내면을 강하게 하면 피부병도 치유가 됩니다. 이런 몸을 치유하려고 영양주사를 맞고 심지어 프로포폴을 투약하여 잠을 자고 평안을 찾으려고 하는 것입니다. 세상 사람들이 모두 한결같습니다. 내면이 부실하기 때문입니다.

　우리가 알아야 할 것은 내면의 능력이 성도를 바꿉니다. 한 때 필자는 주님을 외적으로 경험하는 것과 내적으로 경험하는 것의 차이를 잘 알지 못했습니다. 그 차이는 간단합니다. 외적인 경험은 흥분되고 신나고 달콤하지만 삶과 인격이 바뀌어 지지 않습니다. 그것은 자기 착각과 교만, 판단의 열매를 생산합니다. 그러나 내면의 체험은 사람의 중심을 바꾸어 놓습니다. 그래서 하나님께서 마음 안에 성전삼고 주인으로 임재하신 것입니다.

　이제 저는 분명히 느낍니다. 주님을 외적으로 경험하는 것과 주님을 내면에서 경험하는 것은 다르다는 것입니다. 주님을 내면에서 경험해 갈 때 그것은 당신의 삶 자체를 바꿉니다. 성향 자체를 바꿉니다. 내면의 능력이 강해지면 사람들을 미워하는 것이 점차로 불가능해집니다. 누군가를 원망하는 것이 점차로 불가능해집니다. 모든 것이 자신의 무지의 소치로 인정하게 됩니다. 내면이 강해져야 성도가 변합니다. 밖으로 나타나는 경험을 찾아다니는 성도들은 어떤 면에서 건강하지 않습니다. 필자는 거의 매일 밖으로 나타나는 현상에 치우치지 말고 진정한 변화를 추구하라고 강조 합니다. 사람은 자신이 갖춘 외적인 능력을 통해 존경을 받고 내적인 성품을 통해 신뢰를 얻는 것이기 때문입니다. 아무리 외적인 능력이 강해도 사람들에게 신뢰를 받지 못하면 헛것이라는 것입니다.

　밖으로 나타나는 경험을 찾아다니는 성도들은 역시 여기가 제일 성령의 불이 세다고 말합니다. 거기는 좀 약하다고 합니다. 거기는 영이 깨끗하다고 말합니다. 거기는 좀 영이 흐린 것 같다고 그들은 말합니다. '아무개 목사님은 영 권이 강하다고' 하고 '아무개 목사님 영 권 많이 떨어 졌대'라고 그들은 말합니다. 그들은 언제나 더 좋고 강하고 자극적인 것을 찾아다닙니다. 조금 있다가 다른 곳을 찾아갑니다. 내면의 성숙을 위하여 찾아다니는 것이 아니고 외부에서 나타나는 현상을 느끼려고 찾아다닙니다. 특별하게 조금 영적인 것을 안다고 하는 초보 목회자들이 이리저리 돌아다닙니다. 이들은 주님을 사랑하는 것이 아니라, 자신의 느낌을 사랑하는 것입니다. 자신의 내면을 보지 못하고 능력이 있다는 사역자만 바라보고 사역자에게 무엇을 얻을 수 있을까 치중하면서 돌아다닙니다. 나타나는 현상에 치중하면 자신을 정확하게 보지 못하고 자신 안에 주인으로 계시는 하나님을 만나지 못하는 것입니다. 나중에 깨닫고 보면 사람에게 얻을 것이 없다는 것을 알게 됩니다. 절대로 인격의 성숙이 되지 않습니다. 내면이 성숙해서 밖으로 은사가 나타나야 합니다. 내면을 성숙을 먼저 추구하라는 말입니다. 목회자들도 마찬가지입니다. 나타나는 현상을 체험하려고 돌아다니지 말라는 것입니다. 내면이 강해져야 외적인 능력이 강해지는 것입니다.

필자가 말하는 것은 권능이 있는 사역자를 찾아가지 말라는 말이 아닙니다. 그 사역자를 통하여 자신 안에 성전삼고 주인으로 계시는 하나님과 관계를 열라는 것입니다. 내면을 생명의 말씀과 성령으로 꽉 채우라는 것입니다. 그 목사님에게 역사하는 성령의 역사가 자신에게 나타나게 하라는 것입니다. 진리의 말씀도 자신의 마음 안에서 성령으로 깨닫고 전하는 수준을 만들라는 것입니다. 그렇게 되려면 자신을 바라보아야 합니다. 자신의 내면에 집중해야 합니다. 하나님은 관심을 가지고 찾는 자에게 찾아오시고 역사하십니다. 자신 안에 성전삼고 주인으로 계셔도 찾지 않고 관심 갖지 않으면 주무신다는 것을 깨닫고 알아야 합니다. 자신 안에 주인으로 계시는 하나님을 찾으십시오.

　주님을 내면으로 경험하십시오. 외적인 능력과 은혜는 사모하면 누구나 받을 수 있습니다. 민감한 체질이면 더 쉽게 여러 가지를 경험 할 것입니다. 그러나 진정 자신을 주님께 드리고 진정 그분이 없으면 세상을 살아갈 수가 없다는 의식으로 변화되지 않는다면 그분을 내적으로 경험하지는 못합니다. 항상 내면이 부실한 사람들이 됩니다. 진정 자신의 욕망과 겉 사람을 십자가에 못 박고, 오직 주님을 기쁘시게 해드리겠다는 일념과 헌신만이 외적으로 나타나는 일시적인 능력이 아닌 참된 주님과의 교통으로 사람으로 성숙되어 가는 것입니다

　영적능력과 영적지혜는 어디에서 나올까요? 그 원천은 많겠으나 무엇보다 자기를 관찰하는 노력에서 나온다고 봅니다. 자기를 알아야 합니다. 자신이 얼마나 무능한지를 깨달아야 합니다. 밖

으로 나타나는 현상에 치유치지 않고 자신을 정확하게 보는 눈이 열려야 합니다. 백전백승의 전제조건인 지피지기도 자기를 관찰해야만 얻을 수 있습니다. 능력은 성령으로 채워진 예수님의 능력입니다. 예수님은 대중들에게 지탄을 받는 일은 절대로 하지 않으셨습니다. 내면이 강하셨기 때문입니다. 하나님께서 함께 하셨기 때문입니다. 능력은 주변사람들에게 환영을 받는 능력도 포함이 됩니다.

성령의 능력은 죄와 싸워서 이길 수 있는 힘입니다. 육체의 소욕을 따르지 않고 성령을 좇아 행할 수 있는 것(갈 5:16-18)이 곧 성령 충만으로 말미암는 능력입니다. 이것은 자기를 부인하는 일과 하나님을 믿고 맡기는 생활에서 구체적으로 나타납니다. 체험하고 깨달아야 강해지는 것입니다. 자신을 정확하게 성찰하여 자신의 무능함을 인정해야 강해지는 능력입니다. 예수님은 이렇게 말씀하십니다. "또 무리에게 이르시되 아무든지 나를 따라 오려거든 자기를 부인하고 날마다 제 십자가를 지고 나를 좇을 것이니라(눅 9:23)"

예수님은 당신을 따르고자 하는 많은 사람들에게 미리 말씀하셨습니다. 그러나 제자들마저 이 말씀에 부응하지 못했습니다. 진정한 말씀의 뜻을 깨닫지 못했기 때문입니다. 저들은 죽음의 공포와 자기 목숨에 대한 애착을 끊지 못했기 때문입니다. 자기를 부인하는 것은 인간 스스로가 극복하기 힘든 과정임에 틀림없습니다. 반드시 체험해야 극복할 수가 있는 것입니다. 자신의 나약함을 인정해야… 자신이 없어져야 가능한 것입니다. 자신이 없어지려면 자신이 얼마나 나약한 존재인지 체험해야 가능한 것입니다. 스스로 자기를 부인하는 것은 많은 세월이 걸리는 것입니다. 자신의 능력과 지혜로 세상을 살아가다가 많은 시행착오와 고통을 당해보아야 비로소 자신을 바르게 알 수 있기 때문입니다.

그러나 성령이 임하시고 난 후에는 사정이 달라졌습니다. 주님께서 십자가에 못 박히신 후 불과 50일이 지났을 뿐입니다. 부활하신 예수께서는 승천하시기까지 40일을 제자들에게 나타나사 하나님 나라의 일을 말씀하셨습니다(행 1:3). 제자들이 기도하면서 성령 세례를 기다린 시일은 겨우 10여 일 정도였습니다.

이 사실로 미루어 볼 때 오순절 날 임하신 성령님은 변화의 주체이시요, 능력 그 자체라는 것을 알 수 있습니다. 한마디로 성령님이 믿는 자들의 생각과 행동이 100% 바뀌는 것이라는 것을 알 수가 있습니다. 부정적인 사람들이 긍정적인 사람으로 바뀌는 계기가 된 것입니다. 그 어디에도 인간의 노력이나 공로를 가미할 구석이 전혀 없습니다. 전혀 기도에 힘썼다고 합니다. 그렇다면 그 기도의 내용이 무엇이었을까를 스스로 생각해 보시기를 바랍니다.

주님이 승천하셨을 때 제자들에게 남은 유일한 소망은 예수님이 약속하신 말씀이 이루어지는 때를 바라보고 기다리는 일이었습니다. 이제 더 이상 자신들의 의지와 결심을 믿을 수 없었습니다. 오직 성령님이 오셔야 했습니다. 그럴 때 이 어둠과 온갖 무지가 사라질 것이기 때문입니다. 자기의 지혜와 능력과 노력으로 산다는 생각이 없어지기 때문입니다. 자기가 없어지니 내면에서 성령의 능력과 지혜가 자신을 주장하게 되는 것입니다. 성령 세례는 먼저 제자들의 속을 새롭게 만들었습니다. 그야말로 새 영으로 인해 새 마음을 입은 것입니다. "또 새 영을 너희 속에 두고 새 마음을 너희에게 주되 너희 육신에서 굳은 마음을 제하고 부드러운 마음을 줄 것이며(겔 36:26)" 믿는 사람들의 내면이 바뀌는 것입니다. 하나님의 능력과 지혜가 나타나는 사람들이 되는 것입니다.

모든 것이 하나님을 찾는 자들과 순종하는 자들에게 주어진 것입니다. "저가 또한 우리에게 인치시고 보증으로 성령을 우리 마음에 주셨느니라(고후 1:22)" 순종하는 자들에게 성령으로 인을 쳐서 보증하여 주신 것입니다. 하나님은 순종하는 자들에게 이렇게 말씀하십니다. "주께서 가라사대 그 날 후로는 저희와 세울 언약이 이것이라 하시고 내 법을 저희 마음에 두고 저희 생각에 기록하리라 하신 후에 또 저희 죄와 불법을 내가 다시 기억하지 아니하리라 하셨으니(히 10:16-17)" 그 결과 자기 부인이 가능해졌습니다. 무능한 자기를 신뢰하지 않는 자들이 되었습니다.

그렇다면 "외부(율법)로부터 오는 명령"과 "자발적으로 순종하는 마음"의 차이는 무엇일까요? 그것은 옛 언약과 새 언약을 바로 이해하는 데서부터 시작이 됩니다. "나 여호와가 말하노라 보라 날이 이르리니 내가 이스라엘 집과 유다 집에 새 언약을 세우리라…나 여호와가 말하노라 그러나 그 날 후에 내가 이스라엘 집에 세울 언약은 이러하니 곧 내가 나의 법을 그들의 속에 두며 그 마음에 기록하여 나는 그들의 하나님이 되고 그들은 내 백성이 될 것이라(렘 31:31,33)"

"새 언약이라 하셨으매 첫 것은 낡아지게 하신 것이니 낡아지고 쇠하는 것은 없어져 가는 것이니라(히 8:13)" 옛 언약은 기록된 율법입니다. 그리고 새 언약은 새 마음을 뜻하는 것입니다. 성령께서 주인 된 마음입니다. 마음에 성전삼고 임재하신 하나님이십니다. 마음 안에 성전에 주인으로 계시는 하나님께서 우리에게 주시는 것은 새로운 율법이나 윤리체계가 아닙니다.

크리스천의 모든 능력은 이 새 마음속에 있습니다. 새 마음인 성전 속에 하나님께서 주인으로 계시기 때문입니다. 하나님은 이렇게 말씀하십니다. "우주와 그 가운데 있는 만물을 지으신 하나님께서는 천지의 주재시니 손으로 지은 전에 계시지 아니하시고, 또 무엇이 부족한 것처럼 사람의 손으로 섬김을 받으시는 것이 아니니 이는 만민에게 생명과 호흡과 만물을 친히 주시는 이심이라(행 17:24-25)" 하나님은 인격이시라, 벽돌로 지은 예배당과 교통하실 수가 없습니다. 하나님은 믿는 자의 새 마음 안에 성전삼고 계십니다. 새 마음 안에 성전삼고 계시는 하나님으로부터 마음 안에서 능력이 분출되는 것입니다. 그래서 자신이 없어지면 질수록 내면의 능력과 지혜가 강해지는 것입니다.

나면서 앉은뱅이 된 사람을 고친, 베드로를 에워싸는 백성들을 향한 그의 고백은 사뭇 충격적입니다. "나은 사람이 베드로와 요한을 붙잡으니 모든 백성이 크게 놀라며 달려 나아가 솔로몬의 행각이라 칭하는 행각에 모이거늘 베드로가 이것을 보고 백성에게 말하되 이스라엘 사람들아 이 일을 왜 기이히 여기느냐 우리 개인의 권능과 경건으로 이 사람을 걷게 한 것처럼 왜 우리를 주목하느냐(행 3:11-12)" 세상 사람들은 베드로가 앉은뱅이를 고친 줄로 알고 모여듭니다. 그러니까, 베드로가 자신이 한 것이 아니라, 자신 안에 성전삼고 주인으로 계시는 하나님께서 하신일이라고 담대하게 말합니다. 내안에 주인으로 계시는 하나님의 능력으로 이 사람을 고쳤다고 외칩니다. "그 이름을 믿으므로 그 이름이 너희 보고 아는 이 사람을 성하게 하였나니 예수로 말미암아 난 믿음이 너희 모든 사람 앞에서 이같이 완전히 낫게 하였느니라(행 3:16)"

이전의 인간적이고 기고만장하던 베드로가 아닙니다. 자신을 부인하고 도리어 예수님과 부활을 증거하는 증인으로 담대히 외치고 있습니다. 오순절 날 성령으로 세례를 받고 베드로가 완전하게 바뀐 것입니다. 능력은 자신이 없어지고 하나님께서 주인된 것은 담대하게 선포할 때 강해지는 것입니다. 한마디로 인격이 바뀌어야 가능한 것입니다. 인격을 누가 바뀌게 합니까? 성령께서 하시는 것입니다. 성령님이 아니고서는 인격이 바뀔 수기 없습니다. 인간적인 노력으로 인격이 바뀔 수가 없습니다. 대통령이 되어도 바뀔 수기 없습니다. 아니 인간성이 더 나빠질 수가 있습니다. 그러나 성령으로 세례 받은 베드로는 순간 바뀌었습니다. 유대인들과 관원들의 무리도 더 이상 두려워하지 않습니다. "베드로와 요한이 대답하여 가로되 하나님 앞에서 너희 말을 듣는 것이 하나님 말씀을 듣는 것보다 옳은가 판단하라. 우리는 보고 들은 것을 말하지 아니할 수 없다 하니 관원들이 백성을 인하여 저희를 어떻게 행할 도리를 찾지 못하고 다시 위협하여 놓아

주었으니 이는 모든 사람이 그 된 일을 보고 하나님께 영광을 돌립이러라(행 4:19-21)"

나아가 이스라엘의 공회 앞에서도 여전히 담대하기만 합니다. 하나님께 영광을 돌립니다. 오히려 기쁨으로 고난을 감당하고 있습니다. 이런 놀라운 변화야말로 새 마음으로 말미암은 내적인 능력에서 비롯된 것입니다. 베드로의 내면이 성령으로 바뀌니까, 능력이 강해진 것입니다. "사도들은 그 이름을 위하여 능욕 받는 일에 합당한 자로 여기심을 기뻐하면서 공회 앞을 떠나니라. 저희가 날마다 성전에 있든지 집에 있든지 예수는 그리스도라 가르치기와 전도하기를 쉬지 아니하니라(행 5:41-42)" 이러한 일로 당황한 것은 도리어 대제사장들과 공회였습니다(행 4:13-14). 불과 며칠 전만 해도 유대인들을 두려워했던(요 20:19) 모습은 어느새 온데간데없이 사라졌습니다. 그리고 "날마다 제 십자가를 지고" 주님을 끝까지 따라갔습니다. 사도들의 삶은 내적 변화와 진정한 능력이 무엇인지를 새삼 생각하게 합니다.

베드로가 성령으로 세례를 받고 완전하게 변했습니다. 자신이 지금 어떤 위치에 있으며 누가 함께하고 있는지 바르게 깨달았기 때문입니다. 깨달음이란 생명보다 더 위대한 것입니다. 그리고 육안으로 보거나 육신의 도구로 만질 수 있는 것보다 더 위대한 것을 아는 과정입니다. 깨달음이란 그런 것보다 더 위대한 것, 즉 우리 내면에 있는 우주의 진정한 통치자를 알기 시작하는 순간입니다. 이는 반드시 성령으로 되는 것입니다.

2장 능력의 발원지를 바로알고 받아라.

(고전3:16)"너희가 하나님의 성전인 것과 하나님의 성
  령이 너희 안에 거하시는 것을 알지 못하느뇨"

내적치유와 축귀능력을 받으려면 능력이 어디에서 분출되는
가를 바르게 알아야 합니다. 능력은 자신 안 성전에 주인으로 계
시는 성령님이 밖으로 나타나시는 것입니다. 우리에게 그리스도
의 생명을 주시는 분이 성령입니다. 우리가 성령을 구하는 이유
가운데 하나는 성령이 세상을 새롭게 하며, 성령의 능력은 우리
시대의 수많은 장해와 장벽들을 깨뜨려 우리가 성령 안에서 하나
가 되게 합니다. 우리 속에 다양한 갈등을 극복할 수 있는 내적인
힘도 주시고 주님의 거룩한 사역에 동참할 수 있도록 하십니다.
우리도 서로 섬기고, 화해와 평화를 위해 일하게 하시며 매 순간
주님을 사랑하게 하며 영화롭게 그리고 주님께 감사하게 하시는
이도 성령님이십니다.

예수님이 우리 성도들에게 주시고자 하는 것이 바로 성령의 권
능입니다. 성령은 우리를 억압하고 통제하며 지시하는 권능이 아
니고 치유하고, 화해하며, 통합하는 권능입니다. 성령은 우리 성
도 각자에게 권능을 주시고 우리로 하여금 성령의 권능의 존재로
살아가게 합니다. 성령으로 충만하며 성령의 기름 부으심이 넘치
면 우리의 삶이 역동적이고 충만하게 달라집니다. 성령이 함께하
시면 우리가 어떠한 핍박가운데에도 무엇을 말하고 어떻게 행동

할지를 알게 하시며 두렵지 않게 합니다. 하나님의 영이 우리를 통해 말씀하실 것을 알기 때문입니다. 마태복음 10장 19-20절에서 예수님은 너희를 넘겨줄 때에 걱정하지 말라고 말씀하십니다. 그 때에 너희 속에 성령이 말씀하시기 때문입니다.

성령 안에서는 어떠한 역경과 핍박 가운데서도 우리의 영이 자유로울 수 있습니다. 고통의 순간에도 하나님 우편에 계신 주님을 바라보게 하시기 때문입니다. 성령은 우리 안에서 풍성한 열매를 맺게 하십니다. 가족 교회 같은 소규모 공동체뿐만 아니라, 지역과 세계를 넘나드는 역동성이 있습니다. 성령의 신비는 말로 다할 수 없습ㄴ다. 성령은 예수님께서 우리에게 주신 선물 중의 선물입니다. 우리는 이 성령님으로 말미암아 영으로 찬양하며 기도하고 주님의 성전이 되어 생명 되신 그리스도를 삶 가운데 드러나게 합니다. 성령으로 내적치유와 축귀능력을 받으려면 성전개념을 바르게 정립해야 쉽게 능력을 받을 수가 있습니다. 자신 안 성전에 주인으로 계시는 성령으로 내적치유와 축귀능력을 받을 수가 있기 때문입니다.

첫째, 자신 안에 성전이 있다. 내적치유와 축귀능력을 받으려면 능력의 발원지를 바르게 인식하고 있어야 합니다. 내적치유와 축귀능력은 자신 안 성전에서 분출되는 것입니다. 교회가 자신 안에 있기 때문입니다. "너희가 하나님의 성전인 것과 하나님의 성령이 너희 안에 거하시는 것을 알지 못하느뇨(고전3:16)" 흔히 너무도 많은 사람들이 교회라고 착각하고 있는 교회건물은 교회당, 예배당일 뿐이지 정확한 의미에서 교회당은 교회가 아닙니다. 뿐 만 아니라, 인간이 만든 조직이나 제도 역시 그 자체가 교회는 아니며, 그 자체가 신성한 것도 아닙니다(그것은 대치적 교회구조일 뿐, 결코 교회 본질의 일부가 될 수 없습니다). 뿐만 아니라, 교회당 건물을 "성전"이라고 부르는 것은 우민화된 증거이자, 무지의 소치이며, 반성경적인 것이기도 합니다. 교회당 건물을 "주님의 집"이라고 하는 것은 부당합니다. 왜냐하면 교회란 곧 믿는 사람들이기 때문입니다. 분명하게 하나님은 "우주와 그 가운데 있는 만물을 지으신 하나님께서는 천지의 주재시니 손으로 지은 전에 계시지 아니하시고, 또 무엇이 부족한 것처럼 사람의 손으로 섬김을 받으시는 것이 아니니 이는 만민에게 생명과 호흡과 만물을 친히 주시는 이심이라(행 17:24-25)"

"너희가 하나님의 성전인 것과 하나님의 성령이 너희 안에 거하시는 것을 알지 못하느뇨(고전3:16)" "너희 몸은 너희가 하나님께로부터 받은바 너희 가운데 계신 성령의 전인 줄을 알지 못하느냐 너희는 너희의 것이 아니라(고전6:19)" "하나님의 성전과 우상이 어찌 일치가 되리요, 우리는 살아 계신 하나님의 성전이라(고후6:16)" "그의 안에서 건물마다 서로 연결하여 주 안에서 성전이 되어 가고 너희도 성령 안에서 하나님의 거하실 처소가 되기 위하여 예수 안에서 함께 지어져 가느니라(엡2:21-22)" "만일 내가 지체하면 너로 하나님의 집에서 어떻게 행하여야 할 것을 알게 하려 함이니 이 집(성도)은 살아 계신 하나님의 교회요 진리의 기둥과 터이니라(딤전3:15)"

건물 성전 시대는 이미 지나갔으며 폐지되었습니다. 진정한 기독교는 더 이상 거룩한 장소나 건물을 갖고 있지 않고 오직 거룩한 사람들만 소유하고 있습니다. "교회 건물을 건축해야 한다!"는 성경적 근거를 찾아내기는 대단히 어렵습니다. 성경적 근거가 있기는 고사하고 성전에서 행해지던 피의 희생제도와 제사장직도 이미 지나갔으므로 이제 교회는 건물이 필요하지 않다고 성경은 명백히 주장하고 있습니다.

사도행전7장 44~60절을 보면 스데반은 건물 성전이 더 이상 필요 없다고 주장하다가 순교했습니다. "그러나 지극히 높으신 이는 손으로 지은 곳에 계시지 아니하시나니 선지자가 말한바(행 7:48)" 그러나 신약성경에는 십일조제도가 있습니다(마23:23). 초대교회에는 오직 연보만 존재했었는데 그때 연보를 건물이나 회당 건축용도로 사용했다는 기록이 없습니다. 초대교회는 교회당 건물들을 건축하지 않았습니다. 하나님께 드려진 헌금(연보)를 건축으로 낭비하지 않았다는 의미입니다. 그들은 가정에서 모였고, 성령의 친교 (Koinonia)로 개방적이었으며 영적 은사를 행사함으로 세포 분 방식으로 정신없이 성장해 갔습니다.

이와는 대조적으로 중세시대에서는 크고 화려한 교회 건물을 짓기 시작했으며, 건물에 비중을 두게 됩니다. 기득권의 탐욕과 명예를 위해 성경의 자의적 해석했으며 강단에서 비진리가 진리인 냥 선포되었고, 부와 명예, 권세가 종교 지도자들에게 집중되었으며 이것으로 인해 자연스럽게 극심한 부패와 타락을 초래했습니다. 중세는 기독교 역사상 -암흑기-로 불립니다. 교회 건물은 성공과 부와 명예를 상징하게 됩니다. 큰 교회일수록 성공과 부와 명예는 더 커집니다. 개 교회 건물들은 곧 바로 건물 지상주의, 계급주의, 제도주의, 교권주의, 물질만능주의, 차별주의, 배타주의로 연결됩니다. 지금 우리는 어떻습니까?

지금의 한국교회 역시 큰 자나, 작은 자나, 다 탐람하여, 크고 화려한 건물과 성공을 위해 장사진을 이루어 일제히 빨리 달리기 시합을 하는 것 같습니다. 교회 건물을 짓는 것이, 하나님께 충성하는 것이라고 믿었던 중세시대 성도들이 자신들의 오류나 맹종을 눈치 챘을까요? 어쩌면 지금도 많은 사람들이 동일한 (愚)우를 범하고 있는지도 모르겠습니다. 어떤 교회 건물도 기능적(Functional)이여야 하며, 수단일 뿐이어야 하며, 결코 목적(an end)이 되어서는 안 됩니다. 성경적이고 올바른 교회관은, 우리 믿음의 집을 짓는데 중요한 요소입니다. 내 영혼과 교회가 중세기의 암흑시대로 돌아가기를 원한다면 그것은 너무나 간단합니다. 건물이나 제도나 감투에 집착하는 것입니다. 더 이상 주객이 전도된 채, 헛된 노력을 경주해서는 안 될 것입니다. 우리는 사도 바울처럼… 넘치는 지혜와 분별력으로 건물을 세우려 할 것이 아니라, 사람을 세워 나가야 할 것입니다.

둘째, 성령의 능력이 자신 안 성전에서 분출된다. 성전보다 더 크신 분(마12:6)이신 예수께서는 왜? 성전을 허무시고(행6:14), 또, 왜? 우리를 하나님께서 친히 거하실 성전으로 삼으셨을까요?(요2:21,고전3:16). 구약에서의 하나님은 사람과 멀리 떨어져 계신 분이셨습니다. 이사야의 표현을 빌리자면 "숨어계신 하나님"(사45:15)이셨습니다. 그러나 하나님의 처소(Habitation of

God)는 (거주지 혹 임재장소)로서 ① 성막(Tent)에서, ② 성전으로(Temple), ③ 인간의 육체로 변해왔습니다.

하박국 2:20절에서 ☞고전 3장 16절이 된 것입니다. 하나님께서는 모형과 그림자에 지나지 않았던 구약의 건물성전을 인간의 몸으로 완성시키신 것입니다. 지구상에서 단 하나뿐이어야 했던 "건물성전"에서 행해지던 제사장직과, 희생제도는 이미 지나간 것이며, 장막의 모형도십자가에 의해 실체로 완성 되었습니다. "너희는 이것이 여호와의 전이라, 여호와의 전이라, 여호와의 전이라 하는 거짓말을 믿지 말라"(렘7:4)는 새 계약을 완성하신 것입니다. 이제 하나님의 성령은 "모든 육체에 임하시며"(행 2:17), "이 산에서도 말고 예루살렘에서도 말고 너희가(자신이)"(행 4:21), "영(Spirits)과 진리(Truth)로 아버지께 예배하게 된 것입니다"(요4:24). "너희가(자신이) 하나님의 성전인 것과, 하나님의 성령이 너희 안에 거하시는 것을 알지 못하느냐?"(고전3:16)고 사도 바울은 반문하며, 이 중요한 사실을 거듭 강조하고 있습니다.

"의문(문서 법)에 속한 계명의 율법을 자기 육체로 폐하셨으니"(엡2:15), 의문은 죽이는 것이요, 영은 살리는 것이기 때문입니다(고후3:6). 이제 하나님께서는 더 이상 벽돌로 지어진 건물(교회당이나 건물성전)에 임하여 계시지 않으며 오직 예수를 영접한 사람 안에 거하시게 됩니다. 사람이 지은 건물이 아닌 예수를 믿는 무리들이 모인 곳에 하나님께서 임재하십니다. 예배를 드릴 때에 임재하여 계시고 예배를 드리고 집으로 가면 동행하십니다. 그렇기 때문에 기도도 자신 안에 성전삼고 계시는 하나님으로부터 발원해야 카리스마가 불출되는 기도가 되는 것입니다. 사람이 지은 교회당에 하나님이 계신다고 믿는 사람은 아무리 기도해도 하나님의 역사가 나타나지 않는다고 해도 과언은 아닙니다. 이렇게 잘못알고 기도를 하니까, 자신의 전인격과 환경이 변화되지 못하는 것입니다. 자신 안이 아닌, 보이는 것에 치중함으로 자신의 내면에 변화가 일어나지 않는 것입니다. 능력이 강해지지 않는 것입니다.

그러므로 내 안에 계시는 하나님… 다시 말하면 내 안에 사시는 그리스도(갈2:20)가 실제와 사실로써 체험되지 않는 믿음이란 부질없는 말(입술)만의 믿음이요, 공허한 이론(지식)에 불과합니다. "내 양은 내 음성을 듣고, 나는 저희를 알며"(요10:27). "누구든지 내 음성을 듣고 그 마음 문을 열면 그에게도 들어가 그와 함께 거하시겠다고"(계3:20), 주 예수께서는 직접 말씀하시고 계십니다. 사도 바울 역시 자기 자신이 산 것이 아니라 "오직 내 안에 계신 그리스도께서 사신 것이라"(갈2:20), 고백하게 됩니다. 바로 이런 관계가 기독교 믿음의 핵심이며 또, 사람 자신(개인)이 곧, 성전이 되고, 교회가 되는 이유입니다.

"저의 교회에게도 문안하라. 나의 사랑하는 에배네도에게 문안하라 저는 아시아에서 그리스도께 처음 익은 열매니라(롬16:5)" "아시아의 교회들이 너희에게 문안하고 아굴라와 브리스가와 및 그 집에 있는 교회가 주 안에서 너희에게 간절히 문안하고(고전16:19)" 교회, 또는 성전은 오직 사람들을 말하며, 교회는 선택된(chosen), 순례하는(pilgrim), 계약의(covenant) 증거 하는(witness), 거룩한(holy)백성들입니다. 필자가 이런 사실을 재차 강조하며 중요시하는 이유는 우리가 주의 몸 된 교회가 무엇인지 똑바로 알게 될 때 비로소 주의 몸 된 교회를 위하고 하나님께 충성한다는 것이 무엇인지 그 핵심을 정확히 파악하게 될 것이기 때문입니다. 그리고 방언 기도할 때 카리스마가 어디에서 분출되는지도 깨닫고 바르게 기도하게 되기 때문입니다. 너무도 많은 기독교인들이 참 진리를 모른 채, 고전 3장 11~15 말씀처럼, 금이나 은이 아닌, 낡아지고 태워지고 무너져갈(나무나 풀이나 짚 같은 헛된 공력으로) 믿음의 집을 짓고 있는 것을 보는 것은 정말 가슴 아픈 일입니다. 성전의 계념이 바르게 정립이 되어야 방언 기도할 때 카리스마가 분출되는 것입니다. 성전은 분명하게 예수를 믿는 자신 안에 있습니다. 그래서 내적치유와 축귀능력은 자신 안 성전에서 분출되는 것입니다.

셋째, 보이는 교회건물에 관심을 가지니 능력이 부실한 것이다. 교회건물과 교회라는 의미는 다릅니다. 교회 건물을 성전이라고 해서는 안 된다는 것은 이미 칼빈이 "기독교 강요"에서 밝힌 내용입니다. 그 당시 권력 화되고 건물을 신성시하는 카톨릭이 성경에도 없는 개념을 넣는 것을 경계해서 분명히 밝힌 내용입니다. 그런데 지금 그런 용어가 교회의 큰 건물이라는 겉모양을 자랑하는 인간의 못된 심성을 따라 다시 생긴다는 것은 중세 시대개념으로 돌아가는 시대 퇴보적 가치관입니다.

그래서 우리라도 용어를 바로 써야겠습니다. 교회의 본래 의미는 "하나님의 부름 받은 백성(에클레시아)", 즉 건물이 아니라 예수를 믿는 사람입니다. 교회건물이라는 것은 우리가 공동체적 신앙을 같이 합력하고, 영적성장을 기하기 위한 공적이면서 부수적인 도구이지, 그 자체가 공동체나 성전이 아닙니다. 구약의 성전은 신앙의 본질에 대한 실체가 아니라 모형이요, 그림자 적 역할을 한 것입니다. 교회를 구약의 물리적인 성전과 동일시하면, 우리는 아직도 그런 구약의 희생제사와 제사장을 똑같이 세우고 제사해야 합니다. 신약에서는 그 성전과 희생제사의 실체가 예수그리스도라고 하고 있습니다.

성전은 예수그리스도를 상징하면서 또 예수그리스도를 믿는 성도들을 상징한다는 것이 신약의 기본원리입니다(요2:21,계21:22,고전3:16). 교회건물은 성전이 아니라, 공적인 예배와 모임, 성례의 집행 장소, 성령의 체험과 영적성장으로써의 부수적인 도구로 쓰일 뿐입니다. 지금 성전은 우리 예수님을 믿는 신자 자신입니다. 즉 크리스천입니다. 즉, 물리적 성전은 사도시대 이후로 신약에선 존재하지 않습니다. 다만 그것이 영적인 의미로 상징화나 더 풍성히 승화가 되는 것입니다. 예수님은 큰 성전을 가지고 자랑하는 유대인들과 제자들에게 돌 하나도 돌 위에 남지 않고 무너진다고 했습니다(마24:1-2). 그것은 유대인들의 종교적 위선을 고발하면서 동시에 이제는 물리적 건물로써의 성전이 아니라, 우리 안에 거하시는 성령으로 말미암아 우리 자신이 성전이 되는 본질적 성전이 세워진다는 의미입니다. 또한 그것을 잘 나타내는 사건이 AD70년 로마 디도장군의 예루살렘함락과 더불어 된 성전 무너짐입니다. 그것은 유대인들의 죄악에 대한 심판이기도 하지만, 동시에 이제는 구약 적 물리적 성전의 시대가 공식적으로 끝났다는 의미입니다. 성경은 성전건물을 통해 보이는 것을 중시하는 인간의 사고를 경계하고 있습니다(행17:24).

솔로몬도 성전을 지으면서도 그런 것을 백성들에게 경계시키고 있습니다(왕상8:27-49). 그리고 사실 초대교회 때 핍박 받을 때 권력자들의 핍박을 피해 소규모의 가정규모의 교회들이 있거나, 여러 군데 동굴을 파놓고 군인들을 피해 여러 군데 도망 다니면서 예배를 하기도 했습니다. 그 당시 그런 교회모습은 물리적 성전과는 확실히 거리가 멉니다. 지금 너무 겉 숫자만 늘어서 건물가지고 성전이라고 자랑하는 사역자들이 바로 유대인들이 범했던 우를 똑같이 범하고 있는 것입니다. 건물 속에서 성령으로 거듭난 자들이 모여서 예배하면 하나님의 임재가 있겠지만, 그것이 건물자체에 성스러움이 있어서 성전을 의미하는 것이 아니라, 성령이 내주하는 신자들이 모여 있기 때문입니다.

넷째, 내 안 성전에서 능력이 나온다. 고전 3장 16-17절에 "너희가 하나님의 성전인 것과 하나님의 성령이 너희 안에 거하시는 것을 알지 못 하느뇨 누구든지 하나님의 성전을 더럽히면 하나님이 그 사람을 멸하시리라 하나님의 성전은 거룩하니 너희도 그러하니라" 성전 안에 있는 나의 모습은 어떤 모습이어야 하는가? 또 성전이 된 내 몸의 모습은 어떤 상태이어야 하는가? 우리 몸은 어떤 몸인가? "그러므로 형제들아 내가 하나님의 모든 자비하심으로 너희를 권하노니 너희 몸을 하나님이 기뻐하시는 거룩한 산, 제사로 드리라 이는 너희의 드릴 영적 예배니라(롬12:1)" 일상 사석 같은 자리에서 구린내 나는 몸으로 예배드리지 말라고 합니다. 성령의 지배를 받아 영과진리로 예배를 드리라는 것입니다. 거룩한 산 제물이 되라는 것입니다. 이렇게 말씀하시면서 모세당시 레위지파가 제사장직을 맡을 때 몸 상태를 항상 말씀하셨습니다.

사사 이후부터 제사장직무를 맡은 레위지파들은 철저하게 제사장 본연의 임무를 직무유기 했다고 해도 과언이 아닙니다. 하나님은 레위를 으뜸이라고까지 했습니다(대상9:34). 제사장 직이 얼마나 중요한가 말해주는 한 대목이기도합니다. 글쎄 레위가 제사장직은 고사하고 싸움질하는 전쟁 놀음에 앞장섰다는 것입니다(대상12:26-28). 이런 몰지각한 레위지파를 향한 하나님의 진노는 바로 나왔습니다. 대상13:10에 "웃사가 손을 펴서 궤를 붙듦으로 말미암아 여호와께서 진노하사 치시매 그가 거기 하나님 앞에서 죽으니라." 이것이 개인을 향해서 치신 것이 아니라고 봅니다. 오늘날 성경을 보는 많은 제사장들이 있습니다.

내가 제사장인데 도대체 나는 하나님의 율법을 얼마나 알고 있는지…. 성전 된 내 몸을 도대체 얼마나 관리하고 있는지…. 그런 성전(법궤)앞에서 순전한 마음으로 다윗처럼 춤을 추고 있는지, 아니면 가식적인 행위를 하는 것인지…. "다윗과 이스라엘 온 무리는 하나님 앞에서 힘을 다하여 뛰놀며 노래하며 수금과 비파와 소고와 제금과 나팔로 주악 하니라(대상13:8)" 이후에 웃사가 죽고 베레스 웃사가 되지 않았습니까? 요시야 왕 때 제사장 힐기야가 성전 보수하면서 율법 책을 발견합니다. 요시야 왕은 율법 책의 말을 듣자 '옷을 찢으니라.'고 했습니다. 그리고 요시야 왕 18

년에 유월절을 지켰습니다.

"사사가 이스라엘을 다스리던 시대부터 이스라엘 여러 왕의 시대와 유다 여러 왕의 시대에 이렇게 유월절을 지킨 일이 없었더니 요시야 왕이 어떤 사람이었느냐?(왕하23:22)" 왕하 23장25절에 "요시야와 같이 마음을 다하며 성품을 다하며 힘을 다하여 여호와를 향하여 모세의 모든 율법을 온전히 준행한 임금은 요시야 전에도 없었고 후에도 그와 같은 자가 없었더라."고 했습니다. 마음뿐이 아니고 보이는 내 육신도 깨끗이 하라는 말씀 마음뿐이 아니고 보이는 내 행실도 깨끗이 하라는 말씀 우리의 모든 생활이 사람의 행실이 아니고 짐승의 행실이 나올 때 나 자신은 모릅니다. 성경이란 성령의 거울을 통해서만 그것을 알 수 있습니다. 세상은 철저하게 사단이라는 또 하나의 거울을 통해서 우리의 진실을 거짓으로 바꾸어 놓게 만드니까? 사도 바울 조차도 이런 현실 속에서 고통스럽게 외치는 한마디를 하십시오. "오호라 나는 곤고한 사람이로다. 이 사망의 몸에서 누가 나를 건져내랴(롬7:24)"

하나님은 오직 마음이 성전으로 거룩하게 구별된 심령에게만 거하십니다. 오직 성전으로 거룩하게 구별된 심령만이 하나님의 처소입니다(고전3:16,6:19,고후6:16). 그리스도인은 그리스도인의 행복이 있어야합니다. 복의 개념이 세상 사람과 같아서는 행복 할 수가 없습니다. 죄지은 인간의 심령은 에덴동산을 상실한 상태입니다. 에덴동산은 하나님의 말씀을 듣고 순종하는 영적인 세계입니다. 우리는 주님의 새 생명을 받아야만 하나님 나라에 들어 갈 수 있습니다(중생). 주님의 십자가는 아버지의 계명을 지키는 자리였습니다. 신앙 양심에 걸리는 것을 찾아내야합니다. 기도는 자신의 심령에 성전을 견고하게 지어가는 수단이 되어야 합니다. 그래서 카리스마가 분출되는 기도를 해야 합니다. 카리스마가 분출될 때에 세상에 물러가기 때문입니다. 기도를 유창하게 하는 것이 문제가 아니고 기도하면서 자신의 전인격이 변화되는 기도를 해야 합니다.

말씀을 정리합니다. 실제적인 성령의 능력은 특정한 방법론을 통해서 나타나는 것이 아닙니다. 더 나아가 위로부터 임하는 참된 능력은 다른 사람들 보다 탁월한 어떤 성과물을 만들어 내어 영광을 얻는 것도 결코 아닙니다. 성령의 능력은 그 주도권이 인간에게 있지 않고 하나님께 있습니다. 자신 안 성전에서 성령으로 분출되는 것입니다. 무엇보다 이 세상이 가지는 속성과의 명확히 대비가 되는 형식으로 나타납니다. 한마디로 이 세상은 흉내 낼 수 없는 것이어야 성령의 능력이 되는 것입니다.

내적치유와 축귀능력은 자신 안에 있는 성전에서 성령으로 분출되는 것입니다. 그렇기 때문에 목회자의 능력은 근원이 자신 안 성전의 성령하나님으로부터 발원한 것입니다. 목회자 개인이 능력이 있는 것이 아닙니다. 예수를 믿을 때에 죽은 사람이 어떻게 능력이 있습니까? 다시 예수로 살아났기 때문에 예수님이 능력이 있으신 것입니다. 목회자의 능력의 발원지는 자신 안 성전의 하나님이십니다. 결코 능력이 있다고 자랑할 수가 없는 것입니다. 자랑하려면 자신의 주인인 예수님을 자랑해야 할 것입니다. 내적치유와 축귀능력은 자신이 없어지는 만큼씩 강해지는 것입니다. 좀 더 쉽게 설명한다면 내적치유와 축귀능력도 성령으로 진리를 깨닫고 성령으로 기도하는 만큼씩 강해지는 것입니다.

세상의 방식과 대비되는 진정한 성령의 능력이란 다른 것이 아닙니다. 주어진 삶의 모든 시련과 어려움을 기쁨으로 견딤과 오랫동안 그 참담한 현실을 참고 인내 하는 것을 의미합니다. 대부분의 성도의 삶은 그렇게 화려하지도, 대단하지도 않습니다. 성공과 성취의 내용보다 견디고 참아야 할 내용이 훨씬 많습니다. 그런데 이것을 기쁨으로 감당 하는 것, 이것이 성령의 능력입니다. 그러므로 십자가의 능력은 '지지리 궁상을 떠는 서글픈 삶의 현실' 속에서 터져 나오는 것입니다. 자폭하고 싶은 삶의 현실을 기쁨으로 수납하고 받아들이는 믿음이 진정한 능력인 것입니다.

성령의 능력을 사람의 머리 숫자로 수치화하고 특정한 종교현상으로 규정하는 것은 매우 위험한 짓입니다. 철저하게 경계해야 합니다. 성령의 능력을 특별한 어떤 것으로 규정해놓고 그것을 눈으로 확인하려고 하는 심보는 반드시 인간적인 방법론을 등장시키게 됩니다. 기독교 신앙은 그러한 과정을 통해 변질의 길을 가게 되는 것입니다. 그러므로 성도는 성령의 능력을 통해 유명해지거나, 이름을 날리거나, 영향력을 행사하는 사람들이 되려고 몸부림치는 사람이 아닙니다. 주님의 능력과 권능이 나타나는 순전한 통로로서의 자리에 만족하는 인생입니다. 그것이 피조물이 이 땅에서 누릴 수 있는 가장 복된 영광의 자리라는 것을 깨달아야 합니다. 쉽게 말해 주님이 지정하신 자신의 자리를 감사한 마음으로 지켜내는 것이 성령의 능력입니다.

3장 능력은 외적능력과 내적인 능력이 있다.

(행 4:29-31)"주여~ 이제도 저희의 위협함을 하감하옵시고 또 종들로 하여금 담대히 하나님의 말씀을 전하게 하여 주옵시며, 손을 내밀어 병을 낫게 하옵시고 표적과 기사가 거룩한 종 예수의 이름으로 이루어지게 하옵소서 하더라. 빌기를 다하매 모인 곳이 진동하더니 무리가 다 성령이 충만하여 담대히 하나님의 말씀을 전하니라"

하나님은 밖으로 나타나는 능력과 내면에서 나오는 능력의 균형이 잡히기를 소원하십니다. 분명하게 외적인 능력과 내적인 능력이 균형을 잡혀야 합니다. 내적인 능력이 변화된 '새 마음'으로 말미암는 개인적인 것이라면, 외적인 능력은 이것을 기초로 외부적으로 드러나서 다른 사람에게도 영향을 미치는 것입니다. 우리는 흔히 이 외적 능력에만 관심을 기울이기 쉬우나, 보다 중요한 것은 내적으로 다져지는 것입니다. 내적 변화는 반드시 외적 능력을 수반합니다. 먼저는 내면이 변화되어야 한다는 뜻도 됩니다.

그러나 은사로 말미암는 외적 능력은 항상 내적 변화와 비례하지만은 않습니다. 오히려 내적 다져짐이 없는 은사 체험은 사람을 교만하게 만들어 방자하게 행하도록 만듭니다. 이것은 보통 영성의 초기에 경험하는 일로, 이 때 겸손하게 자신을 낮추고 회개하는 사람만이 더 나은 진보를 이루게 됩니다. 영성의 길에서 어긋난 사람의 마음에는 교만과 탐욕이 영-육간에 가득합니다. 여기에 교활하고 자칫 속기 쉬운 사탄의 계략이 숨어 있는 것입니다.

성령 충만을 경험한 사도들의 변화된 모습에서 새 사람이 된 그들의 외적 능력을 살펴보겠습니다. 외적 능력은 무엇보다 주님께서 약속하신 말씀에 기초합니다. "나를 따라오너라. 내가 너희로 사람을 낚는 어부가 되게 하리라"(마 4:29). "내 어린 양을 먹이라"(요 21:15). 그 약속들을 이루시도록 그 약속을 담을 수 있는 그릇이 되도록, 성령께서 능력으로 함께 하시는 것입니다. 분명하게 성령의 능력은 내면에서 나오는 것입니다. 예수님은 분명하게 내면에서 나오는 능력을 말로 표현하셨습니다. 내면에서 나오는 성령의 권능에 의해 발원한 말씀에 권위가 있어서 제자들이 따른 것입니다.

첫째, 외적 능력은 회개와 변화를 일으키게 한다. 사실상 무력하기 짝이 없었던 제자들은 오순절 성령감림을 경험한 후 능력있는 복음의 증거자가 되었습니다. 베드로의 첫 번 설교(행 2:14-36)는 전혀 막힘없이 그리고 한 점 군 더기 없게 메시아이신 예수를 확연히 드러냈습니다. 베드로의 마음 안에 주인으로 계시는 성령으로 발원한 권위가 그대로 선포되었기 때문입니다. 그 순간 사람들은 자신의 죄악과 허물을 깨달았습니다.

"저희가 이 말을 듣고 마음에 찔려 베드로와 다른 사도들에게 물어 가로되 형제들아 우리가 어찌할꼬 하거늘 베드로가 가로되 너희가 회개하여 각각 예수 그리스도의 이름으로 세례를 받고 죄

사함을 얻으라. 그리하면 성령을 선물로 받으리니 이 약속은 너희가 자녀와 모든 먼 데 사람 곧 주 우리 하나님이 얼마든지 부르시는 자들에게 하신 것이라 하고 또 여러 말로 확증하며 권하여 가로되 너희가 이 패역한 세대에서 구원을 받으라 하니 그 말을 받는 사람들은 세례를 받으매 이 날에 제자의 수가 삼천이나 더 하더라 저희가 사도의 가르침을 받아 서로 교제하며 떡을 떼며 기도하기를 전혀 힘쓰니라(행 2:37-42)"

"말씀을 들은 사람 중에 믿는 자가 많으니 남자의 수가 약 오천이나 되었더라(행 4:4)" 참된 회개와 변화를 경험한 사람만이 다른 사람들을 그 길로 인도할 수 있습니다. 그래서 기독교는 체험의 종교입니다. 체험의 종교라는 것은 살아계신 하나님의 역사가 체험하게 하기 때문입니다. 기독교는 종교가 아닙니다. 살아계신 하나님께서 믿는 자를 통하여 나타나는 것입니다. 항상 그렇듯이 시대도 교회의 부흥을 열망하고 있습니다. '교회의 영광을 회복하자'고 외치므로 되는 것이 아닙니다. 진정한 교회의 부흥은 이러한 회개의 역사와 함께 시작됩니다. 성령으로 발원한 외적능력으로 회개가 시작되는 것입니다. 성령님의 주도적인 역사가 아니고는 회개의 역사가 일어날 수가 없는 것입니다.

교회의 개혁도 마찬가지입니다. 개혁의 열망을 품은 사람들에게는 이미 그 시대의 죄악상과 자신을 분리하지 않는 정직함이 있었습니다. 나아가 죄에 대한 통회와 영적 오염에 대한 분명한 각성이 있었습니다. 그들은 하나님의 나라와 의에 목마른 사람들이었습니다. 또한 그 일에도 성령님은 항상 주인이셨습니다. 성령님께서 교회를 개혁하도록 역사하신 것입니다.

한때 미국은 풍요로운 물질과 선진화된 정치가 사회의 질서와 안녕을 가져 올 것이라 생각했습니다. 그러나 자본주의는 부와 자유를 가져다 준 반면, 물질주의와 개인주의를 심화시켰습니다. 그리고 민주주의는 사회 각층의 문제와 요구들에 대해서 대부분 무기력했습니다.

그 결과 신앙을 새로운 대안으로 진지하게 검토하게 되었습니다. 정치인들의 인기는 하락세를 면치 못하지만 종교의 필요성에 대한 문제 제기는 1990년 이후 꾸준한 증가세에 있습니다. 갤럽 통계 조사에 의하면 미국인의 2/3는 종교가 미국의 사회적인 문제들을 대부분 해결할 수 있다고 생각했습니다.

시카고 대학 로버트 포겔 교수는 "미국 사회는 지금 역사에 주기적으로 등장했던 또 하나의 영적 대각성의 전야에 서 있다"고 주장했습니다. 그동안 종교와 정치의 분리를 엄격하게 부르짖었던 미국 내에서 새롭게 변화된 조짐입니다. 그런데 오늘 우리의 모습은 어떠한가? 물론 종교의 사회적인 기능이나 그 역할에 대한 논의가 아닙니다. 붕괴되고 있는 교인과 교회의 모습과 역기능들에서 진정한 성경적인 회복을 위해서는 어떤 시각이나 영적인 각성이 필요한가를 진지하게 성찰할 때라는 사실을 지적하고자 함입니다. 한마디로 성도 한 사람 한 사람의 내면의 능력을 강하게 해야 하는 시기라고 생각합니다. 교회들이 외형을 추구했기 때문에 일어난 현상이라고 해도 과언은 아니라고 생각합니다.

어떤 새로운 방식의 도입이나 방법을 따라가는 구태의연함을 버리지 못한다면 미국의 영적 대각성이 있은 후, 그 뒤를 따르는 어리석은 행위를 하게 될 것입니다. 그러므로 한국 교회가 진심으로 하나님의 부흥을 소원하고 바라본다면, 변화된 개인과 성령님에 사로잡힌 사람들의 등장을 위해 기도해야 합니다. 내면의 강건함을 추구해야 합니다. 새롭게 변화된 새 마음의 소유자들이 새로운 시대를 이끌어 갈 것입니다. 그리고 자신과 다른 사람들을 온전히 그리스도 앞에 세우는 일이 그들의 목적이 되리라. 약속하신 말씀을 따라 성령께서 이 일을 이루실 것입니다.

"만국의 여호와가 이르노라 해뜨는 곳에서부터 해지는 곳까지의 이방 민족 중에서 내 이름이 크게 될 것이라. 각 처에서 내 이름을 위하여 분향하며 깨끗한 제물을 드리리니 이는 내 이름이 이방 민족 중에서 크게 될 것임이니라"(말 1:11). "그가 은을 연단하여 깨끗케 하는 자 같이 앉아서 레위 자손을 깨끗케 하되, 은 같이 그들을 연단하리니 그들이 의로운 제물을 나 여호와께 드릴 것이라"(말 3:3). "내 이름을 경외하는 너희에게는 의로운 해가 떠올라서 치료하는 광선을 발하리니 너희가 나가서 외양간에서 나온 송아지 같이 뛰리라"(말 4:2).

둘째, 외적 능력은 은사를 통해 표출된다. 내적 변화 없는 성령의 은사는 위험하다는 것입니다. 그러나 내적 능력은 외적 능력을 동반합니다. 그리고 외적 능력은 성령의 선물인 은사를 통해 드러납니다. 은사 자체가 위험한 것은 결단코 아닙니다. 문제는 성령의 선물을 받은 은사자 개인에게 있습니다. 그러므로 은사에 대한 성경적인 이해가 무엇보다 우선되어야 합니다.

"각 사람에게 성령의 나타남을 주심은 유익하게 하려 하심이라"(고전 12:7). "우리 각 사람에게 그리스도의 선물의 분량대로 은혜를 주셨나니"(엡 4:7). 그리스도 예수의 선물이신 성령님은 각 성도에게 은사를 선물로 주십니다. 공동번역에서는 "성령께서는 각 사람에게 각각 다른 은총의 선물을 주셨는데 그것은 공동 이익을 위한 것입니다"(고전 12:7)라고 되어 있습니다. 이 은총의 선물인 은사는 결국 교회의 유익을 위한 것입니다.

그런데 일부 교인들은 이 은사를 부지런히 집회를 쫓아다니거나 산속 기도원에 가서 죽기를 각오하고 기도할 때 받는 것으로 알았습니다. 그런 잘못된 이해는 은사 사용에 있어 고스란히 드러났습니다. "내가 열심히 기도해서 받은 것이므로 내가 알아서 사용한다."는 의식이 팽배해서 자기 의를 내세우는 방편이 되었습니다. 또 교회의 유익보다 자신의 유익을 위해서 영적 은사들을 남용했습니다.

그 결과 하나님의 교회에 덕을 세우기보다 분란과 오해의 소지를 더 많이 남겼던 것입니다. 외형적으로 나타나는 면에 치중하는 크리스천을 양산한 것입니다. 그렇다고 우리의 경험을 근거로 해서 성령의 은사를 평가절하해서는 곤란합니다. 오히려 성경적인 은사와 은사자의 자세를 점검하면서 더욱 온전한 은사를 사모해야 합니다(고전 14:1). 신령한 것을 사모하고 기도하되 반드시 기억해야 할 말씀이 있습니다. "이 모든 일은 같은 한 성령이 행하사 그 뜻대로 각 사람에게 나눠주시느니라."(고전 12:11).

성령의 은사는 완악하고 패역한 각 사람들의 마음을 부수고 찔러 하나님께로 돌이키게 하는 결정적인 능력이 됩니다. 무엇보다 이 세대에 꼭 필요한 복음의 도구이기도 합니다. 그런데 은사는 반드시 성전 된 내면에서 나와야 한다는 것입니다. 성전 된 내면이란 내면이 성령의 역사로 정화되어 성숙된 상태를 말하는 것입니다. 따라서 변함없는 회개와 하나님의 빛 가운데 성령의 은사를 바로 사용함으로 하나님께 영광을 돌려야 하겠습니다.

바실레야 슐링크는 "성령의 은사를 통해서 받는 능력과 성화된 성품을 통해서 받은 능력이 있다"고 했습니다. 전자는 성령께서 주시는 선물로 때로는 회심한 지 얼마 안 되는 사람에게도 주어집니다. 그때 영적으로 성숙하지 못한 신자는 자신이 주도적으로 은사를 행함으로 오히려 실패와 오류에 빠지는 경우마저 생기게 됩니다. 다른 성도를 낙심하게 할 수도 있습니다. 후자는 내적인 변화로 말미암는 능력으로 성령께서 매사에 주도적으로 행하십니다. 따라서 죄를 드러내고 회개의 역사를 이루시면서 모든 일을 사랑 안에서 행하게 하십니다. 나아가 성령의 열매를 맺는 일은 최종적인 결과가 됩니다. "오직 성령의 열매는 사랑과 희락과 화평과 오래 참음과 자비와 양선과 충성과 온유와 절제니 이 같은 것을 금지할 법이 없느니라."(갈5:22-23).

내적인 능력은 자기 자신을 부인케 하고, 하나님께 영광을 돌리면서 온전히 하나님의 손에 모든 것을 맡길 수 있도록 하는 것입니다. 베드로가 하나님께 영광을 돌리는 것을 본받아야 할 것입니다. "그 이름을 믿으므로 그 이름이 너희 보고 아는 이 사람을 성하게 하였나니 예수로 말미암아 난 믿음이 너희 모든 사람 앞에서 이같이 완전히 낫게 하였느니라(행 3:16)"

외적인 능력은 사람을 낚는 어부로 부족함이 없도록 무장시키시는 성령의 은총입니다. 그러므로 이러한 능력은 반드시 성령의 임재가운데 하나님의 사랑 안에서 사랑으로 행할 때 성령의 열매를 맺게 됩니다. 특별히 초대교회에 강력하게 역사했던 능력은 사도들(행 5:12) 뿐만 아니라 스데반(행 6:8)에게도 동일하게 나타났습니다. 이러한 사실은 복음을 증거하는 일에 직분의 고하나 구분이 있을 수 없다는 명백한 반증이기도 합니다. 모든 성도들도 역시 하나님께 마음 안에 성전삼고 주인으로 계시기 때문입니다.

필자는 항상 이렇게 말합니다. "예수를 믿는 모든 이들은 위대하고 특별한 사람들이다." 왜냐하면 하나님께서 함께하시기 때문입니다. 일부 목회자나 성도들이 잘 못 알고 있는 것이 있다면 이것입니다. 귀신 잘 쫓아내고 병고치고 예언하고 내적 치유하는 은사가 있는 목회자가 특별한 사람인줄 아는 것입니다. 이는 지극히 잘못알고 있는 것입니다. 모든 크리스천은 위대하고 특별한 것입니다. 여기서 우리가 알아야 할 것은 성령께서 표적과 기사를 나타나게 하신 이유는 그들의 복음 증거를 능력 있게 하기 위한 것이었다는 것입니다.

우리는 외적인 은사나 능력을 나타내기 위하여 노력해야 합니다. 그러나 먼저 내면의 성숙을 추구해야 합니다. 내면이 강해지지 않은 외적능력은 모래위에 지은 집이나 마찬가지가 되기 쉽습니다. 모든 외적인 은사나 능력은 내면의 성령으로부터 발원이 되어야 합니다. 그러기 위해서는 내면세계를 알아야 하고 내면세계의 질서가 확립되어야 합니다.

셋째, 내적능력은 내면세계가 정리되어야 강해진다. 매우 성공적인 삶을 사는 것처럼 보이는 사람조차도 그 내면세계가 정리되지 않고 무질서할 수 있습니다. 어느 누구도 쉽게 말할 수 없고 인정하기 싫어하는 가장 깊은 곳에 있는 그것입니다. 내면세계의 질서의 유무입니다. 내면세계에 관심을 가져야 내면의 질서가 서게 되어있습니다. 많은 크리스천들이 보이지 않는 내면에 대하여 신경을 쓰지 않고 살아갑니다. 보이지 않기 때문입니다. 그러다가 문제가 생기면 그때 가서야 내면에 신경을 쓰고 관심을 집중하게 됩니다. 모든 문제의 근본이 내면세계에서 발원되기 때문입니다.

우리는 두 개의 아주 다른 세계에 살고 있는데 우리 대부분은 학위, 경력, 대인관계, 건강, 미모와 같이 눈에 보이는 외면의 능력을 개발하기 위해 우리의 시간과 노력을 다 써버립니다. 목적은 오직 하나입니다. 빠른 출세와 성공입니다. 그러나 외면의 능력을 지속할 수 있게 받쳐주고 있었던 내면세계에 공백이 생겨버리게 되면, 유능하지만 결국 지쳐 쓰러지는 상황을 맞이할 수밖에 없는 것입니다.

필자도 몇 년 전까지 외면세계에 치중하고 살아온 것이 사실입니다. 그러다가 성령님께서 감동하시기를 내면에 관심을 가지라는 레마를 지속적으로 주셔서 내면세계에 관심을 집중하고 개발하고 발전시키기 시작을 한 것입니다. 내면세계가 개발되어 강해지지 않으면 외면세계를 장악하거나 지배할 수가 없습니다. 외면세계를 지배하는 능력이 내면세계에서 나오기 때문입니다.

이 내면세계는 이 시대의 가장 격렬한 전쟁터 중 하나입니다. 모든 사람들은 내면세계에서 일어나는 전쟁에서 승리해야 인생을 성공할 수가 있습니다. 그러나 대부분의 사람들은 자기 안에 전쟁터가 있음에도 마치 없는 것처럼 살아가거나, 있다고 인식은 하고 있지만 그 전쟁에서 왜 이겨야 하는지도 모르고 있습니다.

세상에는 두 부류의 사람이 있습니다. 쫓겨 다니는 사람(driven people)과 부르심을 받은 사람(called people)이 있습니다. 전자는 빠른 출세와 성공을 이루어 사회에 지대한 공헌을 하기도 하지만 심한 스트레스에 시달리다가 어느날 갑작스런 사건에 휘말려 인생 실패의 나락으로 떨어질 가능성이 높습니다. 자신의 힘으로 인생을 살아가기 때문입니다. 이 부류의 사람은 오직 성취감으로만 만족을 얻으며, 절제되지 않은 팽창 욕에 사로잡혀 있고, 사람을 인격적으로 대하기보다는 일을 위해서만 사람을 만납니다.

또한 비정상적으로 바쁘고, 매우 경쟁적이며, 반대나 불신에 부딪히면 격렬히 폭발할 분노를 갖고 있습니다. 이들은 황금새장에 갇혀있는 꼴입니다. 이들은 격려를 받지 못하고 자랐거나 어려서 수치감과 상실감 속에 자란 경우, 또는 쫓기는 생활이 아예 일상적이 된 환경에서 자란 경우가 많습니다. 성장과정의 상처가 인생에 지대한 영향을 미치는 것입니다. 그래서 예수를 믿으면 성령님이 마음 안에 성전에서 잠재의식과 무의식의 상처들을 치유하시는 것입니다. 이유는 하나님께서 그 사람을 통하여 일하시기 때문입니다.

그러나 후자는 자신이 청지기임을 인식합니다. 즉, 자기에게 주어진 축복 (능력, 직업, 재산, 은사, 건강, 등등)의 주인이 자신이 아니라 하나님이라는 것을 성령으로 알게 됩니다. 깨달음을 통하여 터득하게 되는 것입니다. 그렇기 때문에 무슨 일을 하든지 자신의 능력에 기발한 계획을 맘대로 세우지 않고, 그 능력을 주신 성령하나님의 세밀한 인도를 받으려 내면세계의 질서와 영적 성장에 초점을 맞춥니다. 외면세계의 성공은 탄탄한 내면세계의 질서에 기반에서 따라오는 당연한 열매에 불과한 것이라는 것을 알았기 때문입니다. 그래서 그들에게는 조급함이나 불안함, 두려움이 없고 오직 평안과 기쁨이 있습니다. 이것이 롱런하며 성공하는 사람들의 비밀입니다. 외적세계에서 오는 환경을 누리는 사람들입니다.

넷째, 어떡하면 내적-외적능력이 강해지는가. 겸손해야 합니다. 하나님께서 주인이 되어야 합니다. 하나님은 이렇게 말씀하셨습니다. "만일 누구든지 무엇을 아는 줄로 생각하면 아직도 마땅히 알 것을 알지 못하는 것이요(고전 8:2)" 사람이 무한할 수가 없는 것입니다. 부족하다고 생각하기 때문에 하나님을 찾는 것입니다. 하나님을 찾으니 내면세계의 질서가 정리되어 강해지는 것입니다. 하나님은 교만한 자는 물리치시고 겸손한 자에게 은혜를 더하신다고 하십니다. 세상에서 높아지는 비결은 스스로 자기를 높이는 것입니다. 이러한 모습을 성경은 교만이라고 합니다. 그러나 성경의 원리는 높아지고자 하는 자는 낮아지라고 말씀하십니다. 교만의 끝은 비참합니다. 마귀가 교만함으로 하나님을 대적하였습니다. 그 나중이 음부 제일 밑 구덩이에 빠졌습니다. 교만은 마귀의 속성이요 겸손은 예수그리스도의 속성입니다. 세상 사람들이 교만해지는 것은 그 안에 내적이 능력이 없음으로 겉으로 치부하는 것입니다. 오직 하나님의 뜻을 받은 자, 우리는 항상 하나님 앞에 순종함으로 겸손한 삶을 살아야 합니다.

오나라의 왕이 강에 배를 띄우고 놀다가 강변의 원숭이 동산에 이르렀습니다. 여러 원숭이들은 왕의 일행을 보자 모두 겁에 질려서 나무쪽대기 위로 도망쳤습니다. 그런데 한 마리의 원숭이만은 완전히 무관심한 듯 몸을 자유자재하게 움직여 나뭇가지 사이로 이동하며 자기의 재주를 왕에게 자랑하는 듯했습니다. 왕이 활을 들어 그 원숭이를 향해 화살 하나를 쏘았습니다. 그러자 원숭이는 날아오는 화살을 능숙하게 손으로 잡는 것이었습니다. 이에 왕은 그의 신하들에게 일제히 원숭이를 향해 활을 쏘라고 명령했습니다. 여러 화살이 날아오자 원숭이는 화살을 잡지 못하고 한순간 만에 온몸에 집중적으로 화살을 맞고 떨어져 죽었습니다.

그러자 왕은 친구인 안 불의를 돌아보면서 말했습니다. "방금 일어난 일을 보았는가? 이 원숭이는 자기의 영리함을 자랑하고 자기의 재주를 너무 믿었다. 그는 아무도 그를 잡을 수 없다고 생각했다. 이것을 기억하라! 사람들과 상대할 때 자신을 돌보이지 말고 재능에 의존하지 말라!" 집에 돌아오자 안 불의는 그 길로 한 현자의 제자가 되었습니다. 자기를 돋보이게 하는 모든 것을 제거하기 위해서였습니다. 그는 지금까지의 모든 쾌락을 버렸으며 어떤 것이든 자신의 뛰어남을 감추는 법을 배웠습니다. 머지 않아 나라 안의 누구도 그를 어떻게 하지 못했습니다. 그리하여 모두가 그를 경외하게 되었습니다.

우리가 알아야 할 것은 겸손은 자신을 바르게 아는 것입니다. 자신을 바르게 알기 위해서는 성령으로 세례를 받아야 합니다. 그래서 겸손은 혼적인 것이 아니고, 겸손은 영적인 것입니다. 그리고 겸손이라는 것은 자기를 막 낮추는 것이 아니고, 겸손은 영적으로 눈이 열린 것입니다. 겸손은 하나님을 아는 것입니다. 겸손은 자기를 아는 것입니다. 겸손은 정직한 것입니다. 겸손은 진실하고, 공정한 것입니다. 그래서 겸손은 마땅히 하나님께 돌려야 될 영광을 너무나 당연하기 때문에 하나님께 돌리는 것입니다. 자신의 무능을 알기 때문에 하나님께 기도하는 것입니다.

겸손은 또한 담대한 것입니다. 하나님이 자신에게 은혜 주신 것을 받았다고 말할 수 있는 것이고, 자기가 사도면 사도라고 말할 수 있는 것입니다. 그것이 겸손입니다. 예수님이 "나는 마음이 온유하고 겸손하다"(마11:29)고 한 것처럼 그런 것이 겸손입니다. 교만은 혼에서 나옵니다. 그래서 고린도전서 8장 1절에 "지식은 교만하게 하며" 그런 것입니다. 지식은 혼의 영역입니다. 교만은 혼에서 나옵니다. 이 혼에서 모든 허영심이 나옵니다. 이 혼에서 모든 자랑이 나옵니다. 이 혼에서 모든 자부심이 나옵니다.

지식은 교만하게 하고, 교만은 혼에서 나오고, 겸손은 영에서 나옵니다.

겸손은 심령이 가난해서 나옵니다. 겸손은 통회하는데서 나옵니다. 겸손은 말씀을 깨닫는데서 옵니다. 말씀이 거울이 돼서 말씀의 거울 앞에서 자신을 보는 것입니다. 다른 사람이 평가하는 자신이 아니고, 담임목사가 아니고, 저자가 아니고, 유명한 사람이 아니고, 하나님의 말씀 앞에서 벌거벗고 자기를 보는 것입니다. 그리고 사실을 인식하는 것입니다. 그것이 겸손입니다. 하나님의 말씀 앞에서 볼 때, 자기에게 어떤 은사가 있든, 자기에게 어떤 장점이 있든 그것이 또한 원래 자기 것이 아니고, 하나님의 은혜라는 것을 말씀의 빛을 통해서 분명히 보는 것입니다. 그래서 자기가 영광을 받지 않는 것입니다. 그래서 하나님께 영광을 돌리는 것입니다. 겸손은 진실 된 것입니다. 겸손은 허위가 아닙니다. 그것은 영적으로 눈이 열리는 것이고, 영적으로 지각하는 것이고, 하나님을 제대로 아는 것이고, 자기를 제대로 아는 것이고, 진리를 제대로 알면 겸손할 수밖에 없는 것입니다.

왜냐하면 그것이 사실이기 때문에, 우리가 아무것도 아닌 것이 사실이기 때문에, 우리가 죄인 중에 대괴수인 것이 사실이기 때문에, 우리가 무익한 종인 것이 사실이기 때문에, 세계 최대 교회의 목사라도 무익한 종인 것이 사실이기 때문에, 모든 것이 하나님의 은혜인 것이 사실이기 때문입니다. 그것이 겸손입니다.

4장 치유와 기적은 발원지가 성령이어야 한다.

(살후 2:9-12)"악한 자의 나타남은 사탄의 활동을 따라 모든 능력과 표적과 거짓 기적과 불의의 모든 속임으로 멸망하는 자들에게 있으리니 이는 그들이 진리의 사랑을 받지 아니하여 구원함을 받지 못함이라 이러므로 하나님이 미혹의 역사를 그들에게 보내사 거짓 것을 믿게 하심은 진리를 믿지 않고 불의를 좋아하는 모든 자들로 하여금 심판을 받게 하려 하심이라"

내적치유와 축귀능력을 받으려는 분들의 가장 나쁜 점이 사람에게 능력을 받으려고 돌아다니는 것입니다. 물론 하나님은 사람을 통하여 성령의 능력이 전이되게 하십니다. 필자가 말하려고 하는 깊은 뜻은 성령의 능력이 있는 사람만 의지하여 사람에게 받으려고 하지 말라는 것입니다. 하나님은 능력 있는 사람을 통하여 능력을 받게 하는 것입니다. 무슨 말인가 하면 하나님께서 자신에게 능력 있는 사람을 통하여 내적치유와 축사능력을 받게 하신다는 것입니다. 그래서 능력 있는 사람만 의지하지 말고, 그 사람을 통하여 역사하시는 하나님을 찾으라는 것입니다. 그 사람에게 역사하는 성령의 능력을 자신의 것으로 만들라는 것입니다.

그 사람에게 역사하시는 성령님은 뒷전이고 능력 있는 사람만을 의지하지 말라는 것입니다. 하나님은 내적치유와 축귀능력은 필요한 부들에게 모두 주셔서 사용하면서 살아계신 하나님을 증명하게 하십니다. 그렇기 때문에 내적치유와 축귀능력을 받으려면 먼저 자신 안에 주인으로 계시는 성령님께 기도하라는 것입니다. 기도하다가 보면 성령님이 감동하십니다. 어디를 가라고 하시든지, 서점에 가라하시든지, 국민일보 광고를 보는 순간 가보라는 감동을 하시든지… 그러면 지체도 하지 말고, 거리가 멀다고 생각도 하지 말고, 여건을 고려하여 합리를 가지고 분석하지 말고 찾아가는 것입니다. 분명하게 성령님께서 그곳에서 내적치유와 축귀능력을 받게 하시려고 감동하시고 찾아가게 하신 것입니다. 자신이 찾아가지만 실상은 자신의 주인이신 성령님이 데리고 가시는 것입니다.

그러면 그곳에서 자신이 목적한 내적치유와 축귀능력을 받을 때까지 기다리는 것입니다. 능력은 어떻게 받느냐 입니다. 첫째로 포기하지 않는 신앙이 필요합니다. 신앙은 타협이 아닙니다. 열왕기하 2장에 나오는 엘리사를 보시고 교훈을 얻으시기를 바랍니다. 일단 결심한 엘리사의 마음은 요지부동입니다. 길갈에서 엘리야가 엘리사에게 "청컨대 너는 여기 머물라 여호와께서 나를 벧엘로 보내시느니라." 말합니다. 그 때 엘리사가 "여호와의 사심과 당신의 혼의 삶을 가리켜 맹세하노니 내가 당신을 떠나지 아니하겠나이다"(왕하2:2절)하고 주장하였습니다. 이와 같은 엘리야의 권면과 엘리사의 주장은 벧엘에서도, 여리고에서도, 요단에서도 반복되었던 것입니다. 엘리사의 마음은 시종일관 필사적이었습니다. 엘리야의 능력이 자기에게 임할 때까지 포기하지 않았습니다.

어떠한 비난과 조소도 포기하지 않는 초지일관의 마음과 믿음을 어쩌지 못하였습니다. 벧엘에 이르렀을 때에 거기 있는 선지자의 생도들이 엘리사에게 나와 "여호와께서 오늘날 당신의 선생을 당신의 머리위로 취하실 줄을 아나이까?" 하는 질문에 엘리사는 "나도 아노니 너희는 잠잠하라"(왕하2:3절)고 하였습니다. 엘리야의 영감의 갑절이 자기에게 주어질 때까지 자기 선생을 따르겠다는 것이 엘리사의 비상한 결심이었습니다. 포기하지 않겠다는 것입니다. 내적치유와 축귀능력을 받으려는 분들도 이러한 포기하지 않는 믿음이 중요합니다. 어떠한 고난과 어려움이 있다 해도 포기하지 않고, 끝까지 믿음을 갖고 주님을 따라가는 모두가 되기를 바랍니다.

둘째로 하나님을 직접 만나야 합니다. 열왕기하 2장 11절 읽어보면 "두 사람이 행하며 말하더니 홀연히 불 수레와 불 말들이 두 사람을 격하고 엘리야가 회리바람을 타고 승천하더라." 죽지 않고 승천한 사람이 몇 명인가? 3명입니다. 에녹, 엘리야, 예수님. 엘리사는 요단 강변에서 하나님이 엘리야를 데려가시는 것을 목격합니다. 하나님은 회오리바람으로 엘리야를 데려가십니다. 11절의 "불 수레와 불 말들"은 엘리야가 타고 가는 것이 아닙니다. 그것들은 엘리야와 엘리사를 갈라놓는 역할을 합니다. 불 수레와 불 말은 하나님의 임재를 상징합니다. 엘리사는 엘리야에게서 무엇을 얻기를 원했습니다. 엘리사는 끝까지 엘리야를 붙들려고 했습니다. 그러나 하나님은 엘리사에게 말씀하십니다. "왜 엘리야만 계속해서 바라보느냐! 이제는 나를 보아라. 나를 만나 거라. 엘리야가 한 시대에 내가 준 사명을 감당했듯이, 이제는 내가 네게 사명을 맡긴다. 나를 만나는 사람이 내 사명을 감당할 수 있다." 성령의 음성을 듣고 순종해야 합니다.

엘리야의 승천 직전에 엘리사는 하나님의 임재를 체험합니다. 하나님 임재의 체험이 엘리사를 선지자로 세웁니다. 이제 엘리사는 자신이 하나님의 사람으로 행동해야 한다는 것을 깨닫게 됩니다. 성도는 하나님을 만나야만 합니다. 만나지 않고 체험하지 않고 누군가에게 듣고, 배워서 할 수가 없습니다. 신앙은 만남에서 시작됩니다. 성령님의 인도로 하나님의 사람을 만나야 합니다. 그리고 살아계신 하나님을 체험해야 합니다. 만남을 소망해야 합니다. 오늘 하나님을 만나기 위해 얼마나 기다렸는가요? 소망했는가요? 얼마나 기대했는가요? 이 시간 구경만 하는 것이 아니라, 한 사람 한 사람 하나님을 만나길 바랍니다. 체험 있는 신앙을 가지기를 바랍니다. 그래서 갑절의 영감을 받은 목회자와 성도들이 되기를 바랍니다.

셋째로 하나님만 바라보고 의지해야 합니다. 열왕기하 2장 14절을 보면 "엘리야의 몸에서 떨어진 그 겉옷을 가지고 물을 치며 가로되 엘리야의 하나님 여호와는 어디 계시니이까 하고 저도 물을 치매 물이 이리저리 갈라지고 엘리사가 건너니라" 공동번역에 보면 이렇게 표현되어 있습니다. "엘리야의 겉옷으로 물을 쳤으나 물이 갈라지지 않았습니다. "그래서 엘리야의 하느님 야훼여, 어디계십니까?" 하면서 물을 치자 물이 좌우로 갈라졌습니다. 그리하여 엘리사가 강을 건너는데" 엘리사가 엘리야의 흉내를 내어 겉옷을 들고 스승의 힘을 빌어 요단강을 칠 때 물이 갈라지지 않았습니다.

그러나 엘리사는 이제 직접 하나님을 찾았습니다. 자신이 하나님을 직접 찾고, 하나님께 기도합니다. 이 말은 엘리사가 이젠 다른 것을 의지하지 않고 오직 하나님만을 의지한다는 것입니다. 하나님과 동행하는 것입니다. 이제 사람을 통해서 하나님을 만나려고 하지 말고 직접 만나 체험하기 바랍니다. 직접 하나님을 찾고 만나야 합니다. 당신은 지금 무엇을 의지합니까? 세상의 힘, 지식, 기술, 능력, 지혜, 돈, 건강을 의지합니까? 무엇보다 우리의 의지할 것은 하나님밖에 없음을 믿기를 바랍니다. 직접 하나님을 의지하기를 바랍니다.

그런데 문제가 무엇인가하면 자기 생각대로 찾아가고, 자기 생각대로 돌아온다는 것입니다. 한마디로 자기 마음대로 한다는 것입니다. 기본이 되지 않은 것입니다. 이런 분은 내적치유와 축귀 능력은 커녕 성령의 사람으로 변화되지도 못합니다. 자신이 예수를 믿을 때 죽지 않고, 자신이 그대로 살아있기 때문에 성령님께서 자신을 통하여 아무것도 하실 수가 없습니다. 영이신 성령님이 육체인 자신을 통하여 무엇을 하실 수가 있겠습니까? 분명하게 하나님은 하나님께서 분명하게 말씀하셨습니다. "그리스도의 사랑이 우리를 강권하시는 도다. 우리가 생각하건대 한 사람이 모든 사람을 대신하여 죽었은즉 모든 사람이 죽은 것이라. 그가 모든 사람을 대신하여 죽으심은 살아 있는 자들로 하여금 다시는 그들 자신을 위하여 살지 않고 오직 그들을 대신하여 죽었다가 다시 살아나신 이를 위하여 살게 하려 함이라(고후 5:14-15)" 분명하게 "자신을 위하여 살지 않고 오직 그들을 대신하여 죽었다가 다시 살아나신 이를 위하여 살게 하려 함이라고" 하셨습니다. 예수님을 위하여 살게 하려고 부르신 것입니다. 예수님께서 하신 일을 하게 하려고 부르신 것입니다. 예수님은 영이십니다. 육체가 죽지 않고 예수님을 위하여 살아갈 수가 없습니다. 그래서 죽었다고 다시 살아나 예수님으로 살도록 하시는 것입니다. 이제 자신의 인간적인 생각이나 지혜나 열심으로 살지 말아야 합니다. 성령의 인도를 받아야 합니다. 성령의 인도에 순종해야 합니다. "무릇 하나님의 영으로 인도함을 받는 사람은 곧 하나님의 아들이라(롬 8:14)" 그래서 하나님은 "만일 우리가 성령으로 살면 또한 성령으로 행할지니(갈 5:25)" 라고 말씀하십니다. 내적치유와 축귀능력을 받아서 하나님께 쓰임을 받으려고 작정하신 분들은 성령으로 깨달아야 하고, 성령으로 기도해야 합니다. 자신은 예수를 믿을 때 죽고 다시 예수로 태어나 예수님을 위하여 살기 때문입니다. 그렇지 않고 자기 마음대로 목회하려고 하는데 어찌 내적치유와 축귀능력을 받게 하시겠습니까? 자기 마음대로 하려는 생각부터 접어야 합니다. 내적치유와 축귀능력을 받으려면 기본이 되어야 합니다. 기본이 자신이 없어지고 성령님이 주인이 되시게 하는 것입니다.

치유와 기적이 일어나면 모두다 성령의 능력이 아닐 수가 있다는 것입니다. 지나간 세월이나 지금이나 기도로 치유를 한다는 사람들이 적지 않습니다. 해방직후 천부교를 세운 박태선은 놀라운 영적 능력으로 유명해져서, 당시 한강 백사장에 백만 명의 사람들이 집회에 운집하였다고 합니다. 할렐루야 기도원의 김모 원장도 성령수술과 더불어 그녀가 안수기도를 한 생수병으로 유명인사가 된 인물입니다. 그들에게서 기도를 받아 치유를 받는 사람들이 넘쳐났으니까 유명해졌을 것입니다. 이름만 대면 유명한 대형교회의 원로목사는 지금도 외국의 집회에서 엄청난 치유가 일어난다며 홍보동영상을 띄우고 있습니다. 외국의 죠슈아목사나 물린디목사와 같은 분들도 탁월한 치유집회를 하는 것으로 유명하며, 우리나라에서도 여러분들이 기도로서 각종 고질병을 치유한다는 이들이 적지 않습니다. 그들은 자신들에게 치유를 일으키는 공급원이 전부다 성령이라고 말하고 있지만, 필자는 정확하게 맞는다고 말할 수가 없습니다. 사찰에 스님도 병을 고치고, 이방잡신의 교주들도 병을 고치면서 미혹하기 때문입니다. 그래서 치유하고 기적을 일으키는 근원이 성령인지 아닌지 분별을 하는 잣대에 대해서 나열하고 싶습니다.

예수님은 공생애 기간 동안 병자를 고치시고 귀신을 축사하셨습니다. 예수님이 이 땅에 천국을 건설하려고 오셨기 때문입니다. 천국에는 질병이 없고 귀신으로 고통당하는 사람들이 없기 때문에 예수님께서 친히 보여주신 것입니다. "저물매 사람들이 귀신 들린 자를 많이 데리고 예수께 오거늘 예수께서 말씀으로 귀신들을 쫓아내시고 병든 자들을 다 고치시니"(마 8:16). 이일을 예수님의 제자들도 행했습니다. "하나님이 바울의 손으로 놀라운 능력을 행하게 하시니 심지어 사람들이 바울의 몸에서 손수

건이나 앞치마를 가져다가 병든 사람에게 얹으면 그 병이 떠나고 악귀도 나가더라"(행 19:11,12).

이렇게 예수님은 말할 것도 없고 사도들의 사역도 귀신을 쫓아내고 질병을 치유하는 것으로부터 시작하였습니다. 그래서 사람들은 이 같은 기적과 이적을 눈으로 보고 나서 예수께서 그리스도인 것은 인정하였습니다. 예수님이 이 땅에 오신 목적은 영혼을 구원하고 하나님의 나라를 세우기 위함이었지만, 실제적으로 귀신을 쫓아내고 질병을 치유하고 불구를 회복시켜 사람들에게 자신이 하나님의 아들임을 알리셨습니다. 천국을 건설하려고 오셨다는 것을 친히 보여주신 것입니다. "이르시되 너희는 가서 저 여우에게 이르되 오늘과 내일은 내가 귀신을 쫓아내며 병을 고치다가 제 삼일에는 완전하여지리라 하라"(눅 13:32).

또한 예수님 자신도 이 땅에 오신 목적이 귀신을 쫓아내고 병을 고치는 일이었음을 스스로 밝히고 있습니다. 그래서 예수님이 부활하여 40일 동안 보이시고 승천하시고 그 사역을 이어받은 사도들도, 성령의 능력을 받아 귀신을 쫓아내고 질병을 치유하였던 것입니다. 그러나 이들이 귀신을 쫓아내고 질병을 치유하는 궁극적인 목적인 무엇인가요? 단지 사람들이 고통스러워하는 육체의 질병과 삶의 문제를 해결해주시는 것이 아니었습니다. 이적과 기적을 경험하고 나서, 예수 그리스도께서 하나님의 아들이신 것을 받아들이고 예수님의 제자의 길로 나가는 통로로 사용하였음이 분명합니다.

그래서 예수님은 항상 기적과 이적을 베푸시고 나서 하나님의 나라의 복음을 선포하시고 가르치셨습니다. 사도들도 마찬가지입니다. 이들도 예수님과 같이 귀신을 쫓아내고 질병을 치유하는 데 그치지 않고, 궁극적으로는 영혼을 구원하고 초대교회를 세워나가지 아니하였습니까? 단지 귀신을 쫓아내고 질병을 고치는 것으로 끝났다면, 예수님이 이 땅에 오신 목적이 유명무실해질 것입니다.

이는 바르게 인식해야 합니다. 개척교회에서 목회자가 내적치유와 축귀능력으로 고통을 당하는 사람들이 찾아오면 내면의 상처를 치유하고, 병을 고치고, 귀신을 쫓아내어 정상적인 사람으로 치유한다고 교회가 자립하고 성장하지 못합니다. 목회자가 내면의 상처를 치유하고, 병을 고치고, 귀신을 쫓아내는 일에 한정하면 교회가 자립하지 못합니다. 스스로 기도하고 말씀을 성령으로 깨닫고 스스로 하나님과 관계를 열고 성령의 인도를 받는 성도가 되게 해야 합니다. 쉽게 말하면 병고치고 내적치유하고 귀신 쫓아내는 목사가 되면 안 된다는 것입니다.

찾아온 사람을 예수를 믿게 하고, 스스로 기도하며, 영적인 진리를 전하여 깨닫게 하여 육적인 사람을 영적인 성령의 인도를 받는 사람으로 바꿀 수가 있어야 합니다. 질병으로 상처로 귀신 역사로 고생하는 사람, 내적치유하고, 병고치고, 귀신만 축사해 주면 평안해지니까, 하나님을 찾지 않는다는 것입니다. 그러다가 재발하면 다시 능력 있다는 목회자를 찾아가서 내적치유하고, 병고치고, 귀신만 축사 받으려고 한다는 것입니다. 이렇게 돌다가 보면 어느덧 20-30십년이 지나서 사람노릇을 못하는 경우가 생깁니다.

분명하게 성령의 인도를 받는 하나님의 군사가 되게 해야 한다는 것입니다. 자신이 스스로 기도하게 해야 합니다. 성령으로 기도하여 장악이 된 만큼씩 치유가 되는 것입니다. 안수를 받아서 질병이나 귀신이 떠나간 것 같아 일상 생활하는데 문제가 없어도 70%만 해결이 된 것입니다. 30%는 여전하게 잠재하여 있는 것입니다. 30%는 본인이 스스로 기도하고 말씀을 깨달아 삶에 적용하면서 믿음이 자라는 만큼씩 온전하게 치유되어 가는 것입니다.

환자를 치유하면서 기도하는 방법을 가르쳐주고 예배에 빠짐없이 참석하여 진리를 깨달은 만큼씩 질병과 상처와 귀신역사에서 해방된다는 것을 인식시키면서 치유를 지속해야 합니다. 개척교회에서 기도원과 같이 병만 고치고, 상처만 치유하고, 귀신만 쫓아내주려고 혈안이 된다면 교회성장은 되지 않습니다. 병만 고치고, 상처만 치유하고, 귀신만 쫓아내주려고 하지 말고 스스로 자립할 수 있는 성도를 만들어야 합니다. 쉽게 설명하면 영적으로 바꾸는데 목적을 두고 내적치유와 축귀사역을 해야 한다는 것입니다.

다음의 말씀을 성령의 임재가운데 깨달아야 합니다. "그 중의 한 사람이 자기가 나은 것을 보고 큰 소리로 하나님께 영광을 돌리며 돌아와 예수의 발아래에 엎드리어 감사하니 그는 사마리아 사람이라 예수께서 대답하여 이르시되 열 사람이 다 깨끗함을 받지 아니하였느냐 그 아홉은 어디 있느냐 이 이방인 외에는 하나님께 영광을 돌리러 돌아온 자가 없느냐 하시고 그에게 이르시되 일어나 가라 네 믿음이 너를 구원하였느니라. 하시더라"(눅 17:15-19). 아홉 명은 치유가 되어 편안하니 예수님을 찾지 않고 세상으로 갔다는 것입니다.

예수님으로부터 치유를 받은 열 명의 문둥병자중 구원을 입은 사람은 사마리아 문둥병자 한 명뿐이었습니다. 나머지 아홉 명은 병이 낫기는 하였지만, 구원을 받지 못하고 지옥의 불에 던져졌습니다. 예수님이 이 땅에 오신 이유는 자신의 백성들이 구원을 받기 위한 희생제물이 되기 위함이셨지, 단지 사람들의 질병을 고쳐주시는 게 아니었습니다. 이를 바르데 인식하고 내적치유와 축귀능력을 받아 사역하려고 해야 할 것입니다.

그렇다면 이 땅에서 놀라운 기적과 이적을 보여주며 귀신을 쫓아내고 질병을 치유하는 사람들의 공급원이 성령인지 아닌지 아는 잣대는, 그들의 능력을 통해 영혼을 구원하고 하나님의 나라를 확장하는 지 아닌지 날카롭게 살펴보면 어렵지 않게 분별할 수 있을 것입니다. 그래서 성령의 능력으로 치유를 일으킨다는 이들이, 수많은 사람들이 운집한 집회에서 안수기도를 통해 고질병이 치유되며 불구가 일어난다고 홍보하고 있습니다.

그러나 만약 질병이 낫는 것이 전부라면, 이들을 치유하는 발원은 성령이 아닌 게 분명합니다. 만약 성령이셨다면 질병을 치유하는 게 끝이 아니라, 영혼이 구원을 얻는 죄의 회개와 성령이 내주하는 기도의 습관을 촉구하였을 게 분명하기 때문입니다. 그러나 아쉽게도 대다수의 사역자들이 자신들을 통해 병이 낫는 것을 광고하고 홍보하여, 자신의 교회로 끌어들여 숫자적인 부흥을 이루려고 하거나, 교회 건물을 짓는 것에 목적을 두고 내적인 상처를 치유하고 병을 고치고 귀신을 축사한다면 능력의 발원을 의심해 보아야 합니다. 분명하게 내적인 상처를 치유하고 병을 고치고 귀신을 축사하는 것은 한영혼한영혼을 하나님의 사람으로 살아가게 하는 것에 목적이 있는 것입니다. 내적인 상처를 치유하고 병을 고치고 귀신을 축사하는 것은 자신 안에 계신 성령님이 하신 것입니다.

예수님의 경고의 말씀을 주목해야 합니다. "그 후에 예수께서 성전에서 그 사람을 만나 이르시되 보라 네가 나았으니 더 심한 것이 생기지 않게 다시는 죄를 범하지 말라 하시니 그 사람이 유대인들에게 가서 자기를 고친 이는 예수라 하니라"(요 5:14,15).

위의 예수님의 말씀은 베데스다 연못가에서 38년 된 병자를 고치시고 하신 경고의 말씀입니다. 예수님은 그가 다시 죄를 짓는다면, 38년 된 고질병보다 더 심하고 악한 일이 생길 거라고 경고하고 계십니다. 그래서 예수님은 죄를 경고하시고, 회개를 촉구하시며 죄와 피터지게 싸워 이겨야 할 것을 명령하고 계십니다. 그러므로 단지 병을 치유하며 자신의 의를 드러내는 사람들이라면 하나님의 종이 아닐게 분명합니다.

하나님은 이렇게 말씀하십니다. "악한 자의 나타남은 사탄의 활동을 따라 모든 능력과 표적과 거짓 기적과 불의의 모든 속임으로 멸망하는 자들에게 있으리니 이는 그들이 진리의 사랑을 받지 아니하여 구원함을 받지 못함이라 이러므로 하나님이 미혹의 역사를 그들에게 보내사 거짓 것을 믿게 하심은 진리를 믿지 않고 불의를 좋아하는 모든 자들로 하여금 심판을 받게 하려 하심이라"(살후 2:9-12). 목회자도 병만 고치려고 하지 말고, 성도들도 병만 고치려고 이곳저곳으로 돌아다니지 말고, 자신을 성령으로 기도하여 하나님의 사람으로 변하게 하면서 내적인 상처를 치유하고 병을 고치고 귀신을 축사하는 곳을 찾아나서야 합니다.

세상에는 거짓 선지자가 있기 때문입니다. "그런 사람들은 거짓 사도요 속이는 일꾼이니 자기를 그리스도의 사도로 가장하는 자들이니라 이것은 이상한 일이 아니니라 사탄도 자기를 광명의 천사로 가장하나니 그러므로 사탄의 일꾼들도 자기를 의의 일꾼으로 가장하는 것이 또한 대단한 일이 아니니라 그들의 마지막은 그 행위대로 되리라"(고후 11:13~15). 분명은 환자인 자신이 해야 합니다. 어디 치유하고 기적으로 일으키는 목회자가 자신이 거짓 선지자라고 합니까? 분별력을 가지고 믿음생활을 해야지 문제해결하고 병고치는 것에 목적을 두면 속을 수가 있는 것입니다.

분명하게 내적인 상처를 치유하고 병을 고치고 귀신을 축사하는 것은 성도가 영적으로 변하여 삶에서 하나님을 누리면서 살아가고, 개척교회가 자립하고 성정하는 내적치유와 축귀능력이 되어야 합니다. 분명하게 성령께서 역사하시는 내적치유와 축귀능력은 성도가 변화되고, 교회가 자립하고 성장하게 되어 있습니다. 내적치유와 축귀사역에 하나님께서 함께하시기 때문입니다.

그러나 내적인 상처를 치유하고 병을 고치고 귀신을 축사하는 목회자나 사역자는 다음의 경고의 말씀을 가슴에 새기고 사역을 해야 합니다. "나더러 주여 주여 하는 자마다 다 천국에 들어갈 것이 아니요 다만 하늘에 계신 내 아버지의 뜻대로 행하는 자라야 들어가리라 그 날에 많은 사람이 나더러 이르되 주여 주여 우리가 주의 이름으로 선지자 노릇 하며 주의 이름으로 귀신을 쫓아내며 주의 이름으로 많은 권능을 행하지 아니하였나이까 하리니. 그 때에 내가 그들에게 밝히 말하되 내가 너희를 도무지 알지 못하니 불법을 행하는 자들아 내게서 떠나가라 하리라"(마 7:21~23). 분명하게 성령의 지배와 인도를 받지 않고 자신의 마음대로 사역하는 자들은 마지막 날에 하나님께서 "그 때에 내가 그들에게 밝히 말하되 내가 너희를 도무지 알지 못하니 불법을 행하는 자들아 내게서 떠나가라 하리라" 하실 수가 있다는 것을 명심하고 사역을 해야 할 것입니다.

성경은 귀신들도 놀라운 이적과 이적으로 사람들을 미혹시킨다고 경고하고 있습니다. 그러므로 귀신을 쫓아주는 척하고, 질병을 치유하며 기이한 현상을 일으키는 사람들이라고 죄다 하나님의 종이라고 믿지 말아야 합니다. 그들이 그런 기적을 경험하며 모인 사람들에게 죄의 회개를 촉구하며, 성령과 동행하는 영적 습관을 가르치지 않는다면 성령의 인도를 받는 하나님의 일꾼이 아닐 것입니다. 사탄의 좀비들인 바로의 주술사들도 지팡이를 뱀으로 만들며 나일강을 피로 물들게 하였는데, 질병을 낫게 하는 것쯤이야 식은 죽 먹기일 것입니다. 욥기에 보면 사단도 하늘에서 불이 내리게 하였습니다. 치유와 기적만 보지 말고 배후의 영의 출처를 구별해야 할 것입니다.

5장 자신이 먼저 내적치유와 축사 받아라.

(마 7:3-6)"어찌하여 형제의 눈 속에 있는 티는 보고 네
눈 속에 있는 들보는 깨닫지 못하느냐? 보라. 네 눈 속에
들보가 있는데 어찌하여 형제에게 말하기를 나로 네 눈
속에 있는 티를 빼게 하라 하겠느냐. 외식하는 자여 먼저
네 눈 속에서 들보를 빼어라 그 후에야 밝히 보고 형제의
눈 속에서 티를 빼리라. 거룩한 것을 개에게 주지 말며 너
희 진주를 돼지 앞에 던지지 말라 그들이 그것을 발로 밟
고 돌이켜 너희를 찢어 상하게 할까 염려하라"

먼저 알아야할 것은 내적치유와 축귀능력을 주시는 것은 먼저
자신을 내적치유하고 축사하라고 주시는 것입니다. 많은 목회자
와 사역자들이 자신은 치유하지 않고 사역부터 하려고 합니다. 순
서가 잘못된 것입니다. 예수님께서 말씀하십니다. "나는 곧 길이
요" 예수님이 통로였습니다. 하나님께로 이르는 새롭고 산길입니
다. 하나님께서 예수님을 통해서 이 땅에 오셨습니다. 하나님의 놀
라운 계획과 의도가 예수를 통해서 이 땅에 펼쳐지고 성취되었습
니다. 우리도 이 땅을 향한 하나님의 길임을 아십니까? 아브라함
을 택하시면서 말씀하십니다. 내가 너로 인하여 열방이 복을 얻게
하고 복의 근원을 삼기 원한다. 은사는 인격을 통해서 흐릅니다.
　만약에 내 속에 상처와 아픔들이 가득 있는데 내가 기도사역
을 한다면 내 속에 있는 하나님의 은사가 내 속에서 흐르면서 다

듬어지지 아니하고 남을 아프게 하는 상처와 같이 흐르기 쉽다는 것입니다. 은사나 능력보다 사역자의 인격이 중요합니다.

아무리 수원지에서 맑은 물을 정수해서 가정에 보낸다 할지라도 가정에 있는 수도관이 낡아있고 녹슬어 있으면 수도꼭지를 틀면 무슨 물이 나올까요? 녹물이 나옵니다. 수원지가 문제가 있는 것이 아닙니다. 하나님께 문제가 있는 것이 아니라 내가 내 스스로 내적인 모든 상처를 주님 앞에 못 박지 아니하고 상처를 치유받지 못했던 바로 자신의 책임인 겁니다. 인격을 통해서 흐릅니다. 그래서 이런 공식이 하나 성립될 수 있습니다.

내적치유와 축귀사역의 열매는 어떻게 되느냐 능력의 정도 × 사람의 인격 = 사역의 열매입니다. 예를 들면 능력이 10정도 완벽하게 많이 부어져서 능력이 잘 나타나는데, 인격이 잘못되어 -2가 되면 열매로는 -20입니다. 열매가 아주 힘들게 나타납니다. 속에 상처가 많으면 무엇을 해도 부정적인 언어가 많이 나오기 쉽습니다. 인격이라고 하는 것은 하나님이 나를 다루어야만 개발되는 것이 인격입니다. 인격이 어떻게 개발된다고요? 내가 아무리 도를 닦아도 되는 것이 아니라, 하나님이 나를 다루어야 합니다. 자신이 먼저 성령으로 세례를 받아 자신을 정확하게 보는 눈이 열려야 합니다.

첫째, 자신이 먼저 치유를 받아야 한다. 필자는 늦게나마 내적치유의 중요성을 깨닫고 내적치유 센터에 아내와 같이 다니면서 내적 치유를 받았습니다. 치유를 받으며 많은 영적 체험과 치유를 경험했습니다. 상처로 인하여 고통이 얼마나 심한가를 알았습니다. 그리고 상처를 어떻게 치유하는지를 그곳 사역자들을 통해서 체험했습니다. 1년을 다니면서 치유를 받았습니다.

그런데 그렇게 내적 치유를 받아도 해결되지 않는 부분이 있었습니다. 위장의 통증입니다. 이것 때문에 굉장히 고생을 하였습니다. 전도하러 다녀도 꾹꾹 찌르고 설교 준비를 하다가도 배가 아팠습니다. 병원에 가서 내시경을 해보아도 아무런 질병이 없었습니다. 쉬운 말로 신경성 위장병이라는 것입니다. 이것을 고치려고 6개월을 잠을 자지 않으면서 기도하였습니다. "하나님, 왜 이렇게 위의 질병이 치유되지 않습니까? 하나님 알려주세요. 하나님 알려주세요. 하나님, 도와주세요. 왜 이럽니까?" 깊은 기도를 하며 아주 애절하게 물어보며 기도를 했습니다.

어느 날 하나님이 완벽하게 치유하여 주셨습니다. 그런데 그냥 살며시 치유하여 주신 것이 아닙니다. 저의 지나온 과거 속에서 상처받은 곳을 하나하나 구체적으로 보여주셨습니다. 상처받은 곳을 조목조목 보여 주시고 설명해 주시기를 무려 일곱 번을 하시더니 상처의 근원지를 보여주십니다. 근원지를 보니까 전부 저에게 문제가 있었다는 것을 깨달았습니다.

어려서 받은 상처로 인하여 인생길에서 계속 상처를 받고 응어리를 품고 살았던 것입니다. 모두 저에게 문제가 있었습니다. 하나님! 전부 저에게 문제가 있었군요. 하나님께 고백하고 인정하니까 하품이 막 나오더니 배가 시원해지면서 위장병을 깨끗하게 치유하여 주셨습니다. 내적인 치유는 자신과의 영적 싸움입니다. 의지를 가지고 치유하여 뿌리를 뽑아야 합니다. 마지막 뿌리에 대한 내적 치유는 자신이 직접기도하며 하나님께 물어 가며 치유해야 합니다.

내적치유 사역이나 축사 사역을 목회에 적용하실 분들은 내적치유를 본인이 직접 받아 보아야 합니다. 그래야 내면세계에 대하여 바르게 알게 됩니다. 내면세계를 알아야 성도들을 변화 시킬 수가 있습니다. 상처가 어떤 영성에 어떤 영향을 미치는 가 바르게 인식할 수가 있는 것입니다. 마음의 상처를 치유하는데 왜 성령의 역사가 일어나지 않으면 될 수 없는가 설명할 수가 있는 것입니다. 요즈음 교회를 개척하려고 하시는 분들이 개척하면 금방 성장할 줄로 알고 개척하기에 바빠서 자신의 준비를 등한히 합니다. 그러다가 교회가 자립하지 못하고 성정하지 못하면 그때서야 내적치유와 축귀사역이 기본이 된다고 인정합니다. 내면의 상처치유를 하지 않고 개척목회를 하실 수가 없습니다. 자신의 마음의 상처가 취약한 시기에 문제를 일으킬 수가 있기 때문입니다.

필자에게 많은 분들이 문의를 합니다. 책을 보고 아무리 내적인 상처를 치유하려고 해도 치유되지 않는다는 것입니다. 왜 그렇게 상처를 치유하려고 노력을 하는데 내적치유가 되지 않을 까요? 상처는 마음의 깊은 곳에 숨어있습니다. 무의식에 상처가 있기 때문에 자신의 의지로 상처를 치유하려고 해도 치유가 되지 않는 것입니다. 반드시 성령의 도움을 받아 무의식에 들어가서 상처의 근원을 찾아서 성령의 역사를 일으켜야 상처가 치유됩니다. 상처의 뒤에는 우리보다 강한 마귀가 역사하고 있기 때문입니다. 우리가 내적치유를 하기 위해서는 영적인 세계도 알아야 합니다. 영적세계에 대하여는 저의 저서 "카리스마로 영적세계를 장악하는 법"를 읽어보시기를 바랍니다.

내적상처를 치유하려고 하시는 분들과 내적치유사역을 하실 분들은 자신이 어느 정도 치유가 될 때까지 전문적인 내적치유를 받아야 합니다. 어느 정도 치유를 받았으면 이제 본인이 성령의 임재 하에 깊은 영의기도를 하면서 상처의 뿌리를 뽑아내야 합니다. 본인이 기도하며 내적상처를 치유해보아야 합니다. 그래야 성령님과 인격적인 관계가 되어 내적치유사역을 하실 수가 있습니다. 저도 전문적인 내적치유를 받은 후에 스스로 기도하며 상처를 치유했습니다. 그러면서 성도들을 대상으로 예배 때마다 내적치유와 축귀사역을 하여 숙달하였습니다. 내적치유를 사역을 하려면 성령님과 인격적인 관계가 열려 성령의 역사와 임재가 중요합니다. 성령께서 무의식의 상처를 알게 하시고 상처를 치유하시기 때문입니다. 전적으로 성령께서 하시는 일이기 때문에 성령의 이끌림을 받는 영성이 무엇보다 중요합니다. 내적치유 사역을 하면서 성령님의 감동에 따라 사역을 진행하는 것입니다. 자신이 먼저 상처를 치유 받으며 내적치유 기술을 습득하여 사역하면서 적용하면 좀 더 쉽게 내적치유와 축사를 할 수가 있습니다.

둘째, 자신 안에 귀신이 역사해도 축사사역을 할 수가 있다. 많은 목회자들이 자신이 축사사역을 하기 때문에 자신에게는 귀신이 없는 것으로 알고 있는 경우가 많습니다. 그러나 귀신을 축사하는 사역자에게도 귀신이 있을 수가 있습니다. 자신에게 귀신이 역사해도 축귀사역은 할 수가 있다는 것을 깨달아야 합니다. 한

번은 필자에게 이런 일이 있었습니다. 그때는 성령의 체험도 했을 때이고, 성령치유 사역을 한창 하던 시기입니다. 낮에 사모하고 성령으로 충만한 가운데 성전에서 기도하고 있는데 갑자기 성령께서 혈통으로 대물림 되며 너의 목회를 방해하고 가난하게 하는 귀신을 몰아내라! 그러시는 것입니다. 그래서 내가 호흡 기도를 통하여 성령이 나를 장악하여 충만하게 되었을 때 "예수 이름으로 명하노니 나의 목회를 방해하고 가난하게 하는 더러운 귀신은 예수 이름으로 명하노니 물러갈지어다.", "예수 이름으로 명하노니 나의 목회를 방해하고 가난하게 하는 더러운 귀신은 예수 이름으로 명하노니 물러갈지어다.", "예수 이름으로 명하노니 나의 목회를 방해하고 가난하게 하는 더러운 귀신은 예수 이름으로 명하노니 물러갈지어다." 하고 세 번을 명령 했더니 막 하품이 나오기를 한 20번 이상 나오면서 30여분 동안 더러운 귀신들이 떠나가는 것이었습니다. 그러기를 한참 하더니 이제 아랫배가 뒤틀리고 아프면서 귀신들이 떠나갔습니다. 그래서 필자가 더러운 귀신들에게 왜 지금까지 떠나가지 않았어. 하고 질문하니 불러야 나오지요. 하는 것입니다. 그 당시에는 교회당 안에서 그렇게 강력한 불의 역사가 일어나고 성도들을 붙잡고 기도하며 귀신들을 축사하고 사역을 해도 나를 괴롭히고 목회를 방해하고 가난하게 하던 귀신들이 떠나가지를 않은 것입니다. 그러므로 예수를 믿고 말로 명령만 하면 귀신이 떠나간다는 말은 체험 없이 하는 말입니다. 필자의 체험으로는 반드시 성령으로 충만한 가운데 내안에 명령하며 기도할 때 귀신들이 떠나갔습니다.

그런데 이렇게 목회를 방해하고 물질고통을 주던 귀신을 축사하고 환경에 변화가 일어났습니다. 물질이 서서히 풀렸습니다. 교회 뒤에서 살던 삶을 마감하고 아파트 34평을 임대하여 이사를 했습니다. 물질 고통을 주던 귀신들이 떠나가니 환경이 풀리기 시작한 것입니다. 목회도 서서히 풀려서 서울로 이전하게 된 것입니다. 이렇게 말한다고 자기 귀신만 축사하는데 시간 보내지 말고, 성령으로 기도하며 내면을 성령으로 채우면 귀신은 성령의 권능으로 떠나가는 것입니다. 다만 자신에게도 귀신이 역사할 수가 있다는 것을 인정하는 것이 중요합니다. 특별하게 기도 많이 하시는 사모님들이 자신에게는 귀신이 없다고 단정하시고 방심하시는데 절대로 방심하시지 말고 영적인 진단을 받아보시는 것이 좋습니다. 귀신들이 방해하면 목회가 어렵게 되기 때문입니다. 생각하지도 못한 영육의 문제가 발생하여 당황할 수도 있습니다.

셋째, 상처는 목회를 실패하게 한다. 내면의 상처는 목회도 실패하게 합니다. 필자가 내적치유사역하면서 만난 목사님의 간증입니다. 저는 목회를 13년간 하다가 목회가 되지 않아 그만둔 60대 초반의 목사입니다. 저는 강요셉 목사님을 만나기 전까지 내면의 세계에 대하여 알지를 못했습니다. 저는 목회를 하지 못한 것은 말씀을 너무나 몰라서 목회가 되지 않는 것으로 생각을 했습니다. 그래서 말씀을 좀 더 연구하고 공부해서 목회를 다시 해보려고 기도원에 갔다가 강요셉 목사님을 만났습니다. 강요셉 목사와 목회 이야기를 하던 중에 저의 목회 실패에 대하여 말했더니, 강 목사가 이렇게 말하는 것입니다. "목사님은 말씀이 없어서 목회를 못 하신 것이 아니라, 상처가 많아서 목회를 잘 못한 것입니다. 말씀 공부에 앞서서 내적 치유를 받으셔야 합니다." 그러는 것입니다. 그 말을 듣는 순간 맞다 내가 상처가 많이 있다. 상처가 많은 자갈밭과 같은 마음에 무슨 말씀이 심어지겠느냐…. 그래서 그 후부터 충만한 교회에 찾아가서 치유를 받았습니다. 성령의 임재 가운데 제가 방언기도를 하는데 잘 들어보니 "에이 시팔! 에이 시팔!" 하면서 내가 방언 기도를 하는 것입니다. 이상하게 속에서 분노가 올라오면서 욕이 나오는 것입니다. 성령의 임재가 점점 충만해지더니, 내 속에서 큰 소리로 악이 올라오는데 정말 큰 소리로 약 1시간 30분을 악을 쓰면서 치유를 받았습니다. 그러다가 속에서 기침으로 더러운 상처들이 수없이 나왔습니다. 그 때 제가 이렇게 느꼈습니다. 맞다! 내가 이렇게 목회를 못하고 망한 것도 내 속의 분노의 상처 때문에 망했다는 것을 깨달았습니다. 악을 쓰다가 잠잠해져서 자리에서 일어나 보니 다른 사람들은 다 끝나고 떠난 상태였습니다. 정말 강요셉 목사님에게 너무 오래까지 괴성을 질러서 미안하기도 하고 감사하기도 했습니다. 그래서 강요셉 목사님을 식당으로 모시고 가서 저녁식사를 같이했습니다.

식사준비 시간에 강 목사님이 저보고 하는 말이 "목사님, 상처가 정말 많이 있었습니다. 어렸을 때 상처를 많이 받으셨나 봅니다." 이렇게 묻는 것입니다. 그래서 제가 이렇게 대답을 했습니다. "목사님 제가 어려서 우리 아버지께 정말 많이 얻어맞았습니다. 치유 받을 때 그때 모습이 보이면서 악을 썼습니다. 목사님, 제가 오늘 치유 받으면서 느낀 것은 신학대학과 신대원에 다니는 분들은 모두 내적 치유를 받아야 된다는 사실입니다. 제가 조금이라도 일찍 상처에 대하여 알았더라면 목회에 실패하지 않았을 것입니다. 목회하면서도 분노가 올라와 정말 고생을 많이 했습니다." 그래서 계속 다니면서 기본적인 치유를 받았습니다. 그리고 치유의 원리들을 적용하면서 차차로 영성이 회복되었습니다. 얼굴에 성령 충만이 나타나고 새 사람으로 변화되었습니다. 사모가 저의 얼굴을 보고 놀랄 정도로 변했습니다. 제가 깨닫고 보니 성령의 능력도 내면이 치유되어야 강하게 나타납니다. 저와 같은 목회자 여러분 목회 망한 다음에 깨닫고 물질과 시간 낭비하지 마시고 내면부터 치유하시기를 바랍니다.

넷째, 내적치유와 축귀능력은 단시일에 받지 못한다. 내적치유와 축귀의 능력이 자신의 것이 되려면 시간이 걸린다는 말입니다. 많은 분들이 2박 3일 집회에 참석하여 능력 받아 사역을 하시려고 합니다. 그러나 다음 간증을 들어보시면 2박 3일 집회로 내적치유와 축귀능력을 받을 수 없다는 것을 아실 수 있을 것입니다 저는 인천에서 목회하고 있는 박 목사입니다. 교회를 개척하여 목회를 하다가 보니 성령의 은사가 절실하게 필요했습니다. 병자들이 많이 찾아오니 내적치유와 신유은사가 절실 했습니다. 가끔 상담을 하다가 보면 꿈이나 환상에 대하여 문의 하는 성도들도 있었습니다. 저는 그때마다 그런 신비한 것에 너무 치중하지 말고 무시하라고 했습니다. 이렇게 말하고 나면 내 양심이 소리를 했습니다. 모르면 모른다고 해라. 왜 무시하라고 하느냐! 한편으로는 성령의 은사를 받고 싶은 강한 사모함이 나를 사로잡았습니다. 그래서 성령의 은사를 받아야 되겠다는 마음으로 서울 모처에서 하는 성령치유 은사 세미나에 네 번이나 참석을 했습니다. 세월로 말하면 일 년이 넘는 세월 이었습니다. 한주에 20만원이나 하는 회비를 내고 참석을 했습니다. 세미나에 다녀와서 환자를 안수하면 환자가 더 아프다는 것입니다. 참으로 답답했습니다. 거기서 성령치유 세미나를 인도하는 목사님은 담대하게 예수 이름으로 기도하면 낫는다고 해서 안수를 했는데 더 심하다니 이해가 되지 않았습니다.

그래서 고민을 하고 있는데 어느 목사님이 자신은 성령의 불을 받고 성령의 은사가 나타났다고 했습니다. 성령의 불의 역사가 강하다는 기도원을 알았습니다. 매주 목요일마다 인천에서 충청도까지 거의 2년을 다녔습니다. 다른 분들은 불을 받았다, 능력을 받았다, 자랑하는데 저는 냉랭했습니다. 우연한 기회에 기독 서점에 갔다가 마음에 와 닿는 책이 있어서 두 권을 사게 되었습니다. "영안열리면 귀신들이 보이나요" 와 "강력한 능력을 이끌어내는 영적 비밀"이란 책 두 권을 읽어보니 내가 성령의 불과 은사를 받지 못하는 이유를 알게 되었습니다. 먼저 홈페이지에 들어가 보니 여러 간증이야기가 있었습니다. 나도 성령의 세례를 받고 은사를 받을 수 있다는 감동이 왔습니다. 그래서 충만한 교회를 찾게 되었습니다. 충만한 교회의 집회를 참석하여 보니 내가 지금까지 다니면서 시간을 낭비한 곳과는 여러 가지가 달랐습니다. 강 목사님이 성령을 체험하고 은사가 나타나게 된 과정을 정리하여 강의를 하고 매시간 기도를 했습니다. 기도할 때 강 목사님이 안수를 해주셨습니다.

과목도 성령치유와 성령은사에 대하여 매주 다른 과목으로 공부를 할 수가 있었습니다. 한마디로 체계적이었습니다. 마음이 열렸습니다. 저도 이제 성령체험하고 성령은사를 받아 성도들을 만질 수 있겠다는 자신이 생겼습니다. 그래서 매 주 참석을 하겠다고 마음을 먹고 참석했습니다. 첫날은 그냥 지나갔습니다. 이튿날 말씀을 듣고 기도를 했습니다. 기도하는데 강 목사님이 오셔서 안수를 하셨습니다. 안수를 하는데 내가 강한 전기에 감전된 것같이 손이 찌릿찌릿 했습니다. 하도 신기하여 상담을 요청하여 상담을 했습니다. 강 목사님에게 내가 지금까지 성령의 불과 은사를 받으려고 노력한 것을 말씀드렸습니다. 그리고 오늘 안수 받을 때 왜 손이 찌릿찌릿 하는 가? 질문을 했습니다. 성령이 장악하는 것을 보증으로 알게 한 것이라고 하셨습니다.

그러면서 이렇게 말씀을 하시는 것입니다. 목사님은 지금까지 바르게 알고 행하지 못해서 성령의 불과 은사를 받지 못했다는 것입니다. 불은 밖에서 받는 것이 아니고 사람의 영 안에 있는 성령으로부터 불이 올라와야 한다는 것입니다. 왜 내가 그동안 성령의 불을 받지 못했느냐면 밖에서 불을 받으려고 밖에만 관심을 두어서 속사람이 치유되지 않아 성령의 불을 받지 못한 것이라는 것입니다. 앞으로는 마음을 열고 기도를 하여 속에서 불이 나오게 하라는 것입니다. 그러면서 이렇게 말씀을 하셨습니다.

"성령의 불과 은사를 받으려는 그 조건과 상태는 여러 가지이지만 첫째 의지를 발동해야 합니다. 쉽게 말해서 사모함이 있어야 합니다. 사모함으로 의지를 발동하여 성령세례를 받는 것이 제1의 원리요, 그 다음은 말씀과 성령으로 내적 치유하는 것이 제2의 원리요, 귀신 추방의 제3의 원리입니다. 이렇게 하여 성령이 자신을 장악해감으로 생각이 바뀌고, 마음이 감동되어 믿음이 생겨서, 본인의 의지가 발동되어 몸이 움직여지고, 행동으로 옮겨지는 과정을 거쳐야 합니다. 그래야 성령의 불을 받고 성령의 은사가 나타나는 것입니다."

목사님은 사모하시니까 얼마 있지 않으면 성령의 강한 불과 역사를 체험하겠다고 했습니다. "내가 성령의 불과 성령의 은사를 받으려고 몇 년을 투자 했는데 이제 결실이 나타나는 구나"하고 속으로 감사했습니다. 둘째 날은 그렇게 지났습니다. 삼일 째 되는 날이었습니다. 말씀을 마치시고 찬송을 연속해서 부르는데 여기저기서 소리를 지르고 흐느끼면서 울부짖었습니다. 저역시도 몸을 가누지 못할 정도로 몸이 앞뒤로 흔들렸습니다. 가슴이 답답해졌습니다. 가슴이 답답해지더니 속에서 불덩어리가 올라오는 느낌을 받았습니다. 눈에서는 계속 눈물이 흘러서 양 볼에 흘러 내렸습니다. 그러면서 울음이 속에서 올라왔습니다. 그래서 울음을 참지 못하고 울었습니다. 저도 모르게 막 진동을 하면서 소리를 질렀습니다. 온몸이 불덩어리가 되었습니다. 막 의자에서 뛰면서 기도를 했습니다. 그러자 강요섭 목사님이 오셔서 안수를 해주셨습니다. 안수를 하면서 "성령님! 더 강하게 역사하여 주시옵소서." 하고 기도하니까, 그만 내가 절제 할 수 없는 강한 진동이 일어났습니다. 의자에서 떨어졌습니다. 내 속에서 방언이 터져 나왔습니다. 그러면서 몸이 뒤틀리기 시작을 했습니다.

그러면서 몸이 정말 뜨거웠습니다. 정말 내가 감당할 수 없었습니다. 몸이 뒤틀리면서 속에서 괴성이 계속 나왔습니다. 내 다리가 머리위로 올라오면서 발작을 했습니다. 어느 정도 시간이 경과 되니 몸이 안정이 되는 것을 체험하게 되었습니다. 그러자 강 목사님이 "지금까지 이렇게 진동하게 한 더러운 영은 기침으로 떠나갈지어다." 하며 명령을 하시는 것이었습니다. 그러자 기침이 멈출 수가 없을 정도로 많이 나왔습니다. 강 목사님이 "영의 통로를 막고 있던 더러운 영들은 기침으로 시원하게 떠나갈지어다." 하니까 기침이 사정없이 나왔습니다. 그러면서 내속에서 허허허, 하하하 하면서 가슴에서 무엇이 빠져나가는 체험을 했습니다. 그러면서 목사님이 "마음에 있는 상처에 붙어있는 더러운 영은 떠나갈지어다." 명령을 하실 때 막 이상한 소리를 하면서 귀신들이 떠나갔습니다.

너무나 감사했습니다. 내가 이렇게 성령을 체험하려고 삼년이란 세월과 물질을 투자했더니 체험하고야 말았구나 하니 너무나 기뻤습니다. 너무나 은혜를 많이 받고 집으로 돌아갔습니다. 돌아가서 당시 중학교 삼학년이던 저의 아들을 안수해주고 싶은 생각이 들었습니다. 강 목사님이 성령이 감동하면 순종해야 한다고 해서 아들을 오라고 했습니다. 안수를 했습니다. 그랬더니 아들이 막 기침을 하면서 우는 것입니다. 그때 직감적으로 아 나에게도 성령의 능력이 왔구나 하는 감동이 왔습니다. 아들을 안수하여 진정이 될 때가지 기도를 해주었습니다. 끝나고 나니 아들이 하는 말이 가슴이 시원하다는 것입니다. 목소리가 저절로 커진다는 것입니다. 참으로 감사했습니다. 그래서 넷째 날에 상당한 액수의 감사헌금을 했습니다. 매주 다른 과목을 배우고 성령의 권능이 나타나니 시간이 아깝지를 않았습니다. 성도들이 아프다고 해서 안수하면 그 자리에서 질병이 치유되었습니다.

상담을 해달라고 하면 자세하게 상담을 해줄 수가 있게 되었습니다. 충만한 교회에서 내적치유, 가계치유, 신유, 축귀, 가난청산, 인간문제치유, 성령치유, 뼈 신경치유, 예언, 하나님의 음성듣기 등등 24개 과목을 배워서 내 것으로 만들었습니다. 이제 어떤 환자가 어떤 문제를 가지고 찾아오더라도 자신 있게 상담하고 치유할 수 있게 되었습니다. 내 안의 상처가 치유되어 성격도 유순하게 변했습니다. 그러니 사모가 굉장히 좋아합니다. 여기저기 친구 사모들에게 알려서 목사님들을 충만한 교회에 보냈습니다. 충만한 교회 다녀오고 나서부터 교회가 성장을 했습니다. 충만한 교회에서 약 6개월간 은혜 받고 배로 부흥을 했습니다. 교회를 개척해보신 분들은 잘 아시겠지만, 작은 교회는 모두 자신의 문제를 해결 받으러 오는 성도가 대다수입니다. 우리 교회에 와서 문제를 해결 받고, 질병을 치유 받고 마음의 상처를 치유 받으니, 소문을 내서 사람들이 모여들었습니다. 무엇보다도 내가 영적으로 변화되어 감사합니다. 저의 사모함을 만족하게 해주시고 성령의 권능과 은사를 주신 하나님께 감사드립니다. 하나님은 사모하는 영혼에게 만족함을 주십니다.

2부 성령의 지배와 장악이 되려고 해라

6장 성령에 대하여 바르게 알아야 한다.

(요14:26)"보혜사 곧 아버지께서 내 이름으로 보내실
성령 그가 너희에게 모든 것을 가르치시고 내가 너희에게
말한 모든 것을 생각나게 하시리라."

내적치유와 축귀능력을 받으려면 성령님에 대하여 바르게 알
아야 합니다. 성령님을 바르게 알지 못하면 내적치유와 축귀능력
을 받을 수가 없기 때문입니다. 하나님이 얼마나 귀중합니까? 예
수님은 또 얼마나 귀중합니까? 그런데 우리는 성령님의 귀중함을
얼마나 모르고 살아왔습니까? 성령님에 대한 개념을 바꾸어야 합
니다. 성령님을 통하지 않고는 예수님을 알 수도 없고 나아갈 수
가 없다는 사실을 알면, 성령님을 부르지 않을 수가 없습니다. 누
구보다도 먼저 성령님을 부르고 찾아야 합니다. 성령님을 통해서
예수님의 십자가로 나아가야 합니다. 성령님을 통하여 자신 안에
성전을 견고하게 해야 합니다.

그리함으로 하나님의 영광이 자신에게 나타날 수 있게 됩니다.
은혜의 보좌 앞으로 나아가게 됩니다. 성령님을 찾는다고 해서
예수님이 섭섭해 하시지 않으십니다. 오히려 이제야 제 길을 찾
았다고 기뻐하실 것입니다. 성부-성자-성령에 어떤 계급장을 붙
이지 말아야 합니다. 삼위 하나님은 격이 같으신 분입니다. 예수

님이 땅에 계셨을 때, 성령께서 함께 하셨습니다. 예수님에게 성령께서 함께 하셨고, 제자들과도 함께 하셨습니다. 그리고 우리와도 함께 하십니다. 자신 안 성전에서 권능으로 역사하십니다.

첫째, 처음에는 하늘에서 성령이 강림하셨다. 예수님이 부활하사 40일 동안 여러 모습으로 나타나셔서 낙심한 제자들을 다 모으셔서 감람산에 오게 하시고 그곳에서 최대의 명령을 내리시고 그들이 보는 앞에서 하늘로 승천해 올라가셨습니다.

사도행전 1장 4~8절에 "사도와 같이 모이사 저희에게 분부하여 가라사대 예수살렘을 떠나지 말고 내게 들은 바 아버지의 약속하신 것을 기다리라 요한은 물로 세례를 베풀었으나 너희는 몇 날이 못되어 성령으로 세례를 받으리라 하셨느니라. 저희가 모였을 때에 예수께 묻자와 가로되 주께서 이스라엘 나라를 회복하심이 이때니이까 하니 가라사대 때와 기한은 아버지께서 자기의 권한에 두셨으니 너희의 알 바 아니요 오직 성령이 너희에게 임하시면 너희가 권능을 받고 예루살렘과 온 유대와 사마리아와 땅 끝까지 이르러 내 증인이 되리라 하시니라"고 주님께서 말씀을 하셨습니다. 이 말씀을 듣고 제자들은 예루살렘 마가 요한의 다락방에 모여서 120여명의 남-여 성도들이 열심히 한 열흘 동안 성령이 오시기를 간절히 기도하였습니다. 그러자 오순절 날이 이르자 갑자기 하늘로서 강한 바람 같은 소리가 나며, 그들 방에 가득하더니 불의 혀같이 갈라지는 것이 각 사람 머리 위에 하나씩 임하였습니다. 그들이 곧 성령의 충만함을 받고 성령의 말하게 하심을 따라 다른 방언으로 말하기 시작했습니다(행2:1-4). 그것이 바로 하나님의 성령께서 이 땅에 강림하신 날인 것입니다. 예수께서 부활하사 아버지 보좌 우편에 앉으시매 아버지께로부터 성령을 선물로 받아 제자들에게 부어주신 것입니다.

이래서 그만 성령이 오시고 성령을 받자마자 제자들에게 거대한 변화가 다가온 것입니다. 제자들은 갑자기 성령의 비추심을 통해서 예수님의 십자가 죽음과 부활이 인류구원의 하나님의 역사인 것을 깨닫게 된 것입니다. 그들은 예수 그리스도의 죽음이 비참한 실패라고 생각하고 그것이 그리스도 복음의 종말인줄 생각하였는데 성령이 와서 비추어주자 그리스도의 십자가의 죽으심과 부활은 바로 인류를 죄에서 구원하는 하나님의 위대한 계획이요, 하나님의 은사요, 하나님의 승리란 것을 깨닫게 된 것입니다.

그리고 예수님이 몸으로 죽었다가 몸으로 부활한 것을 그들이 보고 깨닫자마자 몸이 다시 살고 영원히 사는 것을 알게 되어서 인간은 죽어서 사라지는 것이 아니라 인간은 죽음으로써 다시 부활해서 영원히 산다는 확신을 얻게 된 것입니다.

그리고 하나님과 예수님의 살아계심을 몸으로 체험하고 뜨겁게 사랑하게 되었습니다. 하나님의 성령이 속에 들어와 계심으로 성령의 역사로 말미암아 야! 하나님은 살아계신다! 부활하신 예수님은 우리와 같이 계시는 것을 이제는 들어서 아는 것이 아니라, 몸으로 체험하고 그들은 뜨겁게 하나님과 예수님을 사랑하게 된 것입니다. 그러자 천국의 소망과 기쁨이 충만하게 되어서 이 세상에서 살아가는 인생의 삶은 일부분 같은 생활이나 주께서 예비한 영원한 영광스러운 천국이 확실한 것을 알게 되고 마음의 기쁨이 넘쳐흐른 것입니다. 그리고 겁과 두려움이 사라지고 강하고 담대한 믿음이 생겼습니다.

그들의 말과 행동에 하나님의 능력이 나타나서 귀신이 쫓겨나가고 병든 자가 고침을 받고, 하나님의 기적적인 역사가 나타난 것입니다. 당시 사회의 낮은 계층의 소수의 사람들이 일어나 인류와 세계 역사를 뒤바꾸어 놓는 위대한 역사를 베풀게 된 것입니다. 이것이 바로 성령께서 오셔서 그들 생애 속에 일어난 거대한 변화를 말하는 것입니다. 하나님의 성령께서 오늘 우리 가운데 와 계시는데 우리가 이 성령님을 인정하고 환영하고 모셔드리고 충만하면 우리 예수 믿는 성도들의 생활 속에 옛날에 사도들이 체험한 이 거대한 변화가 우리에게 다가오게 되는 것입니다.

둘째, 다음에는 성령의 불을 받은 사람을 통해 임하셨다. 사도행전 10장에는 고넬료 가정에 성령의 불이 임한 사건이 나옵니다. 고넬료는 이탈리아 사람이었습니다. 이탈리아의 육군대위였었습니다. 그는 유대인이 아니었습니다. 그럼에도 불구하고 그는 구제를 많이 하고 하나님께 기도를 많이 했는데 오후 3시에 간절히 기도하니까 갑자기 천사가 그 앞에 나타났었습니다.'고넬료야!, 고넬료야!'하매 깜짝 놀라서 소스라쳐 쳐다보니까'네 구제와 기도가 하늘에 상달되었다. 욥바에 사람을 보내서 베드로라는 사람을 청하라. 그가 구원에 대한 말을 해줄 것이다.'원래 교넬료는 그 식구들과 함께 기도를 많이 했었습니다.

그래서 베드로가 오기 전까지 온 친지들을 모아 놓고 간절히 기도하고 있는데 베드로가 와서 하나님의 말씀을 증거 합니다. 모세의 율법으로도 의롭다 함을 받지 못한 사람이 예수를 믿으면 그 피로 말미암아 죄 사함을 받고 의롭게 된다는 설교를 하자. 말씀을 듣고 그것을 믿자마자 성령이 임하신 것입니다. 그래서 고넬료와 그 가족들이 다 성령의 충만함을 받고 하나님을 높이며 방언을 말하고 역사가 일어났었습니다.

그러므로 성령이 역사하는 교회 시대는 성령을 받은 사람에게 찾아가 말씀을 듣고 안수 받을 때 성령을 받을 수 있습니다. 지금은 혼자 기도할 때 하늘에서 성령의 불이 임하지 않습니다. 성령 세례를 받은 충만한 사람에게 말씀을 듣고 안수를 받을 때 성령의 불이 임합니다. 다시말해서 혼자 기도해서는 성령의 세례를 받을 수 없다는 것입니다. 처음은 성령 받은 사람을 통하여 성령의 불을 받을 수가 있다는 말입니다.

그러나 계속 다른 사람을 통해서 성령의 불을 받으면 안 된다는 것입니다. 자꾸 다른 사람을 의지하여 성령의 불을 받으려고 하면 영적자립을 할 수 없는 성도가 되기 때문입니다. 다른 사람을 통하여 성령의 불을 받은 성도는 이제 자기 안에 있는 성령의 불을 밖으로 나오게 해야 합니다. 자기 안의 성령의 불이 나올 때 불세례가 나타나는 것입니다. 불세례가 일어나면서 성령님이 전인격을 지배하고 장악 하시게 됩니다. 성령님이 전인격을 지배하고 장악 하시니 내적치유와 축귀 능력이 나타나는 것입니다.

셋째, 성령님의 직분과 사역이다.

1) **영원히 함께 거하심**: "내가 아버지께 구하겠으니 그가 또 다른 보혜사를 너희에게 주사 영원토록 너희와 함께 있게 하시리니(요14:16)" 성령님이 우리 속에 들어오셔서 예수 그리스도를 우리의 주로 모시게 하십니다. 성령님이 내 안에 오심은 복음중의 복음입니다. 하나님이 우리를 창조하신 사건만큼이나, 예수께서 십자가에서 우리를 위하여 피흘려 구원하신 만큼이나, 중요한 이 사건은 복음입니다. 성령님의 역사하심으로만 예수님의 십자가의 사건을 내 것으로 이해하고 소유하게 됩니다. 성령님은 우리의 영적인 부분의 모든 것에 대한 관문입니다.

성령의 기름부음을 통하여 내안에 다른 분이 계시기 시작함을 느끼게 됩니다. 내안에 두 인격체가 있음을 느끼게 됩니다. 나와 성령님입니다. 이분은 자신의 약한 것을 도우시러 오신 분이기 때문에 결코 나를 떠나시지 않으십니다. 그러나 찾아야 역사하시는 분입니다. 성령 하나님과의 교제를 귀하게 여기고, 그분의 뜻을 느끼기 시작할 때, 성경이 새롭게 보이고, 하나님의 사랑을 새롭게 이해하기 시작합니다.

주님은 천한 말구유에 오셨습니다. 현재 우리 마음은 말구유보다 나은 것이 없습니다. 이러한 곳에 오신 성령 하나님은 더럽지만 떠나지 않으시고 영원히 함께 계십니다. 이 더러운 마음에 하나님이 영원히 계신다는 것은 그만큼 우리를 사랑하신다는 것입니다. 성령 하나님은 그러면서 우리가 필요해서 부르면 그때마다 도와주시는 분입니다.

2) 스승, 인도자: "보혜사 곧 아버지께서 내 이름으로 보내실 성령 그가 너희에게 모든 것을 가르치시고 내가 너희에게 말한 모든 것을 생각나게 하시리라(요14:26)" 이러한 예수님의 말씀을 제자들은 들으면서도 이해하지 못하였지만, 오순절 성령께서 오신 다음에 이 모든 것을 이해하게 됩니다. 성령님의 인도를 받게 됩니다. 삶의 가장 중요한 것을 사람에게서 받으려 하지 말고, 성령님에게서 받으려 하시기를 바랍니다.

성령님은 나를 나보다 더 잘 아시는 분이십니다. 과거, 현재, 미래의 나를 다 아시는 분입니다. 그분에게 나를 맡기면 얼마나 잘 인도해주시겠습니까? 그분은 나를 가장 좋은 길로, 방법으로 도와주시기를 원하시는 분입니다. 그분을 항상 만나시기를 바랍니다. 그분을 내 삶에 초청하시기를 바랍니다. 그분에게 모든 것을 맡기시기를 바랍니다. 그분의 계획을 따르시기를 바랍니다. 성령님을 나의 군사, 나의 왕, 나의 인도자로 모셔야 능력을 받을 수가 있습니다. 성령님은 인격이시므로, 내가 요청하고 간구하지 않으면 움직이지 않으십니다. 예수님도 늘 '내가 너에게 무엇을 해주기를 원하느냐' 고 질문하셨고, 그 질문에 대한 분명한 초청과 간구를 들으신 후에 치유해 주셨습니다. 성령님에게 의지를 보이시기를 바랍니다. 성령님을 향한 열망을 보이시기를 바랍니다. 고백하시기를 바랍니다. 내어 보이시기를 바랍니다. 맡기고 부탁할 때, 그분이 움직이십니다.

3) 예수의 증거자: "내가 아버지께로서 너희에게 보낼 보혜사 곧 아버지께로서 나오시는 진리의 성령이 오실 때에 그가 나를

증거하실 것이요(요15:26)" 성령님이 오시기 전에 예수님을 사람들은 알았고, 하나님도 알았습니다. 그러나 그들이 알았던 것은 전부 부분적인 것에 불과 하였습니다. 그러나 예수님이 오심으로 하나님의 마음을 알게 하셨습니다. 예수님이 오셔서 두려운 하나님 대신에 사랑의 아버지로 소개해주셨습니다. 탕자의 아버지로 소개해주셨습니다. 자신을 희생하심으로 죄인을 구속하시는 분으로 소개하셨습니다.

신학적으로, 지식적으로 아무리 하나님을 잘 알아도 하나님의 마음을 알지 못하면 아무 소용도 없습니다. 하나님의 중심으로 갈 수가 없습니다. 오직 예수님이 하나님의 중심을 소개하셨습니다. 십자가라는 하나님의 마음의 중심을 알리셨습니다. 그리고 다시 성령님이 오셔서 예수님의 마음을 알게 해주셨습니다. 성령님은 예수님에 대하여 바르게, 균형 잡히게, 하나님의 참 마음을 전달해주시기 위해서 오신 분입니다.

우리는 예수님에 관하여 기능적인 면보다, 전체적인 면, 그분의 인격, 그분의 마음을 알아야 합니다. 이것이 그리스도의 마음을 품는 것입니다. 이것이 단지 예수님을 믿는 것이 아니라, 예수님을 사랑하는 것입니다. 성령님도 마찬가지입니다. 성령님도 영이시고 인격이십니다. 예수님을 우리를 위하여 십자가에 달리도록 사랑하시는 분으로 알지 않고, 떡 주시고 귀신 쫓아주시는 분으로 알아서는 안 되는 것처럼, 성령님도, 은사를 주시는 기능적인 부분보다, 우리를 사랑하사 우리의 연약함을 도우시기 위하여 오신 인격적인 분으로 알고 인정해야합니다.

그러므로 성령님을 자꾸 찾으시기를 바랍니다. 그래야 예수님의 십자가를 만날 수 있다. 십자가를 내 마음에 바로 세울 수가 있습니다. 성령님을 찾으면 찾을수록 성령님이 앞에 나서시는 것이 아니라, 예수님이 나타나십니다. 그리고 예수님이 나타나면 나타날수록 하나님 아버지가 나타나십니다. 그러므로 성령을 사랑해야 삼위일체 하나님 전부의 사랑을 알고 받게 됩니다.

예수님에게 사랑을 고백하듯 성령님에게 사랑을 고백하시기를 바랍니다. 예수님을 향하여 기능이 아니라, 인격적인 분으로 알고 그분을 향하여 나아감으로 십자가의 은혜를 입는 것처럼, 성령님에 대해서도, 기능적인 분으로만 알고 인격적인 분으로 알지 않기 때문에 그분의 도움을 받지 못하고 있는 것입니다. 성령님을 인격적인 분으로 아시기를 바랍니다. 인격적인 분 앞으로 도움을 받기 위하여 찾아 나아가시기를 바랍니다. 그렇지 못하기 때문에 오늘의 성도, 목회자가 약해지고 있습니다. 성령님과의 인격적인 만남을 통하여 내면의 연약함을 치유 받지 못하고 있습니다.

성령님을 자꾸 부르고 의지함으로 성령님에게 일감을 드리시기를 바랍니다. 일어나 일하시게 하기를 바랍니다. 제자들은 예수님과 함께 생활하였어도 예수님을 잘 모르다가, 성령님이 오신 후에야 제대로 예수님을 증거 하기 시작하였습니다. 성령님을 모시고, 일하시게 해야, 예수님의 십자가의 능력, 보혈의 능력이 내 것이 됩니다. 성령님을 찾는 것이 바로 예수님을 찾는 것이요, 예수님을 바로 찾는 것이 하나님 아버지를 바로 찾는 것입니다.

4) 연약함을 도우시는 분: "이와 같이 성령도 우리 연약함을 도우시나니(롬8:26)" 보혜사 성령님은 우리를 도우시는 분, 내면의 연약함을 도우시는 분이십니다. 전능하신 이 분의 손에 잡히면 우리의 삶은 저절로 복되게 되어있습니다. 누구보다도 더 나를 잘 알고, 더 뜨겁게 나를 도와주려고 애쓰시는 분이기 때문입니다. 시간이 날 때마다가 아니라, 시간을 내어서 성령님과 교제하시기를 바랍니다. 성령님에게 시간을 내어드리지 않고, 성령님과 교제하지 않음으로 성령을 소멸하지 마시기를 바랍니다.

어린 아이의 행복은 장난감이 아니라 엄마의 품에 있는 것처럼, 성령님이 진정 원하시는 것도 우리가 성령님을 위해서 무엇을 하는 것이나, 성령님에게서 무엇을 받는 것이 아니라, 성령님과 교제하는 것입니다. 우리의 진정한 행복은 나를 위로하시고 도우시는 성령님에게 안기는 것이요, 성령님과 교제하는 것입니다. 웬만한 일에는 세상으로부터 초월하고, 성령님과 연합하시기를 바랍니다. 세상의 그 어느 것에도 너무 빠지지 말고 성령님에게만 빠지시기를 바랍니다. 우리는 이 세상을 떠나 여행하는 사람들입니다. 잠시 세상을 지나가는 사람들입니다.

이 세상이 주는 아픔, 슬픔, 기쁨, 쾌락 등은 전부 지나가는 것들이고 위조품들입니다. 이러한 것들은 결코 내 것이 아닌 것들입니다. 오직 하나님이 주시는 것만이 영원한 것이고 진정 내 것입니다. 성령 하나님이 바로 이러한 것들을 우리에게 주시려고 우리 앞에, 우리 옆에 늘 와 계십니다. 그런데 우리는 너무나도 세상에 민감하기 때문에 성령 하나님이 주시는 이 좋은 것에 둔감

하고, 누리지 못하고 있습니다.

세상 사람들은 육과 이성만 있으면 되지만, 성도들은 성령께서 주시는 영적 도움을 받아야 합니다. 성령님께서 주시는 이 도움을 받지 못하기 때문에 교회가 빛과 소금의 역할을 감당 못하고 있습니다. 우리의 연약함을 도우시기 위하여 오신 성령님과 인격적으로 만나시기를 바랍니다. 성령님이라는 인격과 손을 잡으시기를 바랍니다. 다른 어떤 인격을 만나고, 다른 어떤 인격의 도움을 받기보다 성령이라는 인격을 먼저 찾고 만나고 도움을 받고 치유를 받으시기를 바랍니다.

그래야 세상을 향하여 도전하고, 세상을 움직일 수 있는, 초대교회의 사도와 같은 야성과 능력을 가지게 됩니다. 초대교회의 힘찬 모습을 회복할 수 있습니다. 성령님의 간섭을 받고, 통제를 받고, 인도를 받고, 능력을 받으시기를 바랍니다. 그러기위해서 성령님을 바로 알아야 합니다. 성령님은 하나님이십니다. 성령님을 기능으로 여기지 말아야 합니다. 성령님을 은사나 능력으로 여기지 말아야 합니다. 나를 도와주시는 하나님, 인격적인 분으로 알아야 합니다. 성령님은 약품이 아닙니다. 성령님은 인격이십니다.

5) 중보자: "마음을 감찰하시는 이가 성령의 생각을 아시나니 이는 성령이 하나님의 뜻대로 성도를 위하여 간구하심이니라(롬 8:27)" 성령님에게로 들어가야 우리의 기도가 위로 올라갑니다. 우리의 속에 성령 하나님이 계시기 때문입니다. 우리의 속이 천국과 연결되어 있기 때문입니다. 성령님에게로 찾아 들어가면 하

나님을 만나는 것입니다. 모든 기도의 응답을 받는 것입니다. 그러므로 기도는 바로 성령님을 찾는 것입니다.

6) **책망자**: 마음이 어둡고 무거운 것은 성령의 책망함이 임하고 있는 것입니다. 늘 하나님을 의식하면서 사는 것이 제대로 된 천국시민권자의 모습입니다. 이렇게 살아야 방향을 잃지 않고 사는 것이요, 영생을 가지고, 영생을 향하여 사는 것입니다. 늘 주님과 연결되고, 늘 성령님과 연결되어 살아야 합니다. 늘 성령님을 의식하면서 살아야만 천국방향을 잃지 않고 사는 것입니다. 잠시라도 이것을 놓치고 살면 안 됩니다.

늘 성령님의 간섭과 성령님의 인도를 받으면서 살아야 합니다. 그래야 무엇을 해도 하나님이 인정하시는 것을 하는 것입니다. 그렇지 않으면, 아무리 열심히, 아무리 땀을 흘려도, 그분의 지시를 받지 않고, 그분의 인도를 받지 않고 한 것이요, 마지막 하나님 앞에서 '내가 모르는 일, 나는 너를 모른다'는 말을 듣게 되는 것입니다.

그러므로 무엇을 하려고 하지 말고 성령님의 인도를 받고 지시를 받으려 하시기를 바랍니다. 그렇게 될 때까지 무엇을 하려고 하지 말아야 합니다. 지시와 인도가 오면 오는 그만큼 하시기를 바랍니다. 그리고 다시 인도와 지시를 기다리시기를 바랍니다. 아무리 큰일이라도 주님이 모른다 하는 일을 하려고 하지 말고, 조그만 일이라도 주님이 기억하고 칭찬하는 일을 하려고 하시기를 바랍니다. 아무리 큰일이라도 내가 한 것은 하나님은 모르시고, 성령님이 인도하시고 지시하셔서, 그분의 마음을 가지고 한 것은 하나님이 인정하십니다. 하나님의 인도를 바라고 기다리시기를 바랍니다.

넷째, 성령님과 매일 교통하면서 살아야 된다. 천지를 지으신 하나님은 보좌에 앉아 계시고, 예수님은 아버지 보좌 우편에 앉아 계셔서 아버지 하나님과 예수님이 천지를 다스리고 계십니다. 아버지는 보좌에 계시고 예수님은 보좌 우편에 계시고 성령은 우리 속에 계십니다. 그러므로 성령을 통해서 아버지도 예수님도 우리와 함께 거하시게 되는 것입니다.

성령은 우리를 도우시는 역할을 하고 있기 때문에 인격자인 성령님을 인격자로서 모셔야 됩니다. 인격자는 멸시하고 무시하면 멀어지다가 소멸됩니다. 사람이 이 세상에 살면서 인격적인 무시를 당하면 그건 절대로 살 희망이 없습니다. 하나님의 성령이 우리가운데 이처럼 와 계셔도 우리가 성령님을 무시해 버리면 성령님이 소멸 당하게 되는 것입니다. 2000년 동안 성령은 우리 속에 계심으로 성령님을 무시하면 안 됩니다. 항상 성령님을 인정하고 환영하고 모셔드리고 의지해야만 되는 것입니다.

그리고 성령님과 참으로 친하게 교제해야 되는 것입니다. 왜? 성령님은 우리와 24시간 같이 계시고 성령님은 우리를 돕기 위해서 늘 같이 계십니다. 우리를 인도하시죠? 우리를 깨우치시지요? 우리를 격려하시죠? 위로하시죠? 가르쳐주시지요? 변호해 주시지요? 꾸짖어 주시지요? 정하게 해주시지요? 회개하게 해 주시지요? 이러므로 성령은 24시간 우리와 같이 계십니다. 성령은 끊임없이 도와주시는 어린아이의 선생과 같이 우리와 같이 계시므로 우리는 항상 성령님을 마음속에 인정하고 환영하고 모셔드리고 의지해야 됩니다.

그리고 성령님께 늘 감사해야 되는 것입니다. 그리고 모든 일에 하나님의 성령과 범사에 의논해야 됩니다. 성령은 우리를 돕는 하나님이시기 때문에 돕는 자랑 의논하지 누구와 의논하는 것입니까? 일하실 때 성령이여! 이런 일을 해도 됩니까? 성령이여, 이일을 어떻게 해야 되겠습니까? 도와주옵소서, 성령이 가정교사와 같이 우리와 같이 계시니 늘 어려운 문제가 있으면 성령님의 도우심을 우리가 구해야 되는 것입니다.

그러나 성령님은 절대로 당신 자신을 나타내지 않습니다. 성령님은 내가 성령이다! 나를 경외하라! 그런 말 절대 안합니다. 성령은 온전히 거울과 같습니다. 거울을 들여다보면 내가 거울이다 나를 봐라! 이렇게 말하는 거울은 없습니다. 성령은 결코 자기를 나타내지 않습니다. 성령은 언제나 아버지 하나님을 나타내고 예수님만 나타내는 것입니다.

처음으로 나에게 오신 성령은 처음 받아쓰는 집안에 있는 우물물 같이 나 혼자서 성령과 동행하는 충분한 능력을 우리가 가지고 있습니다만, 성령의 충만함을 받으면, 성령세례 받으면 내 속에서 강물이 넘쳐 나오는 것입니다. 성령세례 받으면 강물같이 넘쳐나는 성령의 능력으로 온 도시와, 온 촌락과, 다 나눌 수 있는 것입니다.

내적치유와 축귀능력을 받아 사역하실 분들은 성령으로 지배와 장악이 되고 인도를 받으려고 해야 합니다. 성령은 인격자이기 때문에 성령님을 끊임없이 찾아야 하고 의논하고 교통해야 되는 것입니다. 성령님과 함께 친하게 지내고 감사하고 함께 손잡고 지내며 모든 일을 성령과 함께 의논하고 성령님의 도우심을 받아서 우리는 아버지 하나님의 사랑과 예수 그리스도의 은혜 속에 들어가게 되는 것입니다. 늘 성령님의 간섭과 성령님의 인도를 받으면서 살아야 합니다. 그래야 무엇을 해도 하나님이 인정하시는 것을 하는 것입니다. 그렇지 않으면, 아무리 열심히, 아무리 땀을 흘려도, 그분의 지시를 받지 않고, 그분의 인도를 받지 않고 한 것이요, 마지막 하나님 앞에서 '내가 모르는 일, 나는 너를 모른다'는 말을 듣게 되는 것입니다.

그러므로 무엇을 하려고 하지 말고 성령님의 인도를 받고 지시를 받으려 하시기를 바랍니다. 그렇게 될 때까지 무엇을 하려고 하지 말아야 합니다. 지시와 인도가 오면 오는 그만큼 하시기를 바랍니다. 그리고 다시 인도와 지시를 기다리시기를 바랍니다. 아무리 큰일이라도 주님이 모른다 하는 일을 하려고 하지 말고, 조그만 일이라도 주님이 기억하고 칭찬하는 일을 하려고 하시기를 바랍니다. 아무리 큰일이라도 내가 한 것은 하나님은 모르시고, 성령님이 인도하시고 지시하셔서, 그분의 마음을 가지고 한 것은 하나님이 인정하십니다. 계획을 세우려고 하지 말시기를 바랍니다. 하나님의 인도를 바라고 기다리시기를 바랍니다.

7장 성령의 역사가 일어나는 기도를 하라.

(고전14:15)"그러면 어떻게 할까 내가 영으로 기도하
고 또 마음으로 기도하며 내가 영으로 찬송하고 또 마음
으로 찬송하리라"

내적치유와 축귀능력을 받으려면 기도를 성령으로 해야 합니다. 성령으로 기도해야 영이신 하나님과 교통할 수가 있기 때문입니다. 기도의 대상이 하나님이시기 때문입니다. 크리스천의 기도는 참으로 중요합니다. 기도를 통하여 모든 영성활동이 좌우되기 때문입니다. 필자가 그동안 성령사역을 하면서 체험한 바로는 크리스천들이 기도를 바르게 하지 못한다는 것입니다. 또, 기도에 대하여 관심을 갖지도 않는 것이 보통입니다. 이유는 지신은 지금 기도하고 있기 때문이라는 것이지요. 이러한 생각 때문에 기도한 만큼 전인적인 변화가 있어야 하는데 그러하지 못하다는 것입니다. 이는 이성적으로 자신만 알아주는 기도를 하기 때문입니다. 기도는 온몸으로 해야 합니다.

그럼 어떡해야 온몸으로 기도할 수 있습니까? 목으로 생각으로 말로 기도하지 말고 성령으로 기도해야 합니다. 기도할 때 주의해야 할 것은 생각이나 머리나 목에서 올라오는 소리로 기도하지 말라는 것입니다. 배꼽 아래 15센티에 의식을 두고 아랫배에다가 힘을 주고 들이쉬고 힘을 빼고 내쉬면서 기도하는 습관을 들이는 것입니다. 배에서 올라오는 소리로 기도하라는 것입니

다. 이것이 제일 중요한 것입니다. 이렇게 하다가 보면 자연스럽게 온몸으로 기도하게 되어 기도하면 할수록 전인격이 치유가 되고 예수님의 성품으로 변화를 체험할 것입니다. 육적으로는 심장이 튼튼해집니다. 장이 건강해집니다. 언어가 배속에서 올라옴으로 말을 많이 해도 성대가 상하지 않습니다. 성령의 권능, 영력이 강해지는 것입니다. 온몸으로 기도하는 비결은 차차 이 책을 읽어가면서 터득하게 될 것입니다. 제일 중요한 것은 지금까지 기도하는 습관으로 기도하지 않는 것입니다. 빨리 잘못된 기도의 습관을 바꾸려고 의지적인 노력을 해야 기도한 만큼 영육의 변화를 체험하게 될 것입니다. 자신의 기도를 정확히 분별하여 하나님의 보좌와 연결되는 기도를 해야 합니다.

기도가 바뀌어야 합니다. 무조건 많이 한다고 잘하는 기도가 아닙니다. 성령으로 바르게 해야 합니다. 기도가 바르지 못하니까, 10년 동안 믿음 생활을 해도 변화되지 않는 것입니다. 성령으로 바르게 기도를 하면 변화되지 말라고 해도 변화될 수밖에 없습니다. 왜 30년 믿음생활을 열과 성의를 다하여 열심히 하고, 천일을 철야하고, 영육의 문제 해결을 받고, 내적치유와 축귀능력을 받으려고 10년 이상 30군데 이상을 다니고, 정신적이고 육적이고 영적인 질병을 치유 받으려고 성령의 역사가 강하다는 15년동안 30군대를 교회를 다니고, 능력을 받으려고 20년을 성령 사역하는 곳을 다녀도 변화가 없고 치유되지 않고 능력이 나타나지 않는 것일까요? 기도를 바르게 하지 못하기 때문입니다.

교회나 성령 사역하는 곳에 가서 말씀 듣고 기도합시다. 하면 자신이 지금까지 하던 식으로 기도를 하기 때문입니다. 이렇게 기도하니 성령의 역사가 자신 안에서 일어나지 않기 때문에 변화가 일어나지 않는 것입니다. 성령의 역사가 자신 안에서 일어나야 치유도 되고 능력도 나타나고 문제도 해결이 되는 것입니다. 이를 방지하기 위하여 우리 충만한 교회같이 기도할 때 담임목사가 돌아다니면서 기도를 교정하여 성령의 역사가 성도의 마음 안에서 일어나게 해야 합니다. 성도의 마음 안에 있는 성전에서 분출되는 기도가 되도록 안수하면서 교정하여 주어야 합니다. 자기가 종전에 하던 습관적인 기도를 몇 시간씩 해도 변화되지 못합니다. 자신 안에 있는 상처가 습관적인 기도에 적응이 되어있기 때문입니다. 그렇게 하지 않으면 절대로 변화를 체험하지 못합니다. 그래서 모든 크리스천은 기도를 클리닉 해보아야 합니다. 이렇게 성령으로 기도하면 변화되지 말라고 해도 변화가 되고 치유가 됩니다.

첫째, 성령 안에서 기도하라. 기도를 할 때에 자신의 생각이나 머리에서 나온 지식이나 언어구사를 잘하려고 하는 생각으로 기도하지 말라는 것입니다. 바른 기도생활을 위해서 '좋은 기도의 습관'이 중요하긴 하지만 그 보다 더 중요한 것이 있습니다. 그것은 바로 기도의 영을 받아 가지고 있는 겁니다. 우리가 새벽기도를 생각해볼 때 우리가 항상 새벽에 그 시간에만 살아가는 것이 아니지 않습니까? 우리가 예배당 안에서만 살고 있지는 않지 않습니까? 우리가 가정에서나 직장에서나 세상에서 살아갈 때 우리 앞에 다양하게 펼쳐지고, 우리에게 다가오는 그런 도전과 문제, 그 어려운 상황 속에서 우리의 기도가 정해진 기도의 제목만으로는 우리 삶을 다 감당하지 못해요. 그래서 좋은 기도의 습관을 갖는 것도 중요하지만, 우리가 기도의 영을 가져서 성령 안에서 기도하는 것 그것은 더욱 중요합니다. 마치 내 영이 기도의 영이신 성령 안에 푹 잠겨 있는 것처럼 내가 하루 24시간 어디에서 무엇을 하고 있든지 하나님과 끊임없는 교통가운데서 내 삶이 진행되는 것, 그것이 바로 기도의 영을 가지는 것인데, 이것이 바로 기도생활의 이상이라고 할 수 있습니다. 그래서 하나님 말씀은 우리에게 '성령 안에서 기도하라' '성령으로 기도하라'라는 말씀을 여러 번 당부하십니다. 그 중 한 곳인 에베소서 6장 18절을 같이 읽겠습니다. "모든 기도와 간구를 하되 항상 성령 안에서 기도하고 이를 위하여, 깨어 구하기를 항상 힘쓰며, 여러 성도를 위하여 구하라" 과거 개역에는 '무시로 성령 안에서 기도하라'고 했는데, '무시로'란 항상 이란 뜻입니다. 영어로 always 또는 all times입니다.

그렇다면 어떻게 기도하는 것이 '성령 안에서 기도'하는 것일까요? '성령 안에서 기도한다'는 의미는, "성령의 영성과, 성령의 지성과, 성령의 감성을 따라서 기도하는 것이다" 라고 말할 수 있습니다. 또, 성령의 임재 가운데 기도하는 것입니다. 성령께서 주시는 생각으로 기도하라는 것입니다.

실제적으로 성경에 보면, 성령께서 우리를 위하여 말할 수 없는 탄식으로, 성령의 생각이 삼위일체 하나님과 합치된 상태에서 우리 안에 와계신 성령께서 우리를 위하여 계속 기도하고 계십니다. "이와 같이 성령도 우리의 연약함을 도우시나니, 우리는 마땅히 기도할 바를 알지 못하나 오직 성령이 말할 수 없는 탄식으로 우리를 위하여 친히 간구하시느니라. 마음을 살피시는 이가 성령의 생각을 아시나니 이는 성령이 하나님의 뜻대로 성도를 위하여 간구하심이니라 (롬8:26~27)."

'성령 안에서 기도하라'는 엡6장 18절의 말씀을 실행 할 수 있는 그 약속이, 이 로마서 말씀에 주어져 있습니다. 로마서 8장 26~27절속에는, 성령의 [영성] [지성] [감성]이 나타나 있어요. 성령의 영성은 무엇과 같은가요? 어머니의 영성과 같지요. 어머니는 자녀들을 한없는 사랑으로 용납해주고 품어줍니다. 그러한 것처럼 성령은 포근한 영성, 온유하신 영성, 인자하신 영성으로서 마치 어머니가 자식을 위해 기도하듯이, 성령께서 우리를 위하여 기도하고 계신다는 거예요. 우리는 무엇을 위하여 기도하는지도 모르고, 우리 앞에 어떤 일이 일어날지도 모릅니다.

그렇기 때문에 성령께서 '우리를 위하여 마땅히 무엇을 위해서 기도할지 모르지만, 우리를 위하여 앞서 기도'하고 계신다는 것입니다. 성령의 영성이 그러하단 것입니다. 또 성령의 영성은, 성령은 지성을 가진 인격체이셔서 우리를 위해서 기도 할 바를 명확하게 인지하시고, 그리고 그 생각을 갖고 기도하고 계십니다. 롬8장 27절 말씀에 성령은 지성을 지니신 분이시다. 라는 것을 보여주는 한 표현이 있습니다. '마음을 살피시는 이가 성령의 생각을 아시나니' '성령의 생각'이라고 했습니다. 성령은 생각하신다. 즉, 지성을 지니신 분이십니다. 우리를 향하신 그 성령의 생각이 얼마나 많은지 시편 40편 5절에 이런 말씀이 나옵니다.

"여호와 나의 하나님이여 주의 행하신 기적이 많고 우리를 향하신 주의 생각도 많도소이다" 우리의 부모가 자녀를 위해서 기도하지 않습니까? 자녀에 대한 모든 사정을 헤아리고 살펴서 자녀를 위해서 기도합니다. 부모는 자녀를 위해서 기도하지만, 자녀는 부모를 그렇게 생각하지 않아요. 자기 인생이 바쁘기 때문에 내리 사랑을 해서 부모는 자녀를 위해서 그렇게 안타깝게 간절히 기도하지만, 자녀들은 그 부모에 대한 마음을 헤아리지 못합니다. 저도 자녀를 위해서 기도하면서 '이 아이들이, 부모인 내가 이렇게 하나님 앞에서 간절히 자기들을 위해 기도하는 것을 알고 지내기나 하나?'그런 생각을 할 때가 있습니다.

마찬가지로 우리는 별로 하나님을 생각하지 못하고 살아가지만 성령께서 우리를 위하여, 해변의 모래보다 더 많으신 그 생각, 그 사랑의 생각을 가지고 우리를 위해서 기도하고 계십니다. 또한 성령은 감성을 지닌 분이십니다. 로마서 8장 26절 말씀에 성령의 감성을 보여주는 한 어구 한 표현이 있습니다. "말할 수 없는 탄식으로 우리를 위하여 기도하시는 성령님"이라고 했습니다.

성령은 감성을 가지고 계세요. 우리는 성령을 근심하게 할 수도 있고, 우리는 성령을 기쁘시게도 할 수 있습니다. 성령이 인격적으로 우리를 대해주십니다. 이 말씀이 보여주는 바대로 성령님은 어머니와 같은 그런 넓으신 자애로우신 사랑의 영성을 지니셨고, 또한 성령은 생각을 가지신 지성을 지니신 인격체이시고, 성령은 우리를 위하여 말 할 수 없는 탄식으로 하나님 앞에서 기도하시는 감성을 지니신 분이십니다. 성령께서 우리 안에 오셔서 우리를 위해 그토록 기도하시는 그 성령의 영성과 지성과 감성을 따라 기도하는 것이 성령님 안에서 기도하는 것입니다.

둘째, 어떤 기도가 성령의 기도일까요?

① 자신의 생각이나 언어나 머리나 육신의 생각에 얽매이지 않고 성령에 이끌리는 기도가 '성령의 기도'입니다. 기도의 가장 큰 장애는 '육신의 문제'입니다. 바쁘거나 피곤하거나 나태함이라는 육신의 문제가 기도의 장애가 됩니다. 이러한 육신의 문제에 얽매여 있으면 기도하지 못합니다. 예수님께서는 겟세마네 동산에서 베드로 야고보 요한에게 함께 기도하기를 원했으나 그들은 잠들고 말았습니다. 그들의 그러한 모습을 보면서 예수님은 "마음은 원이로되 육신이 약하다"고 하셨습니다. 예수님께서 광야에서 40일을 금식하며 기도할 수 있었던 것은 성령의 인도함이 있었기 때문입니다. "그 때에 예수께서 성령에게 이끌리어 마귀에게 시험을 받으러 광야로 가사 사십일을 밤낮으로 금식한 후에 주리신지라(마4:1)" 우리는 성령으로 기도해야 합니다. 그리하지 않으면 육신의 문제인 바쁨과 피곤함과 나태함 때문에 늘 기도에 실패하기 때문입니다.

② 이기적인 욕망에 붙잡히지 않고 성령에 이끌리는 기도가 '성령의 기도'입니다. 사람은 본질적으로 이기적입니다. 우리의 기도 역시 다분히 이기적입니다. 이기적인 기도는 내 중심의 기도입니다. 내 뜻대로 되기를 원하는 기도입니다. 성령의 기도는 이기적인 기도가 아닙니다. 이기적인 것을 극복할 수 있는 기도가 성령의 기도입니다. 내 뜻보다 하나님의 뜻을 구하는 기도가

성령의 기도입니다. 내 유익만 구하지 않고 다른 사람도 유익하기를 구하는 기도가 성령의 기도입니다. 그래서 성령으로 기도해야 합니다.

③ 의심에 빠지지 않고 믿음으로 드리는 기도가 '성령의 기도'입니다. 우리는 신앙이라는 밭에 기도의 씨를 뿌립니다. 그리고 믿음이라는 거름을 주어야 합니다. 그런데 의심이라는 잡초가 자꾸 자라게 됩니다. 그래서 응답이라는 열매를 맺지 못하게 합니다. 의심에 빠지지 않고 믿음으로 기도해야 합니다. 믿음으로 기도할 수 있는 기도가 성령의 기도입니다. 믿음은 성령의 은사이기 때문입니다.

④ 마음의 기도에 머물지 않고 영으로 기도하는 기도가 '성령의 기도'입니다. "내가 만일 방언으로 기도하면 나의 영이 기도하거니와 나의 마음은 열매를 맺지 못하리라. 그러면 어떻게 할까 내가 영으로 기도하고 또 마음으로 기도하며 내가 영으로 찬송하고 또 마음으로 찬송하리라(고전14:14-15)"

이 말씀에 보면 '마음으로 하는 기도'와 '영으로 하는 기도'가 있다고 하였습니다. 마음으로 하는 기도는 내가 기도하는 것입니다. 나의 의식으로 기도하는 것입니다. 어떤 기도를 어떻게 해야 되겠다고 생각하면서 하는 기도입니다. 그러나 영으로 하는 기도는 내가 기도하지만 사실은 내가 아니라 내 안에 계신 성령께서 기도하는 것입니다. 어떤 기도를 어떻게 해야겠다고 생각해서 하는 기도가 아니라 성령께서 인도하시는 대로 기도하게 되는 기도입니다. 나의 의식으로 기도하는 것이 아니라 성령에 취해서 하는 기도입니다. 그것은 깊은 영의기도입니다.

그 기도가 필요합니다. 기도할 내용을 내가 다 알지 못하기 때문입니다. 이 기도는 성령의 충만함을 입은 자의 기도입니다. 방언의 기도는 이러한 기도를 할 수 있는 방법 중의 하나입니다. 성도는 기도해야 합니다. 기도하되 성령으로 기도해야 합니다. 육신에 얽매이지 않고 성령에 이끌려 기도해야 합니다. 이기적인 욕망에 붙잡히지 않고 성령에 이끌려 기도해야 합니다. 의심하지 않고 믿음으로 기도해야 합니다. 마음의 기도에 머무르지 않고 영으로 기도해야 합니다. 신앙의 기초를 다시 세워야 합니다.

그러기 위해서는 거룩한 믿음 위에 자신을 세워야 합니다. 그리고 기도해야 합니다. 기도부터 다시 시작해야 합니다. 성도의 특권이며 의무인 기도부터 다시 시작해야 합니다. 하나님을 체험하기 위해서 기도부터 다시 시작해야 합니다. 성령으로 기도해야 합니다. 육신의 약함에 얽매이지 않기 위해서, 이기적인 욕심에 얽매이지 않기 위해서, 의심의 마음에 붙잡히지 않기 위해서, 마음의 기도에 머물지 않기 위해서 성령으로 기도해야 합니다.

셋째, 성령으로 기도하는 방법. 기도에 대하여 바르게 알아야 합니다. 많은 성도들이 문제가 있으면 무조건 기도하면 가계의 문제가 풀어지는 줄로 알고 있습니다. 그래서 무조건 기도하라고 합니다. 그렇지 않습니다. 기도는 하나님의 음성을 듣는 것입니다. 문제의 원인에 대하여 하나님께 질문하여 하나님께서 알려주시는 것을 해결하면서 기도해야 합니다. 예를 든다면 회개라든가, 용서라든가, 하나님께서 알려주시는 레마를 받아 순종하며 기도해야 문제가 풀어지는 것입니다. 막연하게 문제를 해결하여 주시옵소서. 하며 기도하면 문제가 해결되지 않습니다. 반드시 하나님에 알려주시는 해결 방법을 적용하여 해결하면서 기도해야 문제가 풀어지는 것입니다. 성도들이 바르게 알아야 할 것은 자신이 당하는 문제는 하나님의 문제라는 것을 믿어야 합니다. 그래서 자신에게 일어나는 문제는 하나님이 해결해야 합니다. 왜냐하면 자신은 예수를 믿을 때 죽었습니다. 다시 예수로 태어났습니다. 지금 예수 인생을 사는 것입니다. 그렇기 때문에 성령으로 기도하여 영의 상태가 되면 하나님께 해결 방법을 질문하여 응답받은 대로 조치를 해야 문제가 해결되는 것입니다. 그렇기 때문에 문제를 해결하려면 기도하지 않으면 안 되는 것입니다. 성령으로 기도하여 영의 상태가 되어야 내적인 상처도 치유되고, 귀신도 떠나가고, 병도 고쳐지고, 문제도 해결되고, 하나님의 음성도 들을 수가 있는 것입니다.

성령으로 기도하는 것은 성령의 임재가운데 성령 안에서 기도하는 것을 말합니다. 마음으로 기도하여 마음의 문이 열려야 영으로 기도하게 되는 것입니다. 영으로 기도하는 것이 성령으로 기도하는 것입니다. 그렇기 때문에 먼저 마음의 기도로 마음의 문을 열어야 영으로 기도할 수가 있는 것입니다. 성령으로 기도하는 비결은 이렇습니다. 숨을 들이 쉬고 내 쉬면서 주여! 숨을 들이 쉬고 내 쉬면서 주여! 숨을 들이 쉬고 내 쉬면서 주여! 자연스럽게 주여! 주여! 를 하면 되는 것입니다. 방언으로 기도할 줄 아는 분들은 호흡을 들이쉬고 내쉬면서 방언기도하고, 호흡을 들이

쉬고 내쉬면서 방언기도를 합니다. 즉 내면의 활동이 강화되어 자신의 마음속 영 안에 계신 성령이 밖으로 나오시게 해야 합니다. 코로는 바람을 들이쉬고 배꼽 아랫배로 호흡을 하는 것입니다. 호흡을 들이쉬고 내쉬면서 주여! 주여! 주여! 하다가 성령께서 감동을 주시는 것이 있습니다.

예를 든다면 "혈통에 흐르는 자녀들의 문제 위하여 기도하라!" 하실 수도 있습니다. 그러면 자녀를 위하여 기도하는 것입니다. 자녀에게 문제가 있는 것도 할 수가 있습니다. 자녀에게 바라는 것이 있으면 그것을 기도해도 좋습니다. 하나님께 혈통의 문제가 왜 생겼는지 물어보는 것입니다.

알려주시면 조치하는 것입니다. 기도를 마치고 다시 주여! 주여! 주여! 하면서 기도를 합니다. 다시 성령께서 너의 물질문제를 기도하라고 하실 수도 있습니다. 물질문제를 기도합니다. 물질문제가 어떻게 해서 생겼는지 하나님에게 질문하며 기도합니다. 죄악으로 인한 것이라면 회개를 합니다. 회개하고 혈통의 죄악을 타고 들어온 귀신을 축귀합니다. "예수 이름으로 명하노니 선조들의 죄를 따라 들어와 물질 고통을 주는 귀신아 물러가라" 소리는 크지 않아도 됩니다. 성령이 충만한 상태이므로 귀신들이 잘 떠나갑니다. 다시 다른 기도를 위하여 주여! 주여! 주여! 하면서 기도를 합니다.

그러면 성령께서 다시 감동을 합니다. 너의 건강을 위하여 기도하라! 그러면 자신의 건강을 위하여 기도합니다. 기도하면서 하나님에게 질문을 합니다. 하나님! 저의 어느 부분이 문제가 있습니까? 하면서 기도하여 조치를 취하면 됩니다. 무엇을 결정해야 할 경우는 어느 정도 기도하여 성령으로 충만한 상태가 되면 지속적으로 문의 하는 것입니다. 이것을 어떻게 해야 합니까? 이것을 어떻게 해야 합니까? 이것을 어떻게 해야 합니까? 지속적으로 질문을 하면 문득 떠오르는 생각이 있습니다.

이것이 하나님의 방법입니다. 이것을 해결하면 치유가 되는 것입니다. 이것이 성령으로 기도하는 것입니다. 어려울 것이 없습니다. 자신의 생각이나 욕심을 내려놓고 순수하게 성령을 따라 기도하는 것입니다. 보통 성도님들이 하시는 말씀대로 기도분량이 채워지니까 성령께서 알려주신 것입니다. 기도분량이 채워졌다는 것은 성령님이 역사하실 수 있는 영적인 상태가 되었다는 것입니다. 절대로 성령은 육의 상태에서 응답을 주시지 못합니다.

반드시 성령으로 충만한 영의 상태가 되어야 레마를 들려주십니다. 그러므로 영의 상태가 되도록 성령으로 깊은 영의기도를 해야 합니다. 영의 상태에서 하나하나 감동이나 음성으로 알려주시는 것입니다. 기도의 성공요소는 영의 상태에 들어가는 것입니다. 영의상태에서 성령님과 교통할 수가 있기 때문입니다.

셋째, 기도하는 장소를 바르게 하라. 기도하는 장소를 바르게 해야 합니다. 필자가 어느 날 새벽에 기도하니까, 성령하나님께서 이렇게 감동하시는 것입니다. "왜 무당들이 유명한 산에 올라가 장구치고 북치고 하면서 기도하는지 알고 있느냐" 잠시 생각을 해보니까, 유명한 산에 역사하는 산신령을 접신 받으려고 유명한 산을 찾아 기도한다는 생각이 떠올랐습니다. 그래서 "산에 역사하는 산귀신을 접신 받으려고 산에 가서 기도하는 것입니다." 했더니 성령께서 "그렇다. 산에 역사하는 산신령을 접신 받으려고 산에 가서 기도하는 것이다." 말씀하시는 것입니다.

그러면서 목회자들이나 성도들에게 알려주어 기도 장소의 개념을 바르게 알고 기도하도록 하라고 말씀하셨습니다. 크리스천은 기도는 하나님이 계시는 자신 안에 마음 성전에 집중하여 기도하게 하라는 것입니다. 기도는 자신 안에 계신 하나님께 기도하시기를 바랍니다. 우리 성도들의 의식이 기도하려면 "기도원 가야 한다. 산에 가야한다. 교회에 가야한다." 로 고정되어 있기 때문에 자신의 심령 안에 관심이 두지 않습니다. 자신의 마음 안에 관심을 두지 않기 때문에 예수를 믿으면서도 변화되지 못하는 것입니다. 그렇다고 교회나 기도원에 가서 기도하지 말라는 말로 이해하면 안 됩니다. 교회에 가서 기도에 대하여 바르게 배우고 바르게 해야 합니다. 교회에 가서 성령으로 세례도 받아야 합니다. 필자는 자신 안에 계신 하나님께 관심을 가지고 기도하라는 것입니다.

기도는 자신 안에 계신 하나님께 기도하여 자신이 하나님의 입장이 되어 하나님의 길을 제대로 따라가고 있는지, 바르게 가고 있는지, 돌아가고 있는지를 보는 것입니다. 그리고 자신 앞에 있는 문제를 하나님께 기도하여 하나님의 해결 방법을 알아내는 것입니다. 그리고 알려주신 해결방법대로 순종하기 위해서 기도하는 것입니다. 기도는 하나님께 무엇을 얻어내려고 하는 것이 절대로 아닙니다. 자신의 상처를 치유하고, 성령으로 충만하며, 하나님과 대화하기 위하여 기도하는 것입니다. 지친 영혼의 쉼을 얻기 위하여 기도하는 것입니다. 기도는 영-혼-육이 쉼을 얻는 시간이라고 생각하며 성령으로 해야 합니다. 이 중요한 기도가 잘못되면 먼저 영혼이 만족을 누리지 못하는 것입니다. 다음은 혼이 만족을 누리지 못하니 정신이 안정되지 못하고 산란한 것입니다. 더 진전이 되면 육체의 질병으로 발생합니다. 따라서 예수를 믿으면서도 세상 사람들과 똑 같은 영육간의 고통을 당하고 사는 것입니다.

그렇기 때문에 크리스천들이 무조건 기도하면 되는 것이 아니라는 것입니다. 반드시 예수를 믿고 성령을 통하여 예수 이름으로 기도를 해야 합니다. 그냥 막연하게 교회나 기도원에 가서 자신의 문제를 해결하여 달라고 기도한다면 누가 기도를 듣고 응답을 해주겠습니까? 그래서 성경에 분명하게 성령으로 기도를 하라는 것입니다. 필자는 분명하게 이렇게 기도하라고 합니다. 성령으로 충만한 가운데 예수님을 생각하면서 기도하라고 합니다. 크리스천의 기도는 하나님께 일방적으로 요구하는 것이 아니라, 내가 가고 있는 길이 하나님께서 예비한 길인지, 내가 가야 할 목적지와 일직선상에 있는지, 하나님의 눈으로 내려다보는 연습입니다. 한마디로 하나님의 마음을 알고 순종하기 위하여 기도하는 것입니다. 한마디로 마음과 정성을 다하여 온몸으로 기도하는 것입니다.

8장 성령세례를 바르게 알고 지배 받아라.

(행 2:1-4)"오순절 날이 이미 이르매 그들이 다 같이 한 곳에 모였더니 홀연히 하늘로부터 급하고 강한 바람 같은 소리가 있어 그들이 앉은 온 집에 가득하며 마치 불의 혀처럼 갈라지는 것들이 그들에게 보여 각 사람 위에 하나씩 임하여 있더니 그들이 다 성령의 충만함을 받고 성령이 말하게 하심을 따라 다른 언어들로 말하기를 시작하니라"

내적치유와 축귀능력을 받으려는 분들은 반드시 성령으로 세례를 받아야 합니다. 성령세례에는 관념적인 성령세례가 있고, 체험적인 성령세례가 있습니다. 관념적인 성령세례는 예수를 믿는 순간에 성령세례 받았다고 믿는 것입니다. 체험적인 성령세례는 성령으로 세례를 받을 때 자신의 전인격으로 느끼고 체험할 수가 있습니다. 다른 사람들도 자신이 성령으로 세례를 받는 것을 볼 수가 있습니다. 내적치유와 축귀능력을 받으려는 분들은 이러한 체험적인 성령세례를 받아야 합니다. 그리고 성령으로 장악이 되어야 내적치유와 축귀사역을 하실 수가 있습니다.

하나님은 분명하게 "그런즉 너희는 먼저 그의 나라와 그의 의를 구하라 그리하면 이 모든 것을 너희에게 더하시리라(마 6:33)" 말씀하셨습니다. 자신 안에 하나님의 나라가 먼저 이루어지게 하라는 말씀입니다. 그래서 교회에 들어오면 먼저 예배를 드리면서 기도하고 찬양하다가 성령으로 세례를 체험해야 합니다. 성령으로 세례를 받으면 성령께서 자신이 살아오면서 받은 상처를 치유하십니다. 내적치유와 축귀능력도 받게 하십니다.

성령세례에 대한 견해가 다릅니다. 장로교회에서는 예수를 믿을 때 성령이 믿게 하여 성령세례를 받았으니, 이제 성령으로 충만을 받아야 한다고 합니다. 성령충만을 강조합니다. 웨슬리안 알미니안주의 교회들(감리교, 성결교, 오순절교), 그중에서 특히 오순절 순복음 교회에서는 성령을 받는 것, 혹은 성령이 임하는 것을 즉 "성령세례"를 받는 것으로 중시합니다.

그리고 오순절교회에서는 성령세례 받은 증거가 필수적으로 방언이라고 주장합니다. 이것이 장로교회와 순복음교회의 대표적인 차이 중의 하나입니다. 과연 "성령세례"가 있습니까? 그리고 "성령세례"는 구원과 관계가 있습니까? "성령세례"의 시점은 언제입니까? 구원받은 자도 "성령세례"를 받아야 합니까? 이 문제는 아직도 결론이 나지 않는 문제입니다. 장로교단도 성령세례란 용어를 인정합니다. 그러나 순복음 교회에서 말하는 성령세례의 의미가 다릅니다. 간단히 말하면 장로교회에서는 성령세례의 순간을 "성도가 믿을 때"로 규정합니다. 그러나 순복음교회에서는 성령 세례의 순간을 "방언을 할 때"로 규정합니다. 무슨 말입니까? 장로교회의 입장에서는 성령세례가 성도의 구원과 관련이 있다고 주장한다는 말입니다. 반면에 순복음교회의 입장에서는 성령세례가 이미 구원받은 자에게 주어지는 것으로써 능력과 관련이 있다고 봅니다.

그러므로 장로교회에서는 성령으로 거듭나서 구원받은 자는 성령 세례를 받았기 때문에 또 다시 성령세례를 받아야 한다는 것을 인정하지 않고 내주하는 성령의 활동에 의한 "성령 충만"만을 인정합니다. 저는 이렇게 설명을 합니다. 장로교회에서 말하는 "성령세례"는 예수를 믿고 영이 살아나 하나님과 교통할 수 있는 것입니다. 성령이 영 안에 내주하신 것입니다. 반면 오순절교회의 "성령세례"는 내주하신 성령이 성도의 영-혼-육을 완전하게 장악하는 것을 말합니다. 저는 "성령세례"를 "내 안에 계신 성령의 폭발"이라고 표현하기도 합니다. 성령폭발이란 내주하신 성령께서 성도를 완전하게 장악한다는 뜻입니다. 용어를 쉽게 이해하도록 설명한 것이니 오해가 없으시기를 바랍니다.

그럼 왜 성령으로 세례를 받아야 되느냐 입니다. 무조건 성령으로 세례를 받아야 한다고 하지 말고 왜 성령으로 세례를 받아야 하느냐는 것입니다. 이것을 바르게 알고 성령으로 세례를 받으려고 해야 한다는 것입니다. 왜는 간단합니다. 예수님이 요단강에서 세례요한에게 물로 세례를 받은 다음에 성령으로 세례를 받으셨기 때문입니다. 성령으로 세례를 받고 성령의 이끌림을 받아 광야에 가셔서 마귀의 시험을 성령의 인도와 말씀으로 승리하시니 천사가 수종을 들고 그때부터 회당에서 말씀을 증거 하실 때 권능으로 귀신들의 정체가 폭로되었습니다. 성령으로 세례를 받으시기 전에는 그저 말씀만 전하셨으나 성령의 세례를 받고 말씀을 전하니 권능이 나타나기 시작을 한 것입니다. 마가복음 1장 27절은 이렇게 말합니다. "다 놀라 서로 물어 이르되 이는 어찜이냐 권위 있는 새 교훈이로다 더러운 귀신들에게 명한즉 순종하는 도다 하더라" 사람들은 다 놀라서 말했습니다. "이는 어찜이냐 권세 있는 새 교훈이로다 더러운 귀신에게 명한즉 순종하는도다" 예수님의 권세는 귀신의 순종으로 나타납니다.

그리고 예수님이 성령으로 세례 받는 것을 강조하셨기 때문입니다. "요한은 물로 세례를 베풀었으나 너희는 몇 날이 못 되어 성령으로 세례를 받으리라 하셨느니라"(행1:5). 몇 날이 못 되어 성령으로 세례를 받는 다고 말씀하십니다. 그러면서 이렇게 말씀하십니다. "오직 성령이 너희에게 임하시면 너희가 권능을 받고 예루살렘과 온 유대와 사마리아와 땅 끝까지 이르러 내 증인이 되리라 하시니라."(행 1:8). 우리에게 성령이 임하시면 예수님의 증인이 되어 진다고 말씀하십니다. 어떻게 해야 주님의 증인이 되어 질까 고심하고 애쓰는 것이 아니라, 성령이 임하시면 되어 진다는 것입니다. 예수님을 닮아가는 것이 우리의 노력으로 되어 지는 것이 아닙니다. 성령이 임하시면 성령께서 우리를 예수님을 닮은 삶으로 만들어 가십니다. 우리가 애를 써가며 예수님을 닮아가려는 것은 율법의 신앙이고, 성령께서 예수님을 닮아가게 만드시는 것이 은혜의 삶입니다. 우리가 할 수 있는 일은 모든 일에 하나님만 인정하는 삶입니다.

우리가 바르게 알아야 할 것은 예수님을 닮아간다는 것은 예수님과 같은 권세도 포함이 됩니다. 예수님과 권세 있는 삶을 살면서 예수님의 지상명령을 순종하려면 반드시 성령으로 세례를 받아야 합니다. 성령으로 세례를 받은 다음부터 땅의 사람이 하늘의 사람으로 바뀌는 것입니다. 반드시 하늘의 사람으로 변해야 땅의 사람에게 역사하던 귀신이 떠나가기 때문입니다. 귀신이 떠나가야 자유 함을 찾을 수 있습니다. 그래서 예수님이 이렇게 말씀하시는 것입니다. "믿는 자들에게는 이런 표적이 따르리니 곧 저희가 내 이름으로 귀신을 쫓아내며 새 방언을 말하며 뱀을 집으며 무슨 독을 마실지라도 해를 받지 아니하며 병든 사람에게 손을 얹은즉 나으리라 하시니라"(막16:17).

그럼 이제 어떻게 해야 성령으로 세례를 받을 수 있느냐는 것입니다. 우리가 바르게 알아야 할 것은 위로부터 임하시는 성령은 오순절 마가의 다락방사건으로 종료가 되었습니다. 그러므로 성령으로 세례와 불로 장악이 되려면 성령의 역사가 있는 장소에 가는 것이 빠릅니다. 성령의 불로 장악되고 성령의 역사를 체험하려면 성령의 역사가 있는 장소에 가는 것이 좋습니다. 자신이 과거에 한번 성령의 세례를 체험했었다면 혼자 기도해도 성령의 불로 장악될 수 있습니다.

자신이 한 번도 성령의 세례를 체험하지 못했다면 성령의 기름부음심이 있고 성령의 불의 역사가 나타나는 장소에 가서 성령의 불로 충만 받는 것이 맞습니다. 성령의 체험과 장악은 장작불의 원리와 같습니다. 성령의 불로 충만하고 성령의 역사를 체험한 사람들이 많이 모이는 장소는 성령의 역사가 강합니다. 성령은 어디에 계시는가, 먼저 내 영 안에 계십니다. 그리고 우리 안에 계십니다. 또 말씀 안에 계십니다. 그러므로 성령체험을 하지 않았다면 성령의 역사가 있는 장소에 가셔야 성령을 쉽게 체험하고 장악을 당할 수가 있습니다. 또 한 방법은 성령 받은 자에게 가셔서 말씀을 듣고 안수를 받는 방법이 있습니다.

위로부터 임하시는 성령의 역사는 오순절 마가의 다락방에서 임하셨습니다. 그 이후는 그때 성령 받은 사람이 말씀전하고 안수 할 때 임했습니다(행19:1-7). 성령의 불로 충만한 사람에게 전이 받는 것입니다. 성령으로 세례 받고 장악되기 원하십니까? 성령이 역사하는 장소로 가십시오. 그래야 빨리 성령으로 장악될 수가 있습니다. 성령으로 세례를 받아야 성령의 불세례를 받으면서 성령 충만이 이루어지는 것입니다. 제가 성령 사역을 하면서 체험한 바로는 성령의 세례를 받지 않으면 성령 충만에 이르기가 어렵습니다. 왜냐하면 성령께서 성도의 전인격을 장악하지 못했기 때문입니다. 그러므로 저의 견해로는 성령으로 세례를 받는 것이 옳다고 판단이 됩니다. 성령으로 세례 받고, 성령으로 충만함을 받기 위하여 내 안에 계신 성령님에게 집중해야 합니다.

물론 처음 한번은 성령의 불을 받아야 합니다. 다음부터는 내 주하신 성령으로부터 불이 나와야 합니다. 성령의 불이 자신 안에서 나오도록 영성훈련을 해야 합니다. 성령이 역사하는 교회 시대인 지금은 성령을 받은 사람이 말씀을 전하고 기도할 때 임합니다. 이는 말씀을 전하는 사람의 심령에 임재 했던 성령이 나타난 것입니다. 성령은 먼저 성령세례를 받은 성도 안에 임재 하여 계십니다. 그리고 성령으로 세례 받은 성도들이 모인 장소에 임재 하여 계십니다. 성령으로 세례를 받은 목회자가 전하는 말씀 안에 임재 하여 계십니다. 그러므로 성령의 불은 성령으로 세례를 받은 성도의 마음속에서 나오는 것입니다. 그런데 아직도 많은 목회자나 성도가 성령의 불이 하늘에서 떨어지는 줄로 압니다. 저에게 질문을 많이 합니다. 목사님! 우리 교회에서는 성령의 불이 하늘에서 떨어진다는데, 왜 목사님은 성령 받은 성도의 심령에서 올라온다고 하십니까? 그래서 제가 잘 설명을 합니다. 지금 하나님은 예수를 영접한 성도의 마음 안에 계십니다. 예수님은 요한복음14장 20절에서 "그 날에는 내가 아버지 안에, 너희가 내 안에, 내가 너희 안에 있는 것을 너희가 알리라"하셨습니다.

로마서8장 10-11절에서는 "또 그리스도께서 너희 안에 계시면 몸은 죄로 말미암아 죽은 것이나 영은 의로 말미암아 살아 있는 것이니라. 예수를 죽은 자 가운데서 살리신 이의 영이 너희 안에 거하시면 그리스도 예수를 죽은 자 가운데서 살리신 이가 너희 안에 거하시는 그의 영으로 말미암아 너희 죽을 몸도 살리시리라"하셨고, 고린도전서 3장 16절에서는 "너희는 너희가 하나님의 성전인 것과 하나님의 성령이 너희 안에 계시는 것을 알지 못하느냐"했습니다. 빌립보서 2장 13절에서는 "너희 안에서 행하시는 이는 하나님이시니 자기의 기쁘신 뜻을 위하여 너희에게 소원을 두고 행하게 하시나니"라고 하십니다. 이렇게 볼 때에 분명히 성령의 불은 내 안에서 나오는 것이 맞습니다. 하나님이 성도의 마음 안에 계시기 때문입니다. 성령의 불이 자신 안에서 나오는 것을 인정하지 않으면 이런 현상이 나타납니다. 밖에서 역사하는 불만 받으려고 하기 때문에 영의통로가 뚫리지를 않습니다. 왜냐하면 밖에다가만 관심을 집중하기 때문입니다. 내 안에 관심을 가져야 자신이 보이는데 밖에다가 관심을 두니 자신이 보이지 않는 것입니다. 그래서 밖에다가 관심을 두니 영의통로가 열리지를 않습니다. 영의통로가 막혀있으니 항상 갈급합니다. 성도는 심령에서 은혜가 올라와야 영의 만족을 얻을 수가 있습니다. 밖에서 들리고 보이는 것을 가지고 은혜를 받으려고 하니 항상 심령이 갈급한 것입니다. 교회나 은혜의 장소에 가서 말씀을 듣고 예배를 드릴 때는 은혜를 받는 것 같습니다.

그러나 마치고 돌아서면 허전합니다. 기도를 할 때도 마찬가지입니다. 기도를 하면 마음이 편안해지는 것 같습니다. 조금 지나면 심령이 갑갑해집니다. 밖에서 역사하는 성령의 불을 받아서 몸은 뜨거운데 마음은 평안하지 못합니다. 마음이 평안하지 못하니 성품이 변하지 않습니다. 남이 하는 조그마한 소리에도 참아내지 못하여 혈기를 냅니다. 성령의 불이 마음에서 올라오지 않으니 육체에 역사하는 세상신이 역사하기 때문입니다.

좀처럼 심령이 변하지 않으니 그리스도인으로서 본을 보이지 못합니다. 세상 믿지 않는 사람들보다 더 악하고 혈기를 잘 냅니다. 이런 성도가 기도하는 것을 보면 거의 목에서 나오는 소리로 기도를 합니다. 기도할 때 나름대로 생각하기는 성령으로 충만하다고 생각하는데 절대로 그렇지 못합니다.

이런 성도가 밖에서 역사하는 성령의 불을 잘 받습니다. 밖에서 역사하는 불로 인하여 육체가 훈련되어 있기 때문입니다. 성령이 역사하면 뜨거움도 강합니다. 그러니 성령의 불을 받았다고 믿어버리는 것입니다. 마음속에서 불이 나오지 않으니 육체에 역사하던 세상신이 떠나가지를 않습니다. 기도를 해도 세상신이 적응을 하여 같이 기도하면서 꼼짝도 하지 않습니다. 이런 분들이 모두가 이구동성으로 하는 말이 얼마 전에 어디에서 성령의 강한 불을 받았다고 합니다.

예를 든다면 이런 경우입니다. 제가 어느 기도원에 간적이 있습니다. 기도 시간이 되었습니다. 강단에서 집회를 인도하시는 목사님이 성령의 불을 받아라! 불! 불! 불! 하니까? 어느 여성이 욱욱하는 것입니다. 제가 물었습니다. 왜~ 그렇게 몸을 움츠리면서 욱욱합니까? 그랬더니 이렇게 대답을 합니다. 강사 목사님의 성령의 불이 강하기 때문에 자기에게 그런 현상이 나타난다는 것입니다. 이는 잘못 이해한 것입니다. 우리 안에 역사하는 성령의 불은 밖에서 역사하여 나에게 와서 느끼게 할 수도 있습니다. 그렇다고 욱욱하는 것은 아닙니다.

제가 지금까지 성령치유 사역을 하면서 욱욱하는 분들을 안수하여 영의통로를 뚫으면 속에서 말로 표현하기 힘들 정도로 더러운 것들이 나옵니다. 이 더러운 것들이 나가고 나면 절대로 욱욱하지 않고, 조용하고 평안하게 영으로 기도를 합니다. 얼굴이 평안하게 보일 정도로 평안해집니다. 욱욱하게 하는 것은 상처 뒤에 역사하는 악한 영들입니다. 이들이 떠나가고 나면 잠잠해 지면서 평안을 느끼고 영으로 깊은 기도를 합니다.

이렇게 성령의 불을 받는다고 하는 분들이 상처를 많이 가지고 있을 수가 있습니다. 자신의 속에서 떠나보내지 않고 받아들이기 때문입니다. 은혜의 장소에 가서 말씀을 듣고 기도할 때는 충만한 것 같습니다. 3일만 지나면 갈급해 집니다. 혈기가 나고 괜히

짜증을 많이 냅니다. 심령의 영이 막혀있어서 일어나는 현상입니다. 이런 분들은 절대로 영의 만족을 누리지를 못합니다.

마음의 상처와 상처 뒤에 역사하는 세상신이 영을 압박하기 때문입니다. 치유를 받으려면 호흡을 깊게 들이쉬고 내쉬면서 배에서 나오는 소리로 주여! 를 한 5분만 하면 영의통로가 뚫리기 시작하는 것을 본인이 느끼게 됩니다. 성령의 임재를 지속적으로 받았기 때문에 영의통로를 뚫기가 쉽습니다. 그런데 보통 이런 분들이 자아가 강하여 주여! 주여! 주여! 하면서 기도를 하지 않습니다. 몸을 움츠리고 으으으 하면서 자신만이 인정해주는 성령의 불을 받았다고 믿기 때문입니다.

자신이 성령의 불을 받는 방법을 터득하여 그대로 행동합니다. 기도도 자신이 지금까지 하던 방식대로 죽기살기로 합니다. 이런 분은 좀처럼 변화되지 않습니다. 자아가 강하기 때문입니다. 제가 지금까지 십 년이 넘도록 성령 사역을 하면서 나름대로 체험한 결론에 의하면 영의통로를 뚫어야 되는 분들은 이렇습니다. 기도할 때나 안수를 받을 때 몸이 뜨거워지면서 경직이 되는 성도입니다. 기도를 하루라도 쉬면 마음이 갑갑하여 죽을 것 같다고 말하는 분입니다. 기도할 때 몸의 진동이 심하게 나타나는 성도입니다. 방언기도할 때 몸이 뜨거워지면서 땀을 많이 흘리는 성도입니다. 안수를 받을 때 으으으 하면서 몸이 굳어지고 뜨거워지는 성도입니다. 일어서서 기도하다가 잘 넘어지는 성도입니다. 기도하다가 깜박깜박하면서 의식을 놓는 성도입니다. 기도할 때뿐이고 돌아서면 갑급한 성도입니다. 다른 성도가 자신에게 조금이라도 거슬리는 말을 하면 분이 나와서 참지 못하는 성도입니다. 예배는 열심히 참석하고 기도는 많이 하는데 항상 심령이 갈급한 성도입니다. 나름대로 신앙생활은 잘한다고 생각하는데 몸의 이곳저곳이 아픈 분입니다. 마음의 상처로 고생하는 분들입니다.

그리고 교회에서나 세상에서 사람들과 대화할 때 머리가 아프다던가. 속이 거북스러운 분들은 영의통로를 뚫어 속에서 불이 나오게 해야 합니다. 이런 분들은 자신의 마음속에서 불이 나오지 않아 영이 약하기 때문에 일어나는 현상입니다. 대화할 때 상대방의 나쁜 기운들이 자신에게 침투하기 때문에 영이 알아차리고 조심하라고 육이 느끼게 하는 것입니다. 이런 분들은 대화할 때 마음으로 호흡을 하여 성령의 역사를 일으켜야 합니다. 그래야 상대방의 나쁜 기운들이 타고 들어오지 못합니다. 대화를 한 후 호흡을 깊게 들이쉬고 내쉬면서 심령을 정화해야 합니다. 그렇지 않으면 나쁜 기운들이 자신 안에서 집을 지을 수도 있습니다. 경각심을 가져야 합니다.

이런 분들은 성령이 충만한 장소에 가서 은혜 받고 기도하면서 영의통로를 뚫어야 합니다. 호흡을 들이쉬고 내쉬면서 배에서 나오는 소리로 주여! 주여! 주여! 를 지속적으로 하면 기침이 나오면서 영의통로가 열립니다. 체험 있는 사역자의 도움을 받는 것이 빠릅니다. 사역자가 안수할 때 이렇게 하시기를 바랍니다. 피사역자의 머리에 한 손을 올리고, 다른 손은 등 뒤에 올립니다. 피사역자에게 지시를 합니다. 호흡을 들이쉬고 내쉬라고 말입니다. 최대한 방광이 있는 곳이 부풀어 오르도록 호흡을 깊게 들이쉬게 합니다. 호흡을 들이쉬고, 내쉬고 하면서 한 3분 동안 기다리면 웬만한 성도는 모두 영의통로가 뚫립니다. 영의통로가 뚫리면 더러운 것들이 나오므로 사전에 꼭 휴지를 준비해야 합니다. 말로 표현 할 수 없도록 많은 오물들이 나옵니다.

피사역자의 마음 안에 있는 영으로부터 권능이 올라오니 더러운 것들이 밀려서 나오는 것입니다. 이렇게 몇 번만 하면 영의통로가 열려서 깊은 영의기도가 됩니다. 마음이 평안해집니다. 구습이 변합니다. 말로 표현 할 수 없는 평안이 올라옵니다. 우리는 성령의 불이 심령에서 올라오게 해야 합니다. 그래야 영적으로 변합니다. 영의 만족을 누리게 됩니다. 성령의 불이 심령에서 올라와야 예수님의 성품으로 변합니다. 영의통로가 뚫리니 영의 만족을 찾아 방황하지 않습니다.

분명하게 성령의 불은 받는 것이 아닙니다. 물론 처음에는 성령을 받아야 합니다. 그러나 성령이 장악하면 자신의 영 안에서 성령의 불이 나오는 것입니다. 자신의 영 안에서 성령의 불이 나오도록 영성을 깊게 해야 합니다. 예수를 믿고 성령으로 거듭난 성도는 바르게 알고 바르게 행해야 합니다. 그것도 하나님의 말씀과 성령의 역사를 교묘하게 위장하여 침투합니다. 분별력을 길러야 합니다. 성도는 하나님의 말씀과 바른 성령 체험을 하면 변하게 되어 있습니다. 무엇이든지 열매를 보시기를 바랍니다. 아무리 뜨거운 불을 받았다고 할지라도 구습이 변하지 않으면 분별의 대상입니다.

9장 성령의 역사를 일으키는 능력을 받는 법

(행4:28-31)"하나님의 권능과 뜻대로 이루려고 예정하신 그것을 행하려고 이 성에 모였나이다. 주여! 이제도 그들의 위협함을 굽어보시옵고 또 종들로 하여금 담대히 하나님의 말씀을 전하게 하여 주시오며 손을 내밀어 병을 낫게 하시옵고 표적과 기사가 거룩한 종 예수의 이름으로 이루어지게 하옵소서 하더라. 빌기를 다하매 모인 곳이 진동하더니 무리가 다 성령이 충만하여 담대히 하나님의 말씀을 전하니라"

내적치유와 축귀능력을 받아 목회에 적용하실 분들은 성령의 역사가 일어나는 예배나 집회를 인도할 수가 있어야 합니다. 성령의 역사가 일어나야 예배나 집회에서 내적인 상처가 치유되고 귀신이 쫓겨나가기 때문입니다. 그러므로 내적치유와 축귀능력을 받아 목회에 적용하실 분들은 성령님이 함께 하시면서 역사하실 수 있도록 인격적인 관계를 열어야 합니다. 자신은 항상 성령님이 함께 하신다는 믿음이 중요합니다. 성령님이 함께 하신다는 믿음이 있으니 예배나 집회를 성령 충만하게 인도할 수가 있는 것입니다.

하나님은 우리가 예배나 기도나 상담이나 치유사역이나 가정예배 때에 성령의 역사를 인정하고, 성령을 인격으로 모시어드리고 마음껏 역사하게 하기를 원하십니다. 성령은 인격적이시라 요청해야만 오셔서 일하시는 분입니다. 성령의 역사와 능력은 다양합니다. 사람의 육의 눈으로는 성령의 역사와 능력을 알지를 못합니다. 반드시 성령의 불세례를 체험하고 영안이 열려 성령의 인도를 받아야 알 수 있게 되는 것입니다. 성령은 인격적이시라 요청해야 임하시고 일하십니다. 시기 장소에 따라 성령을 요청하여 역사하게 하는 것은 영적인 생활이나 집회에서 대단히 중요합니다.

성령의 역사의 실제를 알고 임재를 요청하여 성령께서 마음껏 일하시게 하십시오. 그리하여 필요한 사람들에게 필요한 성령의 역사로 치유와 변화, 능력이 임하게 하세요. 성령의 임재의 현상을 바로 이해하고 임재를 요청해야, 성령 충만한 성도, 예배, 집회가 될 수가 있습니다. 영적인 깊은 집회를 인도하기 위해서는 본인이 먼저 영적인 사람이 되어야 합니다. 성령이 보증하여 주는 사람이 되어야 합니다. 성령님과 인격적인 관계가 되라는 것입니다. 이는 자신이 죽고 내 안에 예수로 계시게 해야 가능한 것입니다.

첫째, 성령의 나타남. 성령 집회나 성령치유 사역할 때 성령이 나타나야 합니다. 성령의 나타남이란 내주하시는 성령님이 각 사람의 영. 혼. 육을 다스림이 나타남을 말하는데, 이를 성령의 나타남(파네르시스)이라 합니다. 성령의 기름부음 즉 흐름의 결과로 "지혜나 지식의 말씀"을 받게 되거나 가르침을 받고 알게 되며 (요일2:20-27) 방언과 예언과 통변을 하게 됩니다. 이러한 기름부음이 환자에게나 다른 사람에게 전이 즉 안수할 때 치유가 일어나거나 능력이 임하게 되는 것입니다.

저희에게 나타나시나니(막16:12)

저희에게 나타나사 저희의 믿음 없는 것과(막16:14)

그 행위가 하나님 안에서 행한 것임을 나타내려고 함이라(요3:21)

그에게서 하나님의 하시는 일을 나타내고자 하심이라(요9:3)

내가 아버지의 이름을 나타내었도다.(요17:6)

또 제자들에게 자기를 나타내셨으니(요21:1)

안개 속에서 안개가 걷히면 사물이 분명하게 나타나듯이 성령의 불세례를 체험하고 성령의 은사의 나타남이 우리로 하여금 신령한 세계를 분명하게 보게 합니다. 고전12:7의 은사는 특별하게 어떤 사람에게만 주어진 것이 아니라(디아코니아), 성령의 불세례를 받아 성령의 기름부음이 있는 사람에게는 누구에게나 내주하시는 성령께서 기름 부음의 (흐름)결과로 인간의 영. 혼. 육을 지배하여 수시로 나타난다(파네르시스)는 것입니다. 그러므로 성령의 나타남은 각 사람의 기질과 영성에 따라 "나타남"의 형태나 강도의 차이가 있을 뿐입니다. 사람마다 성령께서 원하는 어떤 조건과 상태가 되어야 나타난다고 이해하고 보는 것이 맞는 것입니다. 성령의 나타남은 주어지는 하나님의 선물이지만 한편으로는 체험하여 개발하고 연구되고 훈련과 기도로 되어져야 하는 것입니다.

기도는 무엇인가? 바로 성령 은사의 즉 성령의 나타남과 훈련의 과정이며 방편인 것입니다. 성령의 은사는 크게 사모하고 부르짖고 구하며 찾고 두드리는 자에게 주시고 나타납니다. 성령으로 기도하고 훈련하면 더 큰 은사를 받는 것입니다. 성령의 나타남을 구할 때 확실한 결과가 올 때까지 구해야 합니다.

초대교회는 120문도의 성령을 구하는 기도와 우리의 기도 사이에 분명한 차이가 있습니다. 그들은 눈에 띄는 확실한 결과가 올 때까지 구했다는 것입니다. 자신이 성령의 도구가 될 때까지 인내하며 기다려야 합니다. 준비해야 합니다. 하나님은 준비된 사람을 사용하십니다.

내가 성령의 도구가 되려면 하나님이 원하시는 영. 혼. 육의 상태가 되어야 한다는 것입니다. 하나님의 마음에 합한자가 되어야 합니다. 이렇게 되려면 심령을 깨끗하게 해야 합니다. 심령을 깨끗하게 하려면, 내 의지로 내 심령을 깨끗하게 하려고 하지 말고, 주님이 내 안에 들어오실 수 있도록 여건을 만들어야합니다. 성령이 내안에 오셔서 마음대로 역사하시게 해야 합니다. 자신의 자아나 의지나 욕심을 버리고 그분에게 순복해야 합니다. 성령의 불세례를 받고 성령님이 내 영 안에 들어와야 내가 깨끗하게 되는 것입니다. 성령께서 나를 깨끗하게 하는 것입니다. 내 힘으로는 되지 않는 것입니다.

둘째, 성령의 역사를 일으키는 비결. 내적치유나 축귀사역이나 성령집회에는 성령이 역사해야 합니다. 성령이 주인 되어 집회를 이끌어가게 해야 하는 것입니다. 그러면 성령께서 역사하여 청중들에게 성령의 불세례를 체험하게 하십니다. 성령의 불세례를 체험하면 내면의 상처가 치유되고, 악한 영들이 떠나갑니다. 치유의 목적은 어디까지나 영적 구원의 하나님 나라가 그 심령 속에 도래하는데 목적이 있기 때문에 성령의 역사가 있어야 합니다. 그러나 성령의 기름부음이나 임재 없이 하는 치유 사역은 세상적인 방법, 즉 기공술이나 정신적인 암시법이나 심리적인 최면법이나 다를 바 없는 것입니다.

만약에 이렇게 하여 치유가 일어난다 하더라도 영적인 변화는 기대하기 어려울 것입니다. 뿐만 아니라 치유의 성과를 높이기 위하여서나 혹은 환자에게 심령 상 유익한 변화를 주기 위해서는 성령의 인도함을 받는 사역자의 능력이 필요합니다. 반드시 예수 그리스도의 십자가를 통과한 성령의 역사와 영성이라야 합니다. 성령의 불세례가 임하는 성령집회를 인도하는 방법은 이렇습니다.

1) 찬송으로 성령이 임재하게 한다. 내적치유나 축귀사역이나 성령집회에서 찬송은 정말로 중요합니다. 그래서 찬양인도자는 성령의 불세례를 체험하고 성령의 인도를 받는 찬양사역자가 되어야 합니다. 성령의 임재는 찬양인도자의 영성을 통하여 역사하기 때문입니다. 찬양을 인도하는데 청중들이 잘 따라서 부를 수 있는 영감이 있고 성령의 역사가 있는 곡을 선택하여 부릅니다. 앉아서도 부르게 합니다. 때로는 서서 부르게도 합니다. 그때 그때마다 성령의 인도에 따라 찬양을 부릅니다. 찬양은 청중들로 하여금 마음을 열고 성령의 임재를 받게 하는 기초적인 수단입니다. 그러므로 찬송이 잘못되면 성령집회가 어려워지는 것입니다.

2) 성령으로 기도하여 성령의 충만함을 구한다. 찬송을 통하여 어느 정도 성령의 임재가 되었다고 성령님이 감동하시면 이제 통성으로 기도하여 성령을 충만하게 합니다. 그런데 통성기도를 하지 못하는 성도들도 있습니다. 그러므로 통성기도를 시작하기 전에 잠깐 안내를 합니다. 통성기도를 못하는 분들은 호흡을 들이쉬고 내쉬면서 주님! 주님! 주님! 하면서 소리를 내라고 합니다. 소리를 해야 마음의 문이 열려서 성령의 역사가 나타나기 때문입니다.

3) 말씀을 전한다. 성령의 불세례가 임하고 성령으로 치유가

임하는 집회를 인도하는 목회자는 반드시 성령의 불세례를 체험해야 합니다. 말씀을 전하는 자가 성령의 불세례를 체험하여 영으로 말씀을 전하여 성령의 나타남이 있어야 합니다. 반드시 말씀을 전하는 자가 성령의 불세례를 체험해야 전하는 말씀에 성령의 역사가 나타나는 것입니다. 또한 말씀을 듣는 자는 마음의 문을 열고 영으로 말씀을 받아들일 때 성령의 불세례를 체험하게 되는 것입니다.

분명하게 말씀으로 영성 훈련된 자에게 살아 계시면서 역사 하시는 말씀 하나님이 말씀을 전하는 심령을 통하여 나타나게 됩니다. 그러나 말씀에 대한 지식은 많지만 성령의 나타남이 없거나, 말씀에 대한 영안이 열리지 않은 자들이나, 성령의 가르침을 들을 귀가 열리지 않은 자는 이성적인 신학지식으로는 성경은 알 수 있으나, 말씀의 비밀은 알지 못하게 되는 것입니다. 그래서 말씀을 들어도 성령의 불세례를 체험하지 못합니다. 그래서 성령집회를 인도하는 목회자는 자신만의 레퍼토리를 가지고 있어야 합니다. 목회자가 말씀을 어떻게 전하느냐에 따라서 성령의 역사가 따라오기 때문입니다. 말씀을 전할 때 영육의 자유 함이 있어야 합니다. 성령은 영육의 자유 함이 있을 때 강하게 역사합니다. 그래야 말씀을 전하는 목회자의 영에서 생명이 청중들에게 흘러가는 것입니다. 이 생명의 역사가 청중들의 영을 깨워서 성령의 불세례를 체험하게 하는 것입니다.

4) 성령이 나타나게 하는 여러 조치를 한다. ① 먼저 준비 단계로서 성령님이 자신을 통하여 나타나기를 간구합니다. 집회 인

도자는 집회 간에 성령의 인도함을 받을 수 있도록 간구하는 것입니다. 성령님은 여러 가지 영감과 느낌과 환상으로 깨우쳐 주십니다. 체험을 통하여 확신을 갖게 되고, 마음속에 일어나는 느낌으로 새로운 사실에 대한 지식의 말씀이나 지혜의 말씀을 하나님께서 주시는 것을 알게 되는 것입니다. 집회 인도자는 성령님이 자신을 통하여 나타난다는 믿음이 있어야 합니다. 치유사역은 자신에게 나타난 성령의 역사를 환자에게 전이시켜서 치유가 일어나게 하는 것입니다. 그러므로 성령의 깊은 임재를 유지하도록 깊은 영의기도를 해야 합니다. 그리하여 집회할 때 성령의 임재를 상대방들에게 일어나게 하는 것입니다.

② 다음으로 성령의 임재를 기원하며 기다립니다. 성령이 임재하시어 역사하기 위해서는 시간이 필요하다는 사실을 결코 잊지 말아야 합니다. 성급하게 먼저 성령이 역사하기를 구하는 기도에 임하지 않고 성령의 임재를 기원하는 기도가 앞서야 합니다. 많은 집회 인도자들이 여기서 습관이 되어있지 않습니다. 먼저 성령의 기름부음을 위하여 상대방의 장애요인들이 제거되어야 합니다. 이를 위해 마음의 문을 열도록 긴장을 풀게 해야 합니다. 만약에 영적인 분위기가 되어있지 않는다면 하나님에 대한 믿음을 고백하게 하고, 마음의 죄를 깨닫도록 간절하고 절실한 중보의 기도가 먼저 드려져야합니다. 다음으로 성령의 임재가 조용하게 상대방에게 임하는 모습을 볼 때까지 기다리는 습관과 훈련이 필요합니다(5분이상). 기다리는 시간에 청중들이 여러 가지 형태와 모습을 할 수가 있습니다. 성령을 모셔드리거나 능력을 받으려는

자세와 모습은 이렇게 하면 됩니다.

ⓐ 앉아서 조용히 찬송을 부르면서 성령의 임재를 기다립니다.

ⓑ 앉아서 조용히 묵상기도하면서 성령의 임재를 기다립니다.

ⓒ 무릎을 꿇고 부르짖고 기도하면서 성령의 임재를 기다립니다.

ⓓ 일어서서 임재를 기다리는 묵상기도의 자세로 성령의 임재를 기다립니다.

ⓔ 일어서서 찬송하거나 부르짖으면서 성령의 임재를 기다립니다.

ⓕ 격렬하게 춤을 추거나 부르짖으면서 성령의 임재를 기다립니다.

앞의 순서는 보다 강력한 성령의 역사가 일어나기 쉬운 순차로 기록한 것입니다. 참고하기를 바랍니다. 찬양을 앉아서 하거나 일어서서 하거나 다 같은 현상들이 나타나지만, 일어서서 하면 더 강력한 역사가 일어납니다. 일어서서 하는 이러한 방법은 생소하고 강력한 역사가 일어나기 때문에 거부반응이 있을 수 있습니다. 더구나 격렬하게 손을 흔들면서 춤을 추거나 부르짖으면 광신자로 취급하기 십상입니다. 주의를 요합니다.

③ 그 다음으로는 성령님이 역사하시기를 간구하거나 명령합니다. 성령께서 능력과 권세로 역사해 주시기를 간절한 마음으로 조용히 기도하거나, 예수님의 이름으로 확신과 권위에 찬 명령을 할 때, 혹은 예수님의 이름으로 죄 사함을 선언할 때, 성령께서 역사하시는 여러 가지 현상들을 보게 될 것입니다.

저는 보편적으로 말씀을 마치면 찬양을 한곡 이상 부릅니다. 성령의 인도에 따라 앉거나 서거나 하게 하여 찬양으로 성령의 깊은 임재를 이끌어 냅니다. 서서 하는 것이 더 성령의 역사가 강하게 일어납니다. 자신만의 노하우를 개발하는 것이 좋습니다.

"임재하신 성령님이여 역사하여 주옵소서."

"예수님의 이름으로 마음의 문이 열릴지어다."

"심령에서 성령의 역사가 일어날 지어다."

"심령에 불이 임할지어다." "심령에 능력이 임할 지어다."

"성령의 역사가 체험적으로 느껴질 지어다."

"지금 이곳에는 성령의 강한 역사가 있으므로 숨만 쉬어도 성령을 받습니다." "여러분 숨을 깊게 들이쉬고 내쉬며 성령을 받으세요."하며 선포하기도 합니다. (요20:22)"이 말씀을 하시고 그들을 향하사 숨을 내쉬며 이르시되 성령을 받으라." 상대방이 뒤로 넘어지거나 성령께서 임하시어 역사하시는 여러 가지 현상과 모습에서 성령께서 역사하시는 것을 느끼거나 알 수 있게 됩니다.

④다음으로 성령이 깊고 강하게 사로잡아 주실 것을 간구 합니다. 성령이 깊고 강하게 모든 사람들을 사로잡으면 여러 가지 역사가 일어납니다. 넘어지는 자는 그대로 방치하지 말고, 누운 데로 이마나 가슴에 또는 머리에 안수하면 회개가 일어나는 자나 방언이 터지는 자가 생기기도 합니다. 성령의 불세례를 체험하게 됩니다. 그리고 신령한 은사를 받게 되거나, 치유의 역사가 일어나기도 합니다. 혹은 잠복되어 있던 악령이 표면 의식에 떠오르거나 발작하기도 합니다. 이때에는 안수하거나 명령하여 귀신의 정체를 들추어내고 축사합니다. 혹은 입신(성령의 깊은 임재)으로 들어가는 경우도 많이 있습니다. 그렇기 때문에 이럴 때는 여러 가지 특별한 사역을 통하여 질병의 정확한 진단이나 불치의

병을 치유하거나 문제를 해결하는 사역을 할 수가 있습니다.

반응이 없는 사람도 있는데, 이러한 사람은 마음을 열지 않았기에 굳어진 마음으로 심령상태가 성령님이 역사할 수 있는 영적인 상태가 이루어지지 않는 초심자일 경우입니다. 이것을 영적인 차원에서 설명하면 능력 받거나 치유가 일어날 수 없는 여러 가지 문제나 이유가 하나님과의 관계에서 남아 있기 때문에 하나님의 응답의 때가 덜 된 사람입니다.

또는 치유사역자의 편에서도 성령의 역사나 능력의 흐름이 약하거나 나오지 않는 경우도 있을 수 있습니다. 이렇게 반응이 없는 사람은 다음 항목을 참조하여 문제 해결을 시도합니다. 예를 든다면 특별한 방법으로 숨을 들이쉬고, 내쉬고 합니다. 또 주여! 주여! 하게 합니다. 사역자가 명령하여 영을 뜨게 하거나, 깨어나게 하거나, 정신없게 하는 등등이 있습니다. 이러한 사역들이 개별적인 사역과 단체적인 사역 간에 차이가 있습니다. 그러나 거의가 짧은 순간에 이루어지는 현상이나 사역들입니다. 때로는 동시에 혹은 좀 더 많은 시간을 필요로 하면서 이루어지는 경우도 있습니다.

나타나는 현상이 조용하게 이루어지는 경우나, 혹은 요란하게 법석을 떨거나, 발작하거나, 흐느껴 울거나, 울부짖는 경우나, 또는 웃거나, 헐떡거리거나, 여러 가지 현상이 나타납니다. 이러한 현상은 하나님의 능력 아래에서 일어나는 현상이지만, 성령의 역사로 말미암아 회개의 역사가 일어나는 경우도 있고, 여러 가지 은사가 임하는 경우도 있지만, 억압된 잠재의식이 발로되거나 폭발하는 경우도 있으며 때로는 악령의 발작 현상도 있습니다.

몸부림을 치거나 울부짖거나 헐떡거리는 경우는 잠복된 귀신이 외부적으로 드러나는 현상으로 이때에 사단이나 악령이 축사되어지는 현상 중에 하나일 경우입니다. 이러한 현상을 성령충만한 현상이라고 오해하는 사역자와 성도가 많습니다. 이는 상처가 노출되면서 일어나는 현상이므로 축귀해야 합니다.

셋째, 성령이 역사할 때의 육체적 반응. 영적 무지는 이 성령 사역을 이해하지 못하고, 내 심령 속에 성령의 기름부음이나 다른 사람들의 심령 속에 역사 하시는 성령의 사역을 이해하지 못함으로 영안이 열리지 않는 것입니다.

자신에게서 성령이 나타나 영적인 사람이 되려면 기도로 영성을 개발하고 영안을 열어서 자신의 영적인 상태를 보아야 합니다. 자신이 성령의 인도하심을 따르지 못하고, 육신적인 사람으로 지내거나, 더욱이 하나님께 열심은 있으나, 지식을 쫓아 사는 것은 아닌지, 또 자기의 의를 들어내고, 하나님의 의를 힘써 대적하는 어리석은 자가 아닌지 스스로 분별해야 합니다.

성령 사역을 성경에서 상징적으로 여러 가지로 표현하고 있습니다. 이러한 성령의 사역을 이해하기 위하여 관념적인 생각이나 선입관에서 판단 할 것이 아닙니다. 좀 더 실제적이고 현실적인 성령의 사역을 체험한 사람의 판단이라야 할 것입니다. 이단 시비는 성령 사역을 분명하게 상징적인 것과 현실적인 것을 분별하지 못하는 현실 때문에 무조건 조금만 이상하고 인간의 이성과 상식에서 벗어나면 이단이라 하게 되는 것입니다.

악령들의 사역이 우리들의 이성으로 이해되지 않기 때문에 초능력이라는 신비의 사역인 것처럼 보이는 것입니다. 성령의 신비한 사역도 우리들의 이성으로 이해되어지지 않는 부분들이 있을 수가 있기 때문입니다. 이럴 때는 절대 상관하지 말고 하나님에게 집중하여 사명을 감당하면 됩니다.

성령의 불세례가 임하면 다음과 같은 현상을 체험하게 됩니다. 눈까풀이 떨리거나 눈동자가 움직입니다. 호흡이 깊어지거나 빨라집니다. 손가락이 움직이거나 손을 떨거나 양손이 위로 올라갑니다. 몸이 심하게 떨리는 현상을 체험하기도 합니다. 몸이 껑충껑충 뛰는 현상을 체험하기도 합니다. 몸의 균형을 잃고 뒤로 넘어지는 현상을 체험하기도 합니다. 상체가 반복적으로 앞으로 꺾이는 현상을 체험하기도 합니다. 몸이 사시나무 떨 듯이 떠는 현상을 체험하기도 합니다. 큰소리로 웃거나 우는 현상을 체험하기도 합니다. 넘어진 상태로 가만히 있는 현상을 체험하기도 합니다. 넘어진 상태에서 물결이 일 듯 심하게 진동하는 현상을 체험하기도 합니다. 넘어진 상태에서 몸이 심한 경련을 일으키는 현상을 체험하기도 합니다. 악을 쓰듯이 큰 소리를 지르는 현상을 체험하기도 합니다. 이외에도 이해하기 힘든 여러 현상이 일어나기도 합니다. 반드시 바른 분별이 필요합니다.

그러나 전혀 아무런 느낌과 현상이 없는 때도 있습니다. 마음이 평안하기만 합니다. 비둘기 같은 성령이 임한 순간입니다. 어떤 느낌과 체험 현상만이 중요한 것이 아닙니다. 고요할 때 역사하시는 하나님을 전적으로 의지하는 믿음이 더욱 중요합니다.

10장 성령의 지배와 장악을 당해야 한다.

(갈 5:25)"만일 우리가 성령으로 살면 또한 성령으로 행할지니"

내적치유와 축귀능력을 받아 사용하는 분들은 전인격이 성령의 지배와 장악을 당한 사람이 되기를 원하십니다. 하나님은 모든 목회자와 성도들이 성령의 지배와 장악을 당하기를 소원하십니다. 특별하게 내적치유와 축귀능력은 성령의 지배와 장악을 당해야 가능합니다. 왜 예수를 믿으면서 내적치유와 축귀능력을 받아 사용하지 못하는가? 자신의 전인격이 성령의 지배와 장악을 당하지 못하기 때문입니다. 성령으로 지배와 장악이 되지 않고 성령체험만 했기 때문입니다. 한마디로 세상 것이 섞여있기 때문입니다. 세상 것이 섞여서 방해함으로 성령의 능력이 나타날 수가 없는 것입니다. 이것은 아주 심각하게 받아드려야 합니다. 그래야 성령의 역사에 관심을 가져서 성령의 지배를 받는 목회자와 성도가 될 수 있기 때문입니다. 전인격이 성령의 지배를 받지 않고는 내적치유와 축귀능력을 사용할 수가 없기 때문입니다. 우리 예수 믿는 사람들의, 삶의 특징이 있다면, 그것이 무엇이라고 생각하십니까? 입으로만 예수를 믿는다고 시인하는 그런 보통의 신앙의 삶이 아니라, 예수를 믿고 난 다음에 변화된 삶을 살아가는 성도들의 특징을 말하는 것입니다. 이러한 성도들의 삶의 특징이 무엇이겠습니까? 그것은, "영-혼-육 전인격이 성령의 지배를 받는 삶"이라, 그렇게 말 할 수 있습니다.

그러면, 성령의 지배를 받는 삶이란, 또 무엇을 말하는 것입니까? 전인격이 성령께 사로잡혀 사는 것을 말하는 것입니다. 성령을 주인으로 모시고 세상을 살아가는 것입니다. 매사를 성령님과 의논하고 성령의 뜻을 따라 사는 것을 성령의 지배를 받는 삶이라고 말할 수 있습니다. 성령의 인도함을 받아, 성령의 능력에 의해서 살아가는 삶을 말하는 것인 줄로 믿습니다. 성령님이 나를 지배하고 다스리는 삶, 이전에 우리의 삶이, 육체의 본능이 지배하는 삶이었고, 죄가 지배하는 삶이었다면, 이제 예수를 믿고, 변화를 받고 난 다음에 나타나는 삶은, 성령에 의해서 지배를 받는 삶이 되어야 합니다.

에베소서 5장 14절 말씀을 보게 되면, "그러므로 이르시기를, 잠자는 자여 깨어서 죽은 자들 가운데서 일어나라. 그리스도께서 네게 비취시리라 하셨느니라."말씀하고 있습니다. 지금 우리의 신분은 어떤 신분입니까? 이제 예수 안에서, 새로운 생명을 소유하고 태어난, 하나님의 자녀들입니다. 예수를 믿을 때 죽고, 다시 예수로 태어나 예수님의 인생을 사는 사람들입니다. 하나님께서 분명하게 말씀하셨습니다. "그리스도의 사랑이 우리를 강권하시는 도다. 우리가 생각하건대 한 사람이 모든 사람을 대신하여 죽었은즉 모든 사람이 죽은 것이라. 그가 모든 사람을 대신하여 죽으심은 살아 있는 자들로 하여금 다시는 그들 자신을 위하여 살지 않고 오직 그들을 대신하여 죽었다가 다시 살아나신 이를 위하여 살게 하려 함이라(고후 5:14-15)" 분명하게 "자신을 위하여 살지 않고 오직 그들을 대신하여 죽었다가 다시 살아나신 이를 위하여 살게 하려 함이라고"하셨습니다. 예수님을 위하여 살게 하려고 부르신 것입니다. 예수님께서 하신 일을 하게 하려고 부르신 것입니다. 예수님은 영이십니다. 육체가 죽지 않고 예수님을 위하여 살아갈 수가 없습니다. 그래서 죽었다고 다시 살아나 예수님으로 살도록 하시는 것입니다.

그러므로 이제는, 과거의 세상 적이고, 육신적인 삶의 방식은 벗어버리고, 하나님의 백성으로서 살아가야 하는 삶의 방식을 따라야 한다는 것입니다. 그 하나님의 방식을 따르는 삶, 이것이 바로 성령의 지배를 받는 삶이라는 것입니다.

그러나 오늘 우리 성도들의 삶은 어떻습니까? 아직도 우리의 많은 부분이 주님의 방식을 따르지를 못하고 있습니다. 아직도 내 자아가, 내 속에 살아 쉼 쉬고 있고, 아직도 내 뜻이 내 인생의 대부분을 결정하고 있습니다. 어둠의 권세에 속해 있는 죽음의 자리에서 이제는 벗어나, 나의 삶을 주장하시고, 온전히 이끌어 주시기를 원하시는, 빛 되신 예수 그리스도를 향해, 걸어가야 하는데도 불구하고, 우리는 여전히 그 빛을 외면하고, 고개를 어둠의 세상을 향해, 돌리고 있다는 것입니다.

우리의 삶에 빛이 크게 비취면, 어둠은 작아지게 되고, 결국에는 그 어둠이 흔적 없이 물러가게 됩니다. 그러나 반대로, 우리의 삶에 어둠이 크면 어떻습니까? 빛이 작게 느껴지게 됩니다. 그리고 이 상태로 계속 있게 되면, 나중에는 그 어둠이, 빛을 완전히 삼켜 버리게 된다는 것입니다.

그래서 예수를 믿어도, 예전과 비교해 별로 변화된 것이 없는 여전히 세상의 흑암 속에서 헤매며, 오히려 더 무능력한 가운데, 오히려 더 고통스런 가운데, 삶을 살아가게 된다는 것입니다. 왜냐하면 성령의 역사가 일어나지 않으니 마귀와 귀신들이 자꾸 장악하기 때문입니다. 그래서 오만가지 문제가 발생하는 것입니다. 빨리 알아차리고 성령의 지배를 받아야 합니다.

가슴에 손을 얹고 생각해 보세요. 주님이 우리에게 요구하시는 삶의 모습이, 과연 이러한 것이겠습니까? 주님이 우리에게 요구하시는 삶은, 결코 이러한 모습의 삶은 아닐 것입니다. 주님은 우리에게, 변화된 삶을 요구하십니다. 그것도 어정쩡한 변화가 아니라, 확실히 변화된 삶을 요구하십니다. "아니 저 사람 예수 믿고 나더니, 완전히 달라졌네!" 이런 평가와 칭찬을 듣는 그러한 삶을 원하신다는 것입니다. 그런데 이렇게 변화되기 위해서는 반드시 성령의 역사가 있어야 가능한 것입니다. 성령의 지배를 받아야 변화되는 것입니다. 내적치유와 축귀능력도 받게 되는 것입니다. 예수를 믿으면서도 변화되지 않는 것은 성령의 역사 없이 이론으로 지식으로 전통으로 믿음 생활을 하기 때문입니다.

그래서 이런 찬송이 있지요? "내 죄 사함 받고서 예수를 안 뒤, 나의 모든 것 다 변했네. 지금 나의 가는 길 천국 길이요, 주의 피로 내 죄 씻었네." 할렐루야! 예수를 믿고 나서, 자신의 모든 것이 변화되어 지는 것, 바로 이러한 놀라운 삶의 변화의 역사를, 하나님은 우리 모두에게 기대하고 계신다는 것입니다.

우리의 신앙의 출발은, 하나님의 권능을 믿는 믿음에서 출발하는 것입니다. "하나님은 나의 모든 것을 아시는 가운데, 나의 모든 것을 주의 권능으로 채워주시며, 온전케 하시는 하나님이십니다." 이것은 모두 성령으로 되는 것입니다. 우리가 이것을 믿어야, 하나님을 평생의 주인으로 모시며 따를 수 있는 것입니다. "내가 사망의 음침한 골짜기로 다닐지라도 해를 두려워하지 않을 것은, 주께서 나와 함께 하심이라." 다윗은 담대하게 신앙의 고백을 했습니다. 그리고는 선언하지요. "나의 평생에 선하심과 인자하심이 정녕 나를 따르리니 내가 여호와의 집에 영원히 거하리로다." 할렐루야!

세상 사람들이 우리를 향해, 너는 못한다고 말할지라도, 우리 예수 믿는 성도들은 예수 안에서 할 수 있다고, 얼마든지 가능하다고 말하며, 믿음으로 밀고 나가 행해야 기적을 체험하는 것입니다. 삶에 자신감과 담대함이 있어야 한다는 것입니다. 왜입니까? 하나님의 권능이 오늘도 나와 함께 하시기 때문에…. 성령의 역사가 오늘도 나의 삶에 나타나기 때문에…. "너 가는 길을 누가 비웃거든, 확실한 증거를 보여 주어라. 성령이 친히 감화하여 주사, 저들도 참 길을 얻으리…" 지금 우리 모두가, 성령의 다스림 속에서, 성령의 인도함 속에서, 이런 확실히 변화된 인생을 살아갈 수 있기를 바랍니다.

그러면, 오늘 우리가 어떻게 하면 이런 성령의 지배함을 받는 능력 있는 삶을 살아갈 수 있겠는가? 여기에 대한 고민이 있어야 진정한 성도일 것입니다. 그래야 바른 길을 찾아서 성령의 인도를 받으며 성령의 지배를 받는 성도가 될 수 있기 때문입니다. 그런데 이에 대한 해답이 바로 에베소서 5장 18절에 나타나 있다는 것입니다. "술 취하지 말라. 이는 방탕한 것이니, 오직 성령의 충만을 받으라." 했습니다. 우리가 성령의 지배를 받는 삶을 살아가는 방법, 뭐 다른 게 있겠습니까? 내 속에 성령의 크기를, 내 자아보다 더 크게 만들면 되는 것입니다. 성령이 자신을 지배하게 하면 됩니다. 성령님을 주인으로 모시고 살면 되는 것입니다. 성령이 내 속에 끊임없이 임하게 만들어서, 그 성령이 나의 삶을 온전히 주장할 수 있도록, 자신의 신앙을 가꾸어 나가면 되는 것입니다. 그렇잖아요? 그 외에 무슨 방법이 있겠습니까? 성령의 지배를 받으며 살아가는 것 알고 보면 너무나 쉽습니다. 습관이 되지 않기 때문에 어려운 것입니다.

그러면, 우리가 생각해 볼 것은 무엇입니까? 이 성령이 언제 어느 때에, 우리에게 임하고 장악하게 되는가? 하는 것입니다. 성령의 지배와 장악이 되어야 내적치유와 축귀능력을 받게 되는 것입니다. 그럼 언제 성령으로 지배와 장악이 됩니까? 혼자 기도할 때 성령으로 지배와 장악이 되지 않습니다. 한번 성령으로 세례를 받았다면 혼자 기도해도 충만 받을 수가 있을 것입니다. 그렇지 않다면 성령은 반드시 성령의 역사가 일어나는 장소에 가셔서 뜨겁게 기도하고 안수를 받을 때 성령으로 세례도 받을 수가 있고, 내적치유와 축귀능력도 받을 수가 있습니다. 내적치유를 하고 귀신을 축귀하는 사역자에게 가셔서 말씀 듣고 기도하고 안수 받을 때 받을 수가 있습니다. 그리고 본 교회에서 사역을 하려고 시도할 때 내적치유와 축귀능력이 나타나는 것입니다.

성경을 보세요. 초대 교회의 성도들이 언제 성령을 체험하고 받았습니까? 각 가정마다 두 세 사람이상이 모여 예배하고 말씀들을 때, 또 마가의 다락방 같은 곳에 모여, 그들이 기도하고, 찬송할 때, 하늘로부터 급하고 강한 바람 같은 성령이, 홀연히 그들 가운데 임하게 되어졌다는 것입니다. 초대 교회는 곧 가정 교회였습니다. 하나님은 언제나 교회 가운데, 좌정하여 계시는 줄 믿습니다. 교회는 유형교회와 무형교회를 모두 망라하는 것입니다. 그래서 지금도, 언제나 성령의 역사가 일어나는 교회에 모여 성경보고, 말씀 듣고, 기도하고, 찬양할 때, 성령으로 세례가 임하고 성령으로 지배와 장악이 되는 것입니다. 성령으로 지배와 장악이 되면서 내적치유와 축귀능력도 같이 임하는 것입니다. 그런데 홀연히 라는 말이 무슨 말입니까? 갑자기라는 말이지요. 오로지 하나님만을 생각하며 몰입 집중하여 기도할 때 홀연히 성령이 장악하시는 것입니다.

성령으로 세례가 임하시는 것은 전적으로 성령님의 뜻이지만 분명한 것은 적당히 말씀보고, 적당히 기도하고, 적당히 찬송할 때 임하는 것이 아니라, 마음 중심으로 예배하고, 말씀을 깊이 묵상하고, 전심으로 기도하고, 뜨겁게 찬송할 때, 성령은 우리 가운데 분명 지배하고 장악이 된다는 사실입니다. 성령께서 지배하고 장악이 되면 될수록 내적치유와 축귀능력은 강해지는 것입니다. 그러므로 내 삶 속에 말씀 보는 시간을 늘리고, 기도하는 시간을 늘리고, 찬송하는 시간을 늘리면, 그 때에 성령으로 지배와 장악이 되고 내적치유와 축귀능력이 강해지는 것입니다.

에베소서 5장 15절-16절 말씀에, "그런즉 너희가 어떻게 행할 것을 자세히 주의하여 지혜 없는 자같이 말고, 오직 지혜 있는 자 같이 하여 세월을 아끼라. 때가 악하니라."했습니다. 무슨 뜻입니까? 세상에 취하여, 하나님이 주신 시간들을 자기 임의로 사용하여, 허송세월을 보내지 말고, 우리의 시간들을 영적인 부분들에 할애해서, 말씀과 기도와 찬양의 시간들을 통하여, 하나님의 뜻을 온전히 분변한 가운데, 그 뜻대로 살아가는 신앙의 모습이, 필요하다는 것입니다. 내적치유와 축귀능력을 받아 쓰임을 받을 사람은 항상 하나님을 생각하고 집중하는 자세가 중요합니다. 그래서 결과적으로 우리의 삶이, 성령이 원하시는 대로, 성령이 이끄시는 대로, 성령의 지배함을 받아, 살아가게 된다는 것입니다.

우리가 이렇게 성령의 지배를 받게 되면, 우리의 삶에 어떤 역사가 나타나겠습니까? 먼저 우리는 하늘의 신령한 지혜와 강력한 능력을 이끌어낼 수가 있습니다. 그리고 세상에 능력을 행사하게 됩니다. 그래서 세상을 살아가도 힘 있게, 당당하게 살아가게 된다는 것입니다. 사단의 권세가 지배하는 이 세상에서, 사단의 올무에 걸려 허우적거리는 인생을 살아가는 것이 아니라, 하나님의 자녀답게 하나님의 권능을 힘입어, 사단의 권세를 깨뜨리며, 주의 이름으로 날마다 승리하며 살아가는 삶, 이런 역사들이 우리의 삶에 나타나게 된다는 것입니다.

더 나아가 마음에 천국을 이루어 항상 하나님과 교통하면서 살아갈 수가 있는 것입니다. 성도는 무엇보다도 하나님과 관계를 열어 친밀하게 지내야 합니다. 하나님과 친밀하게 지내려고 성령의 지배를 받는 것입니다. 성령의 지배를 받게 되니 마귀와 귀신이 감히 넘보지 못하는 성도, 목회자가 되는 것입니다. 그래서 무시로 하나님을 찾는 것입니다. 항상 성령으로 충만하여 성령의 지배를 받는 삶을 살기위해서 하나님을 찾는 것입니다. 많은 성도들이 성령이 충만 하면 교회에 나가서 기도할 때 손을 흔들고 벌벌 떨면서 기도하면 성령으로 충만한 줄로 착각합니다.

그러나 성령으로 충만하다는 것은 항상 하나님을 생각하면서 하나님을 찾는 상태가 성령으로 충만한 상태인 것입니다. 이렇게 될 때 전인격이 성령의 지배를 받게 되는 것입니다. 성도들은 성령의 권능으로 살아가야 합니다. 성도들에게서 성령의 능력이 빠진 인간의 힘이나, 경험으로는 하나님을 기쁘시게 하지 못합니다. 성령의 도우심이 빠진 인간의 재주나 재능으로 세상을 이길 수가 없습니다. 성령의 지배를 받지 않는 성도는 잎만 무성한 무화과나무로 자라게 만들 뿐이라는 겁니다. 열매가 없이 잎만 무성한 무화과나무, 그 나무는 인간의 눈으로 볼 때는 멋있게 자란 나무이고, 가지도 무성하고, 잎도 너무나도 푸른 나무이지만, 결국 어떻게 되었습니까? 주님의 저주로 인해 말라 죽고 말았다는 것입니다. 이러한 사실을 우리는 유념해야 할 줄로 압니다. 전인격이 성령의 지배를 받아야 합니다.

성령의 지배를 받으면 무슨 일을 해도 포기하지를 않습니다. 쉽게 절망하지 않습니다. 끝까지 될 때까지 밀어붙이는 끈기 있고, 집중력이 있는 인생을 살아가게 된다는 것입니다. 그래서 기도를 해도, 남들과 다릅니다. 언제까지 기도합니까? 응답될 때까지 기도 한다는 것입니다. 하나님은 신실하신 하나님이십니다. 신실이 뭡니까? 믿을 신자, 열매 실자가 아닙니까? 말 그대로 우리가 믿는 대로 열매를 맺게 해 주시는 하나님이시라는 겁니다. 그것을 의심 없이 믿는다는 것이지요. 그래서 시간이 문제지, 응답은 반드시 된다는 믿음을 가지고 기도하게 된다는 것입니다. 하나님이 귀찮아서라도 응답해 주실 줄 믿습니다. 불의한 재판관의 마음을 움직여, 자신의 억울한 사정을 풀게 한 것은 한 여인의 끈질긴 기도 때문이었습니다. 집중력 있는 기도 때문이었다는 겁니다.

오늘 인생을 살아감에 있어, 또는 교회에서 맡은 사역을 감당함에 있어, 자꾸만 힘이 들고, 자꾸만 내가 피곤하게 느껴지는 때가 있습니까? 인생의 사역에 나타나는 열매는 없고, 자신의 힘만 고갈되는 그런 경험을 하신 적이 있습니까? 그래서 모든 것 그냥 포기하고 싶은 그런 생각이 드십니까? 혹 이런 가운데 지내는 분들은 없으십니까? 곰곰이 생각 해 보시기 바랍니다. 일이 많아 힘든 것이 아닙니다. 환경이 어려워 힘든 것이 아닙니다. 무엇 때문입니까? 내가 성령의 지배와 장악이 되지 못하기 때문에 힘이 든 것입니다. 자신의 힘으로 사역하려고 하기 때문입니다. 내가 성령의 지배를 받지 않고, 내 힘과 내 뜻으로 살아가려고, 그 일을 감당하려고 했기 때문에 힘이 든 것입니다. 자신의 힘으로 하나님의 일을 하려고 하기 때문에 힘이 드는 것입니다. 우리가 바르게 알아야 할 것은 성도가 하는 모든 일은 하나님의 일입니다. 그렇기 때문에 성도는 성령이 지배하여 성령의 힘으로 인생을 살아가고, 사역을 해야 됩니다. 사람의 힘으로 하나님의 일을 하려니 얼마나 힘이 들겠습니까? 상상에 맡깁니다.

19세기의 사역자, D.L 무디가 이런 말을 했습니다. "사역자들을 망가뜨리는 것은 과도한 사역이 아니라 성령 없이 일하는 것이다" 참 멋진 얘기 아닙니까? 우리가 과도한 사역을 해서 무너지는 게 아니라는 겁니다. 성령 없이 일하기 때문에 무너지는 것입니다. 기계가 망가지는 게 기계를 많이 돌려서 망가지는 것입니까? 아닙니다. 윤활유 없이 돌리기 때문에 망가지는 것입니다. 오늘 우리가 하나님 앞에 성령의 충만을 위해 기도해야 하는 이유가 여기 있는 것입니다.

하나님 앞에서 기도하는 가운데 성령의 은혜를 받고, 성령의 능력으로 사명을 감당하는 하나님의 거룩한 자녀들이 다 되시기를 바랍니다. 우리는 사명을 꼭 교회에서 사역하는 것으로 한정하면 안 됩니다. 성도들이 하는 모든 일은 하나님께서 주신 사명입니다. 직장 생활도 사명입니다. 사업을 하는 것도 사명입니다. 예수를 믿고 성령으로 거듭난 성도가 하는 모든 일은 사명입니다. 사명을 거창하게 생각하지 마시기를 바랍니다. 다 같이 한 번 따라합시다. "주여! 성령 없이는, 아무 일도 하지 않게 하옵소서." "주여! 성령 없이는, 능력전도하지 않게 하옵소서." "주여! 성령에 사로잡힌 인생이 되게 하옵소서." 성령의 지배함을 받아, 내적 치유하고 축귀하면서 하나님께 쓰임을 받으시기를 바랍니다.

3부 내적치유 능력을 받는 비결

11장 내면세계의 신비성을 알아야 한다.

(히 12:14-15)"모든 사람과 더불어 화평함과 거룩함을 따르라 이것이 없이는 아무도 주를 보지 못하리라. 너희 는 하나님의 은혜에 이르지 못하는 자가 없도록 하고 또 쓴 뿌리가 나서 괴롭게 하여 많은 사람이 이로 말미암아 더럽게 되지 않게 하며"

하나님은 크리스천들의 내면세계를 바르게 알아야 합니다. 모 든 것이 내면에서 나타나기 때문입니다. 내적치유와 축귀능력을 받으려는 분들은 특별하게 내면세계를 바르게 알아야 합니다. 내 면에 생명의 말씀과 성령으로 채워져야 능력이 나타나는 것입니 다. 자신 안을 능력으로 채우지 못하게 하는 것은 마음의 상처입니 다. 내면의 능력을 활성화 하려면 반드시 마음의 상처를 생명의 말 씀과 성령의 역사로 깊은 차원의 치유를 해야 합니다. 마음의 상처 가 마음 안에 성전삼고 계시는 하나님을 나타나지 못하도록 방해 하기 때문입니다. 잠재의식에 숨겨진 상처를 치유해야 마음 안에 계신 하나님께서 밖으로 나타나십니다. 마음 안에 계신 하나님께 서 밖으로 나타나야 내면의 능력과 내면의 지혜가 활성화 되는 것 입니다. 인간은 영적이고 심리적인 존재이기 때문에 인간관계는 감정의 관계, 심리적인 관계입니다. 그런데 감정이나 심리상태, 영적상태가 좋지 못하면 인간관계가 좋지 못하게 되며, 한걸음 더 나아가 하나님과 좋은 관계를 맺지 못합니다. 자연스럽게 내면의 능력과 지혜가 활성화되지 못합니다. 사람들은 마음의 상처로 인하여 하나님을 믿지만, 하나님과 좋은 관계를 맺지 못하고 있습니다. 상처로 인하여 마음이 굳어있기 때문입니다.

내적치유는 이러한 관계성을 치유하여 내면을 강하게 하는 것입니다. 내적치유는 인간의 가장 내적인 부분인 영으로부터 시작하여 성품, 인간관계, 하나님과의 관계까지도 치유하며, 육신의 질병까지도 치유합니다. 내적치유는 전인격적인 치유로서 성령의 깊은 역사로 이루어지는 사역입니다.

사람은 하나님의 형상으로 창조되었습니다(창 1:27-28). 사람이 하나님의 형상이라는 의미는 하나님의 대리자, 하나님과 같은 권세로서, 하나님을 대신해서 이 세상을 다스리고 지배하고 보살피는 존재라는 것입니다. 사람은 원래 이러한 존재로 창조되었습니다. 이를 위해서 하나님이 오직 사람에게만 영을 주셨습니다. "여호와 하나님이 땅의 흙으로 사람을 지으시고 생기를 그 코에 불어넣으시니 사람이 생령이 되니라"(창 2:7).

영을 가진 영적 존재가 된다는 것은 마음 안에 있는 영에서 나오는 권세, 힘, 생명력으로 환경을 장악하고, 이 사명을 감당하는 존재가 되라는 것입니다. 영으로 혼과 육, 환경을 지배하며 다스리는 존재가 되라는 것입니다. 영으로 늘 성령하나님과 교제함으로 하나님께서 주시는 권세를 늘 소유하며, 하나님의 뜻을 받아서 권능을 사용하며, 하나님께서 맡기신 일을 하여야 하는 것입니다. 그런데 마음의 상처로 영이 활성화되지 못하니 항상 마음이 갑갑하고 영의 만족을 누리지 못하는 것입니다.

이를 방지하기 위하여 자신 안에 주인으로 계시는 하나님과 관계가 열려야 합니다. 자신 안에 성전삼고 계시는 하나님과 관계를 열지 못하도록 방해하는 것이 상처입니다. 영적 존재인 사람은 마음 안에 계신 하나님과 관계를 열어서 주께서 내안에, 내가 주안에 늘 교제함으로 주님과 내가 하나가 되는 것과(요15:4-10), 하나님 하신 일을 우리도 하는 존재인 것입니다. "내가 진실로 진실로 너희에게 이르노니 나를 믿는 자는 내가 하는 일을 그도 할 것이요 또한 그보다 큰일도 하리니 이는 내가 아버지께로 감이라(요 14:12)"

그런데 아담의 범죄 이후 모든 인간의 영성이 잠들어버리게 되었고, 이 세상은 오직 육과 이성이 다스리는 세상이 되었습니다. 죄가 다스리는 세상이 된 것입니다(창 15:13-14,16). 그래서 마음의 상처가 생기고 마귀에게 당하며 사는 신세가 되었습니다(창 15:13-14,16). 하나님의 선민, 택한 백성, 하나님의 은혜를 받는 사람이 된다는 것은 이렇게 죄로 관영한 세상의 죄를 물리치는 사람으로 선택받은 신분이라는 것입니다. 죄와 싸우고 죄를 물리칠 신분이라는 것입니다. 그런데 우리는 우리 스스로는 그렇게 할 힘이 없습니다. 능력도 없습니다. 이러한 능력은 오직 자신 안 성전에 주인으로 계시는 하나님에게만 있습니다. 그러므로 이렇게 택한 백성에게 하나님은 "내가 이스라엘 자손 중에 거하여 그들의 하나님이 되리니, 그들은 내가 그들의 하나님 여호와로서 그들 중에 거하려고 그들을 애굽 땅에서 인도하여 낸 줄을 알리라 나는 그들의 하나님 여호와니라"(출29:45-46)고 말씀하십니다.

즉 하나님의 선택을 받은 사람이라는 것은 예수를 영접하는 순간부터 하나님을 자신 안에 모시는 존재가 된다는 것입니다. 그래서 하나님을 모시고 이 세상에 가득한 죄와 사망을 물리치고 생명과 축복을 만들어 가는 존재로 선택받았다는 것입니다. 이렇게 택한 자녀일지라도 죄인입니다. 하나님께서는 그대로는 그들 중에 거하실 수도 없고, 그들을 쓰실 수가 없으십니다. 그러므로 하나님은 이스라엘 백성들에게 피를 요구하셨습니다. 메시야의 피를 대신할, 모형의 피인 염소와 송아지의 피를 뿌림으로 이들은 하나님을 섬겼습니다. 메시아 예수 그리스도의 보혈을 믿음으로 (담보하여) 하나님을 그들 중에 모실 수가 있었던 것입니다(히 9:13-14). 그러나 이러한 섬김은 어디까지나 잠정적이었고, 조건적이었으므로 그들은 세상에 만연한 죄와 싸워 이길 수도 없었고, 하나님을 그들 중에 영원히 모실 수도 없었고, 하나님과의 깊은 교제와 사귐도 없었습니다(요일1:3).

그러나 이제 예수 그리스도의 십자가 보혈의 공로로 말미암아 하나님의 자녀가 된 크리스천은 아담 이후로 이제야말로 제대로 하나님을 섬길 수 있는 존재가 된 것입니다. 하나님을 가장 깊은 속에 모시게 된 것입니다. 이제는 하나님과 깊은 교제를 하며 영원히 하나님을 모시게 되었습니다. 아담의 죄로 말미암아 영이 죽었던 사람이 다시 영이 살게 되었으므로 하나님과 교제하고 사귀는 영적인 사람이 됩니다. 영이신 하나님의 성품을 가지게 된다는 것이며, 영이신 하나님을 닮아 간다는 것입니다. 이제야말로 제대로 죄와 싸워 이기고, 저주와 싸워서 이기고, 환경을 지배하고 변화시킬 수 있는 존재가 된 것입니다(고전 6:19-20).

그러나 이 모든 것은 하나님을 우리 속에 모시고 늘 교제함으로만이 가능한 것입니다. 이것이 성도의 신분입니다. 그리고 이렇게 하나님을 안에 모시기 위해서 하나님은 우리에게 "내가 거룩하니 너희도 거룩할 지어다(벧전1:16)" 하고 거룩함을 요구하십니다. 피뿌림 받고 죄 사함 받아 구원받은 하나님의 자녀들은 이제부터 하나님을 모시는 생활, 하나님과 교제하고 하나님을 섬기는 생활, 환경을 지배하고 다스리는 생활을 하기 위해서 반드시 거룩해져야 합니다. 우리 영-혼-육의 모든 더러움을 생명의 말씀과 성령으로 기도하며 계속 씻어내야 합니다. 이렇게 함으로 하나님과 관계가 열려서 마음 안에 성전에서 능력과 지혜가 흘러나오는 것입니다. 이것이 성화의 길이요, 이것이 바로 내적 치유입니다. 하나님은 살전 5장 23절에서 "평강의 하나님이 친히 너희를 온전히 거룩하게 하시고 또 너희의 온 영과 혼과 몸이 우리 주 예수 그리스도께서 강림하실 때에 흠 없게 보전되기를 원하노라" 말씀하십니다.

하나님은 우리의 영-혼-육 모든 부분이 온전하기를 원하십니다(살전5:23). 가정의 화평함, 좋은 인간관계, 사회에서의 밝은 삶을 살기를 원하십니다. 내적 치유는 이러한 하나님의 관심에 가장 가까운 깊은 차원의 치유입니다. 인간의 지체는 영-혼-육이 서로 밀접한 관계를 가집니다. 눈으로 보이는 부분의 상처만을 치유함으로 온전한 치유가 되지는 않습니다. 원인이 되는 더 깊은 곳, 다른 부분까지도 치유해야 온전한 치유가 되는 것입니다. 이는 성령님만 할 수 있는 사역입니다. 성령의 깊은 임재로 무의식의 상처를 현실로 드러내어 치유해야 합니다. 성령의 역사가 없이는 할 수 없는 사역입니다. 반드시 성령으로 세례를 받아야 할 수 있는 깊은 차원의 치유입니다.

그러므로 내적 치유는 하나님의 뜻에 가장 가까운 치유입니다. 영적존재인 인간은 같은 영적인 존재인 하나님과 이웃과의 관계성을 가지고 사는 존재입니다. 그런데 많은 사람들이 이 관계성이 잘되어 있지 않음으로 내적으로 문제를 가지게 됩니다. 인간이 갖고 있는 신체, 심리적인 질병중 대다수가 상한 감정이나 영적인 문제와 긴밀한 관계를 가지고 있기 때문에 내적 치유는 이런 영역들을 중점적으로 다룹니다. 영에 있는 성령의 권능으로 마음과 육체에 있는 상처를 치유하는 것입니다.

외부의 상처는 쉽게 치유되나 마음에 받은 상처는 쉽게 치유되지 않습니다. 사라지지 않고 깊은 곳에 남아서 계속 나에게 영향을 주며, 나의 삶을 좋지 못한 쪽으로, 파괴적인 쪽으로 이끌어갑니다. 나이가 들어도 사라지는 것이 아니라, 오히려 절제력이 약해짐으로 더욱 강하게 나의 삶에 역사 합니다. 그래서 노인들이 더 섭섭해 하고 고집을 부리는 것입니다.

상처는 잠복기간이 지나면 꼬리를 들고 일어납니다. 꼬리를 들고 일어서는 시기는 영육의 상황이 좋지 못한 경우입니다. 상처는 상처를 주는 상대방보다, 쉽게 상처를 받는 나에게 문제가 있는 것입니다. 이 사실을 인정해야 자신을 치유할 수 있습니다. 평안과 행복은 환경이 이를 주거나, 느끼는 것이 아니라, 내가 그렇게 느끼는 것입니다. 주체는 나입니다. 나의 마음입니다. 나의 마음이 치유되어 있으면 늘 평안과 행복을 느낄 수 있게 됩니다.

그리고 더 나가서 남에게 상처주지 않도록 주의하고, 또 다른 상처받은 이들을 치유할 수 있게 됩니다. 이것이 복음의 화평케 하는 의미입니다. "모든 것이 하나님께로서 났으며 그가 그리스도로 말미암아 우리를 자기와 화목하게 하시고 또 우리에게 화목하게 하는 직분을 주셨으니 곧 하나님께서 그리스도 안에 계시사 세상을 자기와 화목하게 하시며 그들의 죄를 그들에게 돌리지 아니하시고 화목하게 하는 말씀을 우리에게 부탁하셨느니라(고후 5:18-19)" 우리는 누구나 무한하게 발전할 수 있는 가능성을 가지고 있습니다. 우리의 삶이 모든 면에서 풍성해 지기를 하나님은 원하십니다. 우리는 내적치유를 통하여 풍성한 삶을 누릴 수 있습니다. 누려야 합니다. 이것이 우리를 향한 주님의 뜻입니다.

상처는 이렇게 여러 가지로 영향을 미치게 됩니다. 그래서 반드시 근원을 찾아 치유해야 합니다. 그래야 진리로 자유 함을 누리면서 살아갈 수가 있습니다. 상처는 다음과 같은 영향을 미치게 됩니다.

첫째, 하나님과의 관계에 미치는 영향. 내면에 상처가 있으면 마음 안에 성전삼고 계시는 하나님께서 온전하게 나타나시지 못합니다. 하나님과 관계가 열리지 않으니 내면이 부실한 것입니다. 인간은 대개의 경우 아버지로부터 상처를 가장 많이 받게 됩니다. 근엄하고 권위를 내세우는 가부장적인 아버지로 말미암아 어릴 적부터 많은 상처를 입고 삶을 배웁니다. 그리고 스스로도 이러한 상처를 주며, 자신도 그러한 아버지가 되어갑니다.

이러한 아버지의 개념으로 말미암아 하나님 아버지에 대한 개념이 왜곡됩니다. 근엄하기만 하고 책망과 형벌을 주관하는 아버지의 개념이 하나님에 대한 개념에 강하게 반영되고, 또 후손에게도 대물림되어 전달됩니다. 이러한 잘못된 아버지의 개념이 유아기로부터의 계속되는 교육으로 말미암아 참 사랑의 하나님 아버지에 대한 개념을 갖지 못하게 합니다.

사랑이 빠진 신앙인, 막연한 종교인이 되어 버리고 맙니다. 말씀에 대한 불신, 죄에 대한 불감, 도덕 감과 윤리 감을 상실한 종교인이 되어버립니다. 신앙의 성장이 없게 됩니다. 마음 안에 성전에 계시는 하나님께서 나타나지 못하기 때문입니다.

내적치유를 통하여 참 사랑의 하나님 아버지를 인격적으로 만나야합니다. 하나님과 관계를 열어야 합니다. 하나님의 능력과 지혜를 받아야 합니다. 하나님 아버지의 사랑을 받아야 합니다. 사랑을 체험해야 합니다. 인격체로 그분의 사랑을 느끼고 사랑을 받아야 합니다. 그래야 우리의 신앙이 성장하게 됩니다.

우리를 용서하시고 사랑하시고 축복해주시는 아버지의 사랑을 늘 받아야 합니다. 지금도 우리를 사랑하시는 하나님 아버지의 사랑으로 우리를 채워야 합니다. 그래야 하나님을 제대로 의식하게 됩니다. 하나님의 사랑으로 두려움과 염려를 내어 쫓게 됩니다. 말씀과 성령으로 내면을 치유하므로 하나님과 친밀하게 지낼 수 있습니다. "사랑 안에 두려움이 없고 온전한 사랑이 두려움을 내어 쫓나니 두려움에는 형벌이 있음이라 두려워하는 자는 사랑 안에서 온전히 이루지 못하였느니라(요일4:18)" 하나님은 두려운 분이 아니고 사랑이 많으신 분이라는 것을 인식하는 것이 이미 치유가 시작이 된 것입니다. "무릇 하나님께로부터 난 자마다 세상을 이기느니라 세상을 이기는 승리는 이것이니 우리의 믿음이니라(요일5:4)" 내면에서 분출되는 성령의 권능으로 세상을 이기는 것입니다. 하나님을 사랑하고 관계가 열릴 때 자신의 내면에서 능력과 지혜가 분출되는 것입니다.

하나님의 사랑으로 우리의 마음을 채워놓지 못하게 되면 세상의 염려와 걱정과 근심이 우리의 마음을 채우게 됩니다. 내면이 너무 허약함으로, 쉽게 두려움을 느끼게 되고, 아무것도 하지 못하는 허약한 종교인이 됩니다. 우리가 진정 두려워해야 할 것은 바로 이러한 두려움입니다. 물질이나 건강이 없음으로 인한 두려움이 아니라, 우리의 마음에 하나님의 사랑이 없음을 두려워해야 합니다. 하나님의 사랑만 마음에 채워져 있으면 넉넉히 세상을 이길 수 있습니다. 이를 위해서 성령님이 오셔서 우리 마음에 하나님의 사랑을 부어주십니다(롬5:5). 이것이 바로 내적치유입니다. 내적치유와 함께 하나님의 사랑으로 내면이 채워지고, 풍성한 삶이 시작되는 것입니다.

둘째, 자신과의 관계에 미치는 영향. 저는 다른 사람과 비교하여 몸이 약한 이유는 상처 때문이라고 합니다. 예수를 믿고 성령으로 거듭난 크리스천은 내면에서 나오는 영의 능력이 강해야 육체와 이성을 장악하게 되어 영-혼-육이 강건해지는 것입니다. 영에서 나오는 능력으로 세상을 살아가는 것입니다. 상처가 있으면 영의활동이 활성화되지 못하여 내면이 부실해집니다. 내면이 부실하기 때문에 다른 사람에 비하여 스트레스를 많이 받게 됩니다. 스트레스를 많이 받으면 체력소모가 많습니다. 체력소모가 많으면 인체의 각 기관이 정상적인 기능을 발휘하지 못합니다. 그래서 영육의 병 치례를 많이 하는 것입니다. 이를 치유하기 위하여 한약을 먹고, 병원 약을 먹어도 치유되지 못합니다. 반드시 말씀과 성령의 역사로 상처를 치유하고 영저치유를 받아야 건강하게 지낼 수 있습니다.

상처가 많으면 자기 자신을 이겨내지 못합니다. 자기 자신을 심하게 비하시키거나, 무가치하게 여기게 됩니다. 또는 자신에 대하여 거부감, 증오감, 혐오감, 용서 못함, 열등감을 가지거나, 반대로 극도의 자기사랑, 이기주의, 배타주의를 가지게 되기도 합니다. 심한 우울증이나 의존감을 가지기도 합니다. 이러한 것은 성장기의 상처로 인하여 자기도 모르게 자신의 가치를 잘못 평가한 것입니다. 부모가 어릴 적에 자신을 그렇게 대했기 때문입니다. 예수를 믿은 크리스천은 새로운 아버지, 참 아버지를 가집니다. 그러므로 하나님 아버지에게서 새롭게 자신의 가치에 대하여 배워야 합니다. 마귀는 어릴 적 부모로부터 들은 "너는 왜 이렇게 못하느냐. 너는 못난 놈이다"라는 책망의 말을 자꾸 반복하여 내 마음에 들려줍니다. 참 사랑의 하나님 아버지는 우리가 실수하더라도 책망보다는 새롭게 나서도록 늘 위로와 용기와 격려를 주시는 분입니다. "너는 할 수 있다. 한번 다시 해보자"고 하시는 분입니다.

이러한 내면의 소리를 들어야합니다. 어릴 적 상처의 기억에서 되풀이 되는 사단의 비난의 말이 아니라, 내면에서 새롭게 울려나오는 위로하시는 하나님의 소리를 듣게 하는 것이 바로 내적치유입니다. 기억이나 감정에서 나오는 소리는 육신과 이성과 감정에서 나오는 것입니다. 하나님의 말씀은 이보다 더 깊은 안에서 조용히 울려나옵니다. 이 위로의 소리를 들어야 합니다. 책망하고 비난하고 좌절하게 하는 소리가 들려오더라도 이 소리를 붙잡지 말고 안에서 울리는 위로의 소리를 붙잡고, '하나님, 도와주세요' 라고 외치며 나서야 합니다.

상처에 기억되어 있는 두려움, 아픔을 기본으로 하여 삶을 살아가서는 안 됩니다. 새롭게 마음으로부터 솟아오르는 하나님의 힘, 하나님의 생명력을 기본으로 하여 삶을 살아가야 합니다. 상처에서 올라오는 것들을 **빼내어** 버리고, 깊은 곳에서 들려오는 하나님 아버지의 위로와 격려의 소리를 듣는 훈련을 하세요. 하나님이 깊은 속에서 밀어 올려 주시는 생명력을 부여잡는 훈련을 하세요. 그리고 자기를 건전하게 사랑하는 자가 되어야 합니다. 자기를 건전하게 사랑하는 자는 승리, 발전할 수 있고, 이러한 사람은 하나님의 도움을 누리게 됩니다.

셋째, 타인과의 관계에 미치는 영향. 자기를 무가치하게 여기는 사람은 남도 무가치하게 여깁니다. 하나님의 말씀의 총 강령(마22:37-40)은 하나님을 사랑해야 자신을 진정으로 사랑할 수 있고, 자신을 건전하게 사랑해야 다른 사람도 제대로 사랑할 수 있다는 것입니다. 부부관계, 사회의 모든 인간관계에서 나타나는 모든 문제들 즉 반사회적이고 적대시함, 시기와 질투와 분쟁, 고압적 지배와 피지배적 근성, 믿지 못함, 불쾌하게 함과 같은 것들은 모두 하나님과 나, 그리고 이웃에 대한 수직적 관계의 개념에서 파생되는 것입니다. 위에서부터 내리 누르는 수직적 사회에서 생깁니다.

하나님은 우리를 그렇게 대하지 않으십니다. 내리 누르고 억압하시는 분이 아닙니다. 묶어놓고 뿌리시는 분이 아닙니다. 예수님은 제자들과 같이 걸어 다니시고, 인정하시고, 사랑하셨습니다. 수평적으로 대하셨습니다. 모든 사람을 끌어안고 용납하셨습니다. 그런데 세상은 그렇지 않습니다. 모든 것을 수직적으로 생각합니다. 경쟁합니다. 누르고 눌립니다. 억압하고 지배하고 지배당합니다. 교회에서조차 그렇습니다. 세상에서 일어나는 일들이 교회 안에서도 똑같이 일어납니다.

성도들은 그렇게 하면 안 됩니다. 우리는 우리 안에 거하시는 하나님과 함께 새로운 삶을 만들어야 합니다. 수평적 삶을 만들고, 수평적 사회, 사랑의 사회를 만들 수 있습니다. 그럴 수 있는 능력이 있습니다. 크리스천이 되고, 풍성한 삶을 누린다는 것은 이러한 관계를 새롭게 창조해나가는 삶을 살아간다는 것입니다. 나를 변화시키고, 이웃을 변화시키는 것입니다. 이것이 내적치유입니다. 사람들은 많은 칭찬은 쉽게 잊어버리는 반면에 단 한마디의 상처를 주는 비평은 잊지 않고 기억합니다. 자신이 행한 일보다는 자신의 인간성에 대한 긍정적, 또는 부정적 말을 훨씬 더 깊게 받아드립니다. 인간성을 깎아 내리는 말은 자존감에 심각한 영향을 줍니다.

사람들은 상처를 당할 때에 자기의 감정을 억누르고 상처를 빨리 싸매어 버리기 때문에 아무도 눈치 채지 못합니다. 그러나 그 상처는 소독을 하지 않았기 때문에 곪게 되고, 시간이 흐르면 싸맨 곳을 통하여 고름이 새어나오기 시작합니다.

이것이 오래 전의 상처가 현재 삶에 영향을 미치는 것입니다. 상처를 받지 않고 살 수는 없지만, 치유는 하면서 살 수 있습니다. 상처는 일단 받으면 다른 사람에게 상처를 주게 되어있습니다. 상처의 악순환, 빈곤한 삶의 악순환입니다.

상처를 받지 않을 수는 없지만, 상처를 치유할 수는 있습니다. 상처를 치유해야 이 악순환에서 벗어날 수 있게 됩니다. 상처권에서 벗어날 수 있게 됩니다. 드디어 풍성한 삶으로 나아갈 수 있게 됩니다. 상처가 별로 나에게 영향을 주지 않게 되고, 남에게도 상처를 주지 않는 부드러운 성품이 되며, 상처가 주는 감정에 휩쓸리지 않는 든든한 삶을 살게 됩니다.

말씀과 성령으로 자신의 무의식과 잠재의식에 있는 상처를 찾아서 의식수준으로 가지고 나와서 치유하여 배출해야 합니다. 자꾸 심령에서 성령의 역사를 일으키면 상처는 치유되게 되어 있습니다. 그러므로 상처치유에만 치중하지 말고 성령으로 충만한 임재 상태에 들어가도록 노력해야 합니다.

12장 상처가 발생하는 원인을 깨달으라.

(히 5:12-14) "때가 오래 되었으므로 너희가 마땅히 선생이 되었을 터인데 너희가 다시 하나님의 말씀의 초보에 대하여 누구에게서 가르침을 받아야 할 처지이니 단단한 음식은 못 먹고 젖이나 먹어야 할 자가 되었도다. 이는 젖을 먹는 자마다 어린 아이니 의의 말씀을 경험하지 못한 자요. 단단한 음식은 장성한 자의 것이니 그들은 지각을 사용함으로 연단을 받아 선악을 분별하는 자들이니라"

사람이 살아가면서 사고를 당하면 육체에 상처가 생기는 것처럼 마음도 외부의 충격을 받으면 상처를 입게 됩니다. 사실 웬만한 육체의 상처는 치료를 통해 대부분 완치되지만, 눈으로 볼 수 없는 마음의 상처는 좀처럼 치유되지 않은 채 일생동안 한 사람의 삶을 좌지우지하면서 괴롭힙니다. 그렇다면 이 마음의 상처는 어떻게 생겨날까요? 인류의 조상인 아담과 하와가 범죄 하기 전에는 하나님으로부터 사랑을 받았고 그들의 가치도 존중받았으며 에덴동산을 관리하는 일을 통해 성취감을 맛보며 살았습니다. 이 세 가지 기본욕구가 다 충족되었기에 그들에게는 상처가 생겨날 소지가 아예 없었습니다. 그러나 그들이 하나님의 말씀에 순종하지 않고 범죄 한 후 하나님과의 관계가 끊기면서 하나님으로부터 사랑받고 존중받고 성취감을 느낄 수 있는 길이 막혀버렸습니다. 아담이 하나님의 말씀을 순종하지 않음으로 인하여 죄인이 되어 상처를 주고받으면서 살아가게 된 것입니다. 이것이 하나님을 떠난 우리의 죄인 된 모습인 것입니다. 우리 모두가 죄인의 신분이 되었지만 그래도 사랑받고 싶은 욕구는 마음속에 그대로 남아 있었습니다. 그래서 사람들은 하나님의 사랑 대신 다른 사람의 사랑에 목말라하면서 부모의 사랑, 형제, 친구의 사랑, 남편과 아내의 사랑을 갈구합니다. 하나님의 사랑을 받지 못하여 마음이 공허해지니 공허감을 해소하기 위하여 사람에게 사랑을 받으려고 하는 것입니다. 그렇지만 사람에게 사랑을 받아도 만족을 누리지 못하는 것입니다. 사람은 사람에게 만족을 줄 수가 없습니다. 그래서 사람들이 세상을 살아가면서 상처가 생기는 것입니다. 사랑을 받지 못해서 생기는 상처입니다. 사람들은 서로 사랑을 받으려고 하는 이기심을 따라 살면서, 자기가 가장 높아지고 가장 많은 것을 소유하려는 사람들입니다. 그러니 그들로부터 하나님을 닮은 무조건적인 사랑을 받는다는 것은 불가능한 일이 되어버렸습니다. 이처럼 자기를 낳아준 부모로부터도 사랑과 존중히 여김을 받지 못하고 어떤 때는 학대까지 받게 되다보니, 이것이 상처가 되어 열등감과 두려움, 예민함과 수줍음 또는 오만하고 비판적이고 부정적인 성품으로 변해버렸습니다. 그래서 다른 사람들과의 정상적인 관계를 파괴시킵니다. 혹시 책을 읽는 자신도 이 같은 상처를 지니고 있지나 않으신지요? 치유의 길은 상처에 대한 올바른 인식에서부터 시작됩니다. 대부분의 사람들은 자신이야말로 다른 사람으로부터 상처받은 피해자라고 생각합니다. 그래서 자신의 상처가 치유되는 길은 상처를 주었다고 생각하는 바로 그 사람에게 달려있다는 생각에 집착합니다. 이것이 상처의 치유가 어려운 이유입니다. 오늘부터는 자신의 모든 상처가 하나님을 떠난 자신의 죄 된 본성인 이기심이 불러들인 것이고, 그 치유도 죄에 대한 회개로부터 시작된다는 사실을 먼저 받아들였으면 합니다. 거기에서 치유가 시작되기 때문입니다.

하나님은 생명의 말씀과 성령으로 치유되어 우리의 영-혼-육 모든 부분이 온전하기를 원하십니다. 가정의 화평함, 좋은 인간관계, 사회에서의 밝은 삶을 살기를 원하십니다. 내적 치유는 이러한 하나님의 관심에 가장 가까운 치유입니다. 인간의 지체는 영-혼-육이 서로 밀접한 관계를 가집니다. 눈으로 보이는 부분의 상처만을 치유함으로 온전한 치유가 되지는 않습니다. 원인이 되는 더 깊은 곳, 다른 부분까지도 치유해야 되는 것입니다.

그러므로 생명의 말씀과 성령으로 하는 내적 치유는 하나님의 뜻에 가장 가까운 치유입니다. 영적존재인 인간은 같은 영적인 존재인 하나님과 이웃과의 관계성을 가지고 사는 존재입니다. 그런데 많은 사람들이 이 관계성이 잘되어 있지 않음으로 내적으로 문제를 가지게 됩니다. 인간이 갖고 있는 신체, 심리적인 질병중 대다수가 상한 감정이나 영적인 문제와 긴밀한 관계를 가지고 있기 때문에 내적 치유는 이런 영역들을 중점적으로 다룹니다. 내적 치유는 사람들에게 상처가 된 문제들이 하나님의 능력으로 치유되기를 구하는 것입니다.

어릴 때 유난히 잘 넘어져서 상처를 입는 사람들이 있습니다. 그런데 상처도 이렇게 잘 받는 사람이 있다는 것입니다. 다른 사람은 아무 일도 아닌 것을 자신은 상처가 되는 경우가 있습니다. 자신의 영이 약하기 때문입니다. 모든 것이 자신이 문제입니다. 이렇게 우리는 이 세상을 살면서 작거나 크거나 많은 상처를 접하게 됩니다. 몸의 상처뿐만 아니라 마음의 상처도 마찬가지입니다.

상처를 히브리어로 '라짜즈'라고 합니다. 그 뜻은 "산산 조각나다. 깨뜨리다. 타박상을 입히다. 눌러 부수다. 낙담 시키다." 입니다. 헬라어로 사용되는 상처는 '블랍토' 입니다. 그 뜻은 "방해하다. 해롭게 하다." 입니다. 두 단어의 뜻만으로도 상처를 주는 것은 남을 해롭게 하고 낙심시키고 산산 조각나게 하고 방해하는 행위라는 것을 알 수 있습니다.

그렇습니다. 마음의 상처란 마음이 깨트려진 상태를 가리킵니다. '우울하고 슬픈 감정'을 가리킵니다. 우리가 살다보면 그런 때를 만날 때가 있습니다. 이 '상처'는 누구나 갖게 되는 '경험'입니다. 가시 돋친 말이 마음에 상처가 될 때가 있습니다. '배신'당했을 때 마음의 상처가 큽니다. 억울한 누명을 쓰게 될 때에도 견디기 어렵습니다. 상처는 대부분 가까운 사람들로부터 받게 마련입니다. 함께 있는 사람들, 늘 만나고, 교제하고 접촉하는 사람으로부터 상처를 받게 됩니다. 그래서 남편에게도 상처가 있고 아내에게도 상처가 있습니다. 부모에게도 상처가 있고 자식에게도 상처가 있습니다. 사업하는 사람은 사업하는 사람대로 상처가 있고, 직장 생활 하는 사람은 직장 생활하는 사람대로 상처가 있습니다. 다만 그 상처가 밖으로 드러나지 않아서 잘 모르고 있을 뿐 입니다. 오늘날 대다수의 사람들이 웃음을 잃고 살아가고 있습니다. 거기에는 분명 이유가 있습니다. 경제의 어려움이나 실패 그리고 아픔과 삶의 고달픔 등의 원인들이 모두 웃음을 상실하게 만드는 요인들로 작용합니다. 그런데 근본적으로 들어가 보면 마음의 상처들이 더 큰 요인이라는 것을 알 수 있습니다. 즉 관계의 악화에서 기인되는 요인들이 더 클 수 있습니다. 관계의 원만함은 그런 요인들을 얼마든지 상쇄하고 극복하며 더 행복하게 나아갈 수 있게 합니다. 문제는 관계가 악화되면 궁궐 같은 집안에서도 지옥과 같이 살아갈 수밖에 없습니다. 현대인은 눈만 뜨면 많은 사람들과 관계하며 살아갑니다. 그 관계에서 불가불 많은 상처들을 받게 되고 그 상한 마음들이 마침내 웃음을 잃게 만듭니다.

사실 우리가 살다보면 마음의 상처를 받고 괴로워 할 때가 많습니다. 어떤 때는 육신의 상처보다 마음의 상처가 우리를 더 고통스럽게 합니다. 육신의 상처는 의술이나 약물에 의해 치료가 될 수가 있으나, 마음의 상처는 쉽게 치료되지 않기 때문입니다. 이유는 무의식 잠재의식에 잠겨있기 때문입니다. 반드시 성령의 역사가 마음 안에서 일어나야 잠재의식의 상처가 치유되는 것입니다. 더구나 최근에는 마음의 상처나 억압된 감정이 육체의 건강을 지배하고 있음을 많은 연구를 통해서 증명하고 있습니다. 에머슨(Emerson)이라는 부인은 평소에 매우 건강했습니다. 그런데 어느 날 사랑하는 딸이 교통사고로 죽게 되자 엄청난 마음의 상처를 받았습니다. 그 고통에서 벗어나지 못하더니 1년 만에 유방암으로 세상을 떠나고 말았습니다. 마음의 상처가 그녀를 병들게 한 것입니다. 또 어떤 분은 평소에 건장한 몸매로 남의 부러움을 받을 만큼 강건한 분이었는데 아들이 방탕 하는 모습을 보고 고민을 많이 하더니 어느 날 심장마비로 세상을 떠나고 말았습니다. 이렇게 마음의 상처는 육체의 건강마저도 무너뜨리는 경우가 많습니다. 마음의 상처들이 성인병의 원인이 되는 것입니다. 치매와 뇌졸중의 원인이 되기도 합니다.

우리의 마음은 상처를 입으면 그 행위와 태도 속에서 그 상처를 틀림없이 표현하게 되어 있습니다. 그래서 어린 나이에 어쩌다가 마음의 상처를 가지고 성장한 사람은 자기도 모르는 사이에 거친 언어들이 되고 맙니다. 혹 우리에게 마음의 상처가 있다면 하나님께만 호소하시기를 바랍니다. 누군가에게 속상한 일이 있거나, 따질 일이 있을 때, 자칫 잘못하면 실수합니다. 화가 가라앉지 않은 상태에서 말하면 실수하기 쉽습니다. 속상하고 화나는 일을 하나님께 호소하면 한결 마음이 평안해집니다.

성경에는 마음의 상처를 주는 용어에 대한 단어가 나옵니다. 즉 '쓴 뿌리"라는 것인데 '쓴 뿌리' 에 해당하는 '리자 피크리아스' 란 문자적으로 '독한 뿌리', 또는 '악독한 뿌리'라는 의미입니다. 이것은 쓰고 독한 열매를 맺어서 주변에 있는 사람들에게 막대한 해를 끼치는 사람을 비유적으로 표현하는 말입니다(옥스퍼드원어사전). 예나 오늘이나 변함없이 우리 주변에서 나에게 상처를 주는 사람이 있다는 사실을 발견하면서 상처가 되었을 때 하나님의 방법으로 해결할 수 있기를 바랍니다.

바르게 알아야 할 것은 육신의 문제, 가정의 문제, 사회의 문제, 밖으로 표현되는 이 세상의 모든 문제는 그 근원이 인간성품의 문제, 잠재의식의 상처로 기인한 문제입니다. 이것은 또 죄의 문제입니다. 즉 모든 문제는 죄로부터 생기는 것입니다. 죄로 말미암아 상처를 받고, 죄의식이 자신에게도 상처를 주게 되는 것입니다. 그리고 이러한 상처가 모든 아픔의 근원이 됩니다.

상처가 있는 곳에는 마귀가 모이게 되어 있습니다. 마귀는 우리의 상처를 그냥 두지 않습니다. 자꾸 와서 건드립니다. 피와 고름이 흐르게 만듭니다. 마귀는 상처에서 나오는 피와 고름을 먹고 사는 존재입니다. 나쁜 병균과 같은 것입니다. 그렇기 때문에 상처를 치유하고 상처에 붙어서 역사하는 악한 존재들을 성령으로 몰아내야 합니다. 그래야 근본적인 치유가 되는 것입니다.

그러므로 밖으로 표현되는 문제를 해결하기 위해 그 근원이 되는 죄의 문제, 상처의 문제를 먼저 해결하려는 것이 바로 내적 치유이고, 예수의 구속사역이고, 성령의 치유의 역사입니다. 죄사함과 회개와 속죄가 모든 문제의 해결의 알파와 오메가입니다.

하나님은 우리에게 은혜, 치유, 사랑을 쏟아 붓기를 원하시는 분입니다. 그런데 상처투성이인 우리는 그것을 받아들이지 못하는 것입니다. 예수를 받아들이지 못하는 것은 즉 하나님의 사랑을 받아들이지 못하는 것이요, 이것은 즉 하나님이 우리 마음에 쏟아 붓는 사랑을 받아들이지 못하는 것이고, 그 이유는 마음에 상처를 받았기 때문입니다. 상처가 하나님의 은혜를 거부하는 것입니다. 십자가의 보혈은 이 마음의 상처를 치유하는 사랑의 묘약입니다. 오직 하나님의 사랑만이 이러한 상처를 치유하실 수 있습니다.

첫째, 마음에 상처를 받는 경로. 상처는 시대의 문화, 역사의 배경, 자라난 가정환경, 부모, 형제, 친지, 본인의 실수, 부주의, 죄로 인하여 받습니다. 상처는 사람과의 관계에서 발생하는 것입니다. 혼자 살면 상처를 받을 이유가 없는 것입니다. 하나님은 우리가 세상에서 사람들과 부딪치면서 영성을 관리하기를 원하십니다. 사람은 혼자 살지 못합니다. 가정도 부부가 있어야 가정이 됩니다. 그런데 가정은 사랑을 주기도 하지만, 상처도 주는 곳입니다. 자신의 마음의 상태에 따라 상처를 주기도하고 받기도 하는 것입니다. 사람이 살아가는 모든 장소에는 상처가 있습니다. 왜냐하면 사람이 세상을 살아가는 것이 상처이기 때문입니다. 눈에는 보이지 않지만 세상은 악한 자에 처했기 때문에 예를 믿는 의인들이 살아가는 것이 상처인 것입니다. "또 아는 것은 우리는 하나님께 속하고 온 세상은 악한 자 안에 처한 것이며(요일 5:19)" 그래서 하나님은 "주 안에서 항상 기뻐하라 내가 다시 말하노니 기뻐하라(빌 4:4)" 말씀하시는 것입니다. 이는 하나님의 마음으로 마음을 채워놓으라는 것입니다. 그러면 상처가 침입을 하지 못하기 때문입니다. 성경 말씀은 모두 우리를 위해서 주신 말씀입니다.

우리가 죄악으로 가득한 이 세상에 태어났다는 사실 그 자체로서 입게 됩니다. 역사, 문화, 시대적 배경이 사람에게 상처를 줍니다. 성장과정, 사회생활, 가족관계에서 상처를 입습니다. 심지어 전혀 모르는 사람에게서도 의도적이든 아니든 상처를 입을 수 있습니다. 도덕적, 윤리적이지 못한 부모들 밑에서 자라거나, 심리적 또는 육체적 학대를 받으면서 자랄 때 상처를 입습니다. 부모,

학교, 군대생활에서 많은 상처를 입습니다. 어디서든지 사람들이 있는 곳에는 상처가 있습니다. 자기 자신이 범한 개인적인 죄의 결과로 상처를 입습니다. 간음, 마약, 알코올중독, 습관성 죄, 미움, 분노, 혈기 등이 여기에 해당합니다.

둘째, 상처의 원인. 성인이 되고 나서의 가장 큰 상처의 원인은 배우자와 자녀의 문제입니다. 배우자와의 사별, 이혼, 직장에서의 해고, 파산, 건강 등의 개인적인 문제가 자신의 수용능력을 넘을 때 상처를 입습니다. 자신의 영혼의 능력과 육체의 능력으로 감당하지 못하면 상처가 되는 것입니다. 그래서 하나님은 "항상 기뻐하라. 쉬지 말고 기도하라. 범사에 감사하라 이것이 그리스도 예수 안에서 너희를 향하신 하나님의 뜻이니라(살전 5:16-18)" 명령하시는 것입니다. 자신의 목표가 빈번하게 실패하면 스스로를 경멸하게 됩니다. 또 그 이유가 외부환경이나 타인일 경우 타인과 사회에 대하여 원망, 분노, 적대감과 같은 반사회적인 인격을 가지게 됩니다. 힘에 겨운 일이 한꺼번에 닥쳤을 때 상처를 입게 됩니다. 충격으로 영에서 문제가 발생하여 혼으로 육으로 진전되는 것입니다. 계속하여 두려워해야 하는 사건의 연속(입시, 직장의 경쟁관계 등) 될 때 상처를 입게 됩니다. 크리스천들은 평소에 내면관리를 잘하여 상처로부터 자신을 보호해야 합니다.

자신의 양심을 넘어서는 행위를 했을 때 느끼는 죄책감이 장기화 될 때 상처를 입은 것입니다. 이런 경우를 당했다면 좀 더 빨리 생명의 말씀과 성령으로 기도하여 무의식을 정화해야 합니다. 기도의 제목이 응답되지 않을 경우 하나님에게 불신의 감정이 생깁니다. 기도는 성령으로 하라고 하셨는데 인간적인 욕심이나 생각으로 기도하니 응답이 될 이유가 없는 것입니다. 깊게 생각해보면 자신에게 문제가 있었는데 죄 없는 하나님께 원망하면서 상처를 입는 것입니다. 필자가 그동안 성령치유 사역을 하면서 여러 사람들을 치유하면서 체험한 바로는 자신의 과실로 상처를 입게 되는 것이 다반사라는 것입니다.

특별하게 유년시기에 상처를 많이 당합니다. 유년시절은 가장 많은 상처를 받게 되고, 이 때 받은 상처는 평생의 상처로 의식, 무의식에 남게 되어 좋지 않은 성격을 형성합니다. 부모의 무관심, 오랜 기간 스트레스를 받는 부정적인 환경 속에서 지내는 경우, 가정의 잦은 불화, 심한 잔소리, 엄한 권위 밑에서 무섭게 양육 받는 것, 잔혹한 형태의 압박을 받을 때 상처를 입게 되는 것입니다. 부모로부터의 잦은 거절. 유아기는 자기중심적이므로, 받지 못한 것에 대하여 심각하게 생각하고 상처를 입습니다. 열 가지를 잘해주다가 한 가지 해주지 않으면 그것이 상처가 된다는 것입니다. 꽁하고 마음에 응어리를 품는 다는 말입니다.

유아기의 심한 질병을 앓았을 경우 상처를 입게 됩니다. 이런 분들이 내적치유 집회에 참석하여 성령의 임재가 깊어지면 꽁꽁 앓는 소리를 하면서 고통을 당하다가 치유가 됩니다. 유아기에 부모를 잃게 되는 경우에 상처가 깊게 자리하고 있습니다. 어른이 되어서 우울증이나 정신적인 질병으로 고생하기도 합니다. 특별하게 17살(고1) 때 많이 발생합니다.

형제, 친지의 죽음을 목격한 경우에 충격이 무의식에 자리하고 있는 경우가 많습니다. 미리 치유하는 것이 좋습니다. 우리 성도들의 의식이 문제가 발생한 다음에 치유를 받으려고 합니다. 미리 예방을 하는 것이 좋습니다.

새로운 사회와 새로운 인간관계가 맺어질 때. 전학, 상급학교 진학, 결혼, 이민 등. 모든 어려움은 뒤집으면 축복의 조건이 된다는 사실을 기억하십시오. 모든 사건에는 생명과 사망, 복과 저주가 같이 내재되어 있습니다. 문제는 우리의 선택입니다. 인생은 우리의 선택과 하나님의 은혜로 작품을 만들어가는 것입니다. 하나님은 밝은 것을 선택하려고 몸부림치는 사람과 함께 하셔서 밝은 인생을 작품으로 만들어 가십니다. 어둠이 있으므로 오히려 하나님의 더 큰 은총을 받을 수 있어야 합니다. 과거는 어두워도 그것을 밝게 만드세요. 이러한 과거를 주신 하나님에게 감사하십시오. 이러한 자세를 가진 사람에게 하나님이 함께 하십니다.

부모의 이혼했을 경우 충격으로 상처가 깊게 형성되어 있습니다. 많은 분들이 부모와 같은 인생을 살게 되는 경우가 많습니다. 이는 상처 때문에 일어나는 현상입니다. 이를 알고 미리 치유를 받으라는 것입니다. 상처 뒤에는 살아있는 악한 존재가 있기 때문입니다.

아이들의 공통적 욕구 3가지는 이렇습니다. 첫째로 사랑에 대한 욕구입니다. 인간은 사랑을 받고, 사랑을 하며, 사랑을 나누기 위하여 태어난 존재입니다. 특히 유아기에는 부모의 사랑과 관심이 중요합니다. 사랑을 받지 못하여 형성된 상처가 의외로 많습니다. 둘째로 자기의 가치, 존재에 대한 인정을 받으려는 욕구입니다. 셋째로 지식에 대한 욕구입니다. 이런 욕구가 충족되지 못했을 때 상처가 되는 것입니다. 성령의 임재가운데 찾아서 스스로 해결해야 합니다.

셋째, 성장기의 사건과 현재와의 관계. 성장기의 사건은 결코 사라지지 않고 현재에 영향을 미칩니다. 시간을 초월하시는 성령님의 도우심으로 성장기의 좋지 못한 사건을 생명의 말씀과 성령의 역사로 좋은 영향을 미치는 사건으로 바꾸는 것(사건자체가 아니라, 사건의 영향을)이 내적 치유입니다. 인간의 자아, 이미지, 성격, 사고, 선입관, 고정관념은 대부분 유아기에 기초적으로 형성됩니다. 이러한 기초 위에 교육, 환경, 외부의 영향이 쌓여집니다.

부모, 관계된 사람으로부터 받은 상처, 칭찬의 말, 훈계, 위로, 모욕, 거부가 자신도 모르는 사이에 상처 또는 힘으로 무의식에 기억되어집니다. 부모의 관심, 사랑, 따뜻한 보호가운데서 자라난 사람은 올바른 가치관, 건강한 자아와 정신, 가치관의 삶을 살게 됩니다. 성령님은 이런 상처에 하나님의 은혜를 채워서 상처를 영원히 해결하게 하십니다.

하나님은 우리에게 은혜, 치유, 사랑을 쏟아 붓기를 원하시는 분입니다. 그런데 상처투성이인 우리는 그것을 받아들이지 못하는 것입니다. 예수를 받아들이지 못하는 것은 즉 하나님의 사랑을 받아들이지 못하는 것이요, 이것은 즉 하나님이 우리 마음에 쏟아 붓는 사랑을 받아들이지 못하는 것이고, 그 이유는 마음에 상처를 받았기 때문입니다. 상처가 하나님의 은혜를 거부하는 것입니다. 십자가의 보혈은 이 마음의 상처를 치유하는 사랑의 묘

약입니다. 오직 하나님의 사랑만이 이러한 상처를 치유하실 수 있습니다. 내적 치유는 어떤 심리학적 원리나 치유기술을 성경에 접목시켜 치유하는 방법이 아닙니다. 분위기, 감정도취로 인한 일시적이고 표면적인 감정의 변화가 아닙니다. 인간의 가장 깊은 곳으로부터 치유하는 성령의 역사에 의한 영적 치유이며, 이것은 성품의 변화로 나타납니다.

일회적인 기도에 의한 신유체험, 감정적 체험으로 울음이나 기쁨이나 마음에 평화가 임함으로 해결되는 분야가 아닙니다. 내적 치유는 한두 번으로 끝낼 정도의 낮은 부분을 다루는 것이 아닙니다. 지속적으로 해야만 치유되는 깊은 부분(잠재의식)을 다루는 것입니다. 내적 치유는 평생을 두고 계속되어야 합니다.

너무 급하게 모든 것을 끝내려는 욕심, 한두 번에 모든 것을 치유하려는 욕심을 버려야 합니다. 기대는 많이 하나 욕심은 버려야 합니다. 살아 있는 한 호흡을 끝내지 않는 것처럼, 식사를 끝내지 않는 것처럼 내적 치유를 계속하는 개념을 가져야합니다. 하나님은 고린도후서 6장 1-2절에서 "우리가 하나님과 함께 일하는 자로서 너희를 권하노니 하나님의 은혜를 헛되이 받지 말라. 가라사대 내가 은혜 베풀 때에 너를 듣고 구원의 날에 너를 도왔다 하셨으니 보라 지금은 은혜 받을만한 때요 보라 지금은 구원의 날이로다" 말씀하십니다.

내적 치유는 하나님의 은혜입니다. 하나님의 은혜는 받는 것보다, 잘 활용하고, 관리하고 열매를 맺는 것이 중요합니다. 하나님께서는 그런 사람에게 더 큰 은혜를 주신다. 중요한 것은 이제 시작된 내적 치유를 귀하게 여기고 지속하는 것입니다. 가꾸고 키우는 것입니다. 그러면 하나님의 은혜는 흘러넘치게 더 흘러 들어옵니다. 하나님의 은혜를 귀하게 여기는 자에게 은혜를 더 주십니다. 있는 자에게 더 주시고, 아끼고 귀하게 여기는 자에게 더 주십니다. 받은 은혜를 생명처럼 여기는 사람에게 하나님께서도 자신의 생명처럼 귀하게 여기시고 더 은혜를 쏟아주십니다.

내적 치유는 신체의 질병의 치유, 귀신을 쫓아내는 축사사역과 다르며, 무조건 성령 충만하거나 기도를 많이 한다고 되지 않는 사역입니다. 내적 치유는 육체적 질병의 치유보다 깊고, 축사사역도 포함되나, 보다 인격적인 사역이고, 부드럽고 따뜻한 사역입니다. 거칠고, 권위를 세우고, 힘주는 자세로는 내적치유 사역을 할 수 없습니다. 또 부르짖기만 한다고 해서 되는 것도 아닙니다. 반드시 성령의 깊은 역사와 인도하심이 함께 해야 하는 사역입니다.

내적치유에 대한 영적인 원리를 알고, 능력을 가지고, 방법을 알고 사역해야하나, 그것만으로도 안 되는 사역입니다. 기본보다 기술에 치우치는 자세로는 안 되는 사역입니다. 성령님과 인격적인 관계가 열린 사역자가 하는 사역으로 기본이 되어야만 하는 사역입니다. 목사나 교회가 아니라 하나님과의 바른 관계가 기본이 되어야 하는 사역입니다. 누구에게 먼저 사역하기보다, 먼저 내가 치유 받아야 하는 사역입니다. 성령님과 인격적인 관계가 열린 사람이 할 수 있는 사역입니다.

내면세계에 대하여 알고 싶은 분은 **"예수 믿어도 건강치못한 원인과 치유"** 책을 이용하시기를 바랍니다.

13장 스트레스와 상처가 영성에 미치는 영향

(왕상 19:4)"자기 자신은 광야로 들어가 하룻길쯤 가서 한 로뎀 나무 아래에 앉아서 자기가 죽기를 원하여 이르되 여호와여 넉넉하오니 지금 내 생명을 거두시옵소서 나는 내 조상들보다 낫지 못하니이다 하고"

내적치유와 축귀능력을 받으려면 스트레스를 바로 알아야 합니다. 스트레스가 만병의 근원이기 때문입니다. 오늘 인간이 당하는 치명적인 병 즉 각종 암, 뇌졸중, 심근경색 가지가지 소화기관의 병들이 스트레스에 의한 것이라고 의사들은 말합니다. 우리들이 앓는 병의 70% 이상이 스트레스로 말미암아 생긴다고 합니다. 그런데 우리는 성경을 읽어보면 스트레스에 걸려 암 등 다양한 병에 걸려 죽은 사람을 한 사람도 볼 수가 없습니다. 희한하게 성경에 족보를 읽어보면 다 운명대로 살았었습니다. "스트레스"란 말은 한 물체에 가해지는 압력이나 물리적 힘을 가리키는 의미로 원래 물리학에서 처음 사용되었습니다. 우리나라의 한 연구에 의하면 내과 계 입원환자의 약 71%가 스트레스로 인해 발병하거나 악화되는 질환을 가지고 있다고 말합니다. 스트레스는 신경내분비계의 변화를 일으키고, 자율신경계의 이상, 면역력 저하 등을 일으켜 대부분 나쁜 질환에 영향을 미친다고 합니다. 스트레스가 계속 쌓이면 사람들은 우선 피로감이나 불면증이나 수면과다, 식욕저하 등 두통, 가슴 답답함 등의 신체 증상을 나타냅니다. 또한 불안, 우울, 짜증, 집중력 저하, 의욕 저하와 같은 정신적인 증상들이 나타나 이러한 현상이 심해지면 사회생활에 적지 않은 지장을 받게 되는 것입니다. 이처럼 오늘날 인간이 당하는 치명적인 병들은 거의 대부분이 스트레스에 의한 것입니다. 그러나 성경에는 스트레스로 인해 가지각색의 병에 걸려 죽었다는 기록을 찾아 볼 수가 없습니다. 제가 스트레스에 관한 말씀을 정리하려고 성경에 스트레스로 모범적으로 죽은 우리 선조가 있는가, 아무리 찾아봐도 다 자기명대로 살았지 스트레스에 걸려 병들어 죽은 사람이 아무 것도 없었습니다. "암에 걸렸다. 관절염에 걸렸다. 폐병에 걸렸다." 병에 걸려서 죽은 사람이 한분도 없습니다. 그러니 성경에 있는 우리 조상들은 새 스트레스를 받지 않았다는 것을 말하는 것입니다.

분명하게 스트레스는 무섭습니다. 아무개 여 집사님의 경우입니다. 이분이 분당 ○○○교회에서 믿음생활을 아주 열심히 했습니다. 교회의 여러 성도들이 보이는 열심을 보고 매년 11월 달에 있는 교회 일꾼 선거에서 여전도 회장으로 당선이 되었습니다. 이분이 이때부터 거의 교회에서 살다시피 하면서 화장실 청소다 현관청소다 봉사를 열심히 했습니다. 담임목사님이 계실 때는 더욱 열심히 했습니다. 이렇게 열심을 다한 것은 내심 담임목사님이 자신의 열심을 알아보고 칭찬을 받으려는 생각이었습니다. 그런데 1월이 가고, 2월이 지나도 담임목사님이 칭찬을 하시지 않는 것입니다. 그러자 서서히 담임목사님을 향한 원망으로 바뀐 것입니다. 돌아다니면서 담임목사님이 인정이 없다고 임방아를 쩔기 시작을 한 것입니다. 그러던 3월 어느 날밤 자고 일어났는데 허리가 돌아가 버린 것입니다. 졸지에 장애인이 된 것입니다. 제대로 걷지도 못하게 된 것입니다. 그래서 전라북도 삼례까지 가서 용하다는 장로님에게 허리를 치유하려고 했습니다. 치유가 되지를 않는 것입니다. 그런다가 소문을 듣고 충만한 교회에 왔습니다. 말씀을 전하고 기도시간에 안수를 하니까, 이분이 아주 서럽게 우는 것입니다. 그래서 "성령님! 이분이 왜 이렇게 서럽게 웁니까?" "어려서 인정받지 못한 서러움이다." 필자가 앞으로 불러내서 틀어진 골반을 맞추는 사역을 했습니다. 그러자 같이 온 권사님이 필자의 귀에다가 대고 "목사님! 하나님께서 치셨습니다. 하나님께서 고쳐주시지 않을 것입니다." 필자가 '왜요.' 그러자 이렇게 말하는 것입니다. "담임 목사님이 인정이 없다고 입방아를 찧고 다니니까, 하나님께서 치신 것입니다." 알았습니다. 하고 계속 안수를 했습니다. 그러자 골반이 서서히 정 위치로 돌아오고 정상으로 회복이 되었습니다. 이분이 골반이 뒤틀린 것은 담임목사님 인정 없다고 입방아를 찧고 다녀서가 아니고, 어려서 인정받지 못한 서러움이 있어서 여전도회장이 되어 담임목사님에게 인정을 받아보려고 열심을 냈으나, 인정해주지 않아서 자신의 잠재의식에 있는 상처가 스트레스가 지나치다가 보니 슬슬 넘쳐나서 허리 디스크에 쌓여있던 아드레나인이 지나치게 분비되어 생긴 것입니다. 이분이 평소에 성령으로 충만한 믿음 생활을 하여 잠재의식의 상처를 치유했어야 하는데 관념적인 믿음생활을 한 것입니다. 이와 같이 스트레스는 독이며 뼈도 틀어지게 하는 무서운 적입니다. 미리 성령으로 기도하여 내면을 강화하여 스트레스를 정화해야 합니다.

첫째, 왜 스트레스에 걸리는가? 왜 스트레스에 걸립니까? 그냥 살면 되었지 왜 스트레스는 왜 걸려요? 우리가 살면서 여러 가지 어려운 시련과 환난과 고통을 당합니다. 거기에 과도히 두려워하고 낙심할 때 그것이 우리에게 스트레스가 됩니다. 그러므로 예수님을 잘 믿고 기도를 많이 하는 사람은 상당히 스트레스를 견뎌낼 수 있습니다. 그러나 신앙이 없고 하나님을 의지하지 아니하면 인간의 힘으로는 받침의 힘이 약해서 무게가 누르면 찌부러지고 마는 것입니다.

욥기 3장 25절에 보면 욥이 환경에 시련을 겪어서 재산 다 잃어버리고 자식들 다 죽고 부인이 저주하고 집을 떠나고 자기는 전신에 몸에 병들었습니다. 그가 탄식하기를 "내가 두려워하는 그것이 내게 임하고 내가 무서워하는 그것이 내 몸에 미쳤구나" 그는 우연히 그 병에 걸린 것이 아니라 평소에 그런 병이 올까 굉장히 무서워하고 두려워했다는 것입니다. 정신적인 스트레스를 받고 있었다는 것입니다. 왜 그런 스트레스를 받았는지 알지 못하겠지만 벌써 욥은 그런 굉장한 스트레스를 받고 있었는데 그것이 자기 생활 속에 그대로 이루어졌다고 말한 것입니다. 문제의 심각성에 압도당하고 좌절하는 것입니다. 어떤 문제가 다가오면 그 심각성이 너무 크기 때문에 자기도 감당을 못합니다. 자기도 도저히 그 어려운 염려, 근심, 불안, 초조, 두려움, 절망을 감당하지 못하니 그로 말미암아 쓰러지는 것입니다. 뇌일혈이 걸리고

심장마비가 걸리고 위병이 걸리고 불안신경증에 걸리고 잠을 못
자고 쓰러지고 마는 것입니다.

여기에 엘리야 보십시오. 엘리야는 구약시대에 최고의 선지자
인 것입니다. 하나님이 불수레를 태워서 죽지 않고 하늘에 데려
갈 정도의 위대한 인물이었습니다. 그런 엘리야도 문제의 심각성
에 압도당할 때 좌절하고 낙심하고 스트레스에 걸려서 죽기를 원
했습니다. 엘리야가 보통사람 같았으면 자살했을 것입니다. 엘리
야는 바알의 선지자 450명 그들과 경쟁을 했습니다. 바알의 선지
자들이 이스라엘 백성들에게 바알을 신봉하게 하므로 여호와를
배반하고 반역하므로 하나님께서 진노하사 3년 6개월 동안 비가
오지 않게 했습니다. 그래서 이스라엘은 완전히 가뭄으로 불탈
정도인 것입니다. 그래서 바알이 왕성할 때 하나님의 종, 엘리야
가 그 바알선지자들을 모두 한곳에 모여서 정말 여호와가 참 하
나님인지 바알이 참신 인지 서로 경쟁을 했습니다. "아합이 엘리
야가 행한 모든 일과 그가 어떻게 모든 선지자를 칼로 죽였는지
를 이세벨에게 말하니"(왕상 19:1).

엘리야의 재단에 하나님이 불로 응답한 일들과 백성들이 바알
을 보고 하나님만을 섬기기로 작정한 일과 백성들이 힘을 합쳐
도움으로 450명의 바알선지자들을 다 죽인 사실과 그 결과 엘리
야가 기도하니까 갈멜산에서 하나님이 응답하셔서 비를 주셨다
는 이야기를 자기 아내 이사벨에게 아합이 이야기를 다하니까 이
세벨이 분도막심해서 "내일 이맘때 내가 되기 전에 이 엘리야를
죽이겠다. 살아서 못나간다." 이런 위대한 일을 한 엘리야가 마음

을 놓고 있을 때 이세벨의 협박과 공갈을 들으니까 그만 무너졌습니다. 그러므로 자신할 사람이 아무도 없어요. 마음에 긴장을 놓고 있을 때 갑자기 굉장한 협박과 공갈을 당하니까 엘리야가 그 협박과 공갈에 견디지 못하고 일어나서 도망을 치고 거기에서 종을 두고 하루 길을 걸어서 더 깊은 광야로 들어가서 로뎀 나무 밑에 앉아서 죽기를 원했습니다. "이세벨이 사신을 엘리야에게 보내어 이르되 내가 내일 이맘때에는 반드시 네 생명을 저 사람들 중 한 사람의 생명과 같게 하리라 그렇게 하지 아니하면 신들이 내게 벌 위에 벌을 내림이 마땅하니라 한지라"(왕상 19:2). 이 말을 듣고 무서워하고 두려워했었습니다. 무서움과 두려움은 우리의 마음속에 굉장한 스트레스가 되는 것입니다.

엘리야 같이 위대한 사람도 심한 스트레스를 당하니까 죽기를 원했었습니다. 그런데 우리같이 평범한 사람이야 스트레스 당하면 살 희망이 다 없어지고 자살하려고 하는 사람들이 생기는 것은 당연한 이치인 것입니다. 우리 오늘날 인생이 경험하는데 가장 참기 어려운 것이 스트레스인 것입니다. 스트레스는 우리에게 모든 희망과 용기를 다 빼앗아 가고 마는 것입니다. 좌절하고 절망하게 만드는 것입니다. 육신적인 무리는 견뎌낼 수 있어도 정신적인 무리는 견뎌내지 못합니다. 사람들은 자신에게 어떤 문제가 발생하면 그 문제의 심각성에 압도당하고 좌절합니다. 이로 인해 사람들은 스트레스에 걸려 육체적, 정신적 고통을 당하게 됩니다. 이러한 스트레스가 지속되면 사람들은 자신의 생명조차 끊어 버리려는 큰 위기를 맞게 되는 것입니다.

둘째, 예수님은 왜 스트레스에 걸리지 않으셨는가? 그런데 성경에 보면 예수님은 그렇게 압력을 받아도 스트레스를 받지 않았어요. 바리새교인, 사두게교인, 교법사들이 끊임없이 따라다니면서 압력을 가하고 로마의 정권이 끊임없는 위협을 가했었습니다. 그는 먹고 자고 사는데도 정처가 없었습니다. 그렇게 많은 괴로움을 겪어도 예수님은 스트레스에 안 걸렸습니다. 예수님은 어떻게 스트레스 안 걸리고 살았는지 저 같으면 스트레스 걸렸을 것인데… 주님은 스트레스에 안 걸리는 방법을 말해줍니다. "주님, 무엇을 어떻게 했기에 스트레스에 안 걸립니까? 내게만 말 좀 해주십시오. 내 우리 성도들에게는 비밀로 할테니까 내게만 좀 말씀해 주십시오." 아마 주님이 씽긋 웃으면서 말할 것입니다. "욕심이 없이 성령의 인도를 받으면 스트레스에 안 걸린다." "아이! 주님 그렇게 간단합니까?" "간단하다. 욕심이 있으니까 스트레스에 걸리지 욕심이 없으면 결코 스트레스에 걸리지 않는다." 야고보서 1장 14절로 15절에 "오직 각 사람이 시험을 받는 것은 자기 욕심에 끌려 미혹됨이니 욕심이 잉태한즉 죄를 낳고 죄가 장성한즉 사망을 낳느니라"

지위, 명예, 권세, 돈, 무엇이든지 내가 가지고 있는 것이 빼앗기면 어떻게 하느냐. 나보다 더 강한 자가 와서 나를 밀쳐내면 어떻게 할 것이냐. 마음에 욕심이 생기면 그것을 얻기 위하여 그것을 지키기 위하여 마음에 부담을 느끼고 스트레스를 느끼게 되는 것입니다. 디모데전서 6장 9절에 "부하려 하는 자들은 시험과 올무와 여러 가지 어리석고 해로운 욕심에 떨어지나니 곧 사람으로 파멸과 멸망에 빠지게 하는 것이라" 욕심에 떨어지면 파멸과 멸망에 빠집니다. 마음에 욕심 없이 어떻게 삽니까? 그러니까 전혀 욕심 없이는 못살 것 아닙니까? 적당한 욕심을 가지라는 것입니다. 너무 큰 욕심을 가지지 말고. 전혀 욕심이 없어 입만 딱 벌리고 있으면 그것도 또 큰일입니다. 그것은 나쁜 욕심이 아니고 좋은 욕심은 가져야 되는 것입니다. 그러나 무엇이든지 과도한 것은 문제가 되는 것입니다.

일반적으로 인간에게는 5욕(五慾)이라고 하는 다섯 가지 욕구가 있습니다. 식욕(食慾), 색욕(色慾), 재욕(財慾), 명예욕, 수면 욕구 등이 그것입니다. 여기에는 인간의 원초적 본능인 식욕이나 성욕, 물욕 등이 모두 포함되어 있습니다. 인간은 살아가면서 누구나 5욕(五慾)을 채우려고 합니다. 그것은 인간의 자연적인 본성입니다. 그런데 그 정도가 지나치면 탐욕이 되고 마는 것입니다. 그냥 욕심은 괜찮은데 탐욕이 되면 스트레스를 받게 되는 것입니다. 보통 욕심이야 다 가지고 있지요. 그러나 탐심이 들어오면 탐욕이 되는 것입니다. 그러면 나쁘게 됩니다. 마음을 비우고 욕심을 버리고 주어진 것에 감사하면 기쁨과 평안 뿐, 스트레스에 걸리지 않는다고 한 것입니다.

미국의 미시건대학교의 스테파니 브라운 박사는 인간의 욕심과 수명에 관해 연구를 했습니다. 연구 결과에 의하면 욕심이 많은 사람들의 사망률이 욕심이 적은 사람의 사망률보다 거의 3배 더 많은 것으로 나타났습니다. 욕심이 적은 사람은 평안하게 있으니까 오장육부가 긴장하지 않는 것입니다. 그러나 욕심이 많은 사람은 오장육부가 다 눌려서 잠도 못자고 고통을 당하니까 빨리 죽을 것은 당연한 이치인 것입니다. 욕심 많은 사람에게 시집도 가지 말고 장가도 가지 마세요. 빨리 죽습니다.

록펠러는 53세가 되었을 때 특이한 소화불량성 질병을 앓았습니다. 인류 역사 가운데 록펠러 만큼 큰 부자는 아직까지 생기지 않았습니다. 록펠러는 인류 역사상 가장 큰 부자가 된 사람이었습니다. 그러나 그가 53세에 특이한 소화불량성 질병을 앓았는데 이 때문에 머리카락은 말할 것도 없고 눈썹과 속눈썹까지 다 빠져버렸습니다. 의사는 그의 병은 늘 극도의 긴장된 생활에서 비롯된 스트레스가 주요인으로 1년을 넘기기가 어렵다고 말을 했습니다. 그 후 록펠러는 마음의 욕심을 버리기로 작정했습니다. 그리고 온전한 십일조와 감사의 생활로 철저하게 하나님 중심의 삶을 살았습니다. 그는 교회를 무려 4,928개나 건축했습니다. 시카고 대학 등 종합대학과 단과대학을 각각 12개씩 지으며 사회에 기부하는 모범을 보였습니다. 그는 1년 밖에 살지 못한다는 선언을 받았지만 욕심을 버리고 하나님께 헌신하여 98세까지 건강하게 살다가 갔었습니다.

탈무드에는 "승자의 주머니 속에는 꿈이 있고, 패자의 주머니 속에는 욕심이 있다."고 말했었습니다. 꿈과 욕심은 다릅니다. 과도한 욕심으로 인한 스트레스는 몸과 마음을 병들게 하지만 마음의 욕심을 버리고 자신이 가진 것으로 만족하며 이웃에게 나누어 주고 베풀 때 건강뿐만 아니라, 더욱 풍성한 은혜와 축복의 삶을 살 수 있게 되는 것입니다.

날마다 우리의 짐을 지기를 원하시고 "너희 염려를 다 주께 맡기라 이는 그가 너희를 돌보아" 주신다고 말했었습니다. 하나님께서는 "내가 네 짐 때문에 죽었는데 왜 내가 다 청산한 것을 네가 걸머지고 야단법석을 떠느냐?" 그렇게 말합니다. 그러니 우리의 수고하고 무거운 짐은 2천 년 전에 주님이 십자가에서 다 청산해 버린 것입니다. 그런데 우리는 안 믿거든. 그것을 믿고 주님께 우리 짐을 맡기지를 못합니다. 예수님은 짐을 안 짊어 지셨습니다. 예수님께서는 십자가에 못 박혀 죽을 것을 생각하고 마음에 굉장히 번뇌로웠습니다. 그가 감람산에 기도하러 들어갈 때 제자들에게 말씀하기를 "내가 마음이 지금 번뇌로워 죽을 지경이다." 그러나 예수님은 그 번뇌로 말미암아 스트레스에 걸려서 쓰러지지 않았었습니다. 그가 왜 그렇습니까? 마음에 괴로워 죽을 지경인 것은 당연한 이치입니다. 십자가에 못 박혀 죽을 것을 뻔히 알고 있으면서 "하하하하하 하하하하~ 나 십자가에 못박혀 죽는다. 하하하하하하" 그것은 정신 이상자지 보통 사람은 아닙니다. 보통사람은 다 십자가에 못박혀 죽을 그 고통을 마음속에 느낍니다. 미리 알고 있으니까. 현명한 사람일수록 더 뼈저리게 느낍니다. "나는 십자가에 못박혀 죽을 것이다." 그가 하나님 앞에 꿇어 엎드려 "하나님이여 할 수만 있거든 이 잔을 내게서 옮기시옵소서. 그러나 내 뜻대로 마옵시고 주님 뜻대로 하시옵소서." 그게 비결인 것입니다. 내 뜻대로 마옵시고 아버지 뜻대로 하옵소서. 무엇이든지 내 고집대로 끝까지 하려면 스트레스에 걸립니다. 내가 면하면 좋겠는데 아버지가 면하는 것이 뜻이 아니면 아버지 뜻대로 하시옵소서. 그러니 짐을 아버지께 맡겨 버렸어요. 스트레스가 왔지만 아버지께로 전달해 버리고 만 것입니다. 아버지가 "네가 십자가에 못박혀 죽는 것이 내 뜻이라." "좋습니다." 받아들인 것입니다. 우리가 문제를 받아들이면 스트레스에 걸리지 않습니다. 그 운명에 대한 저항을 하고 그것을 벗어나려고 하고 그것을 이기려고 하니까 마음에 스트레스에 걸리는 것입니다. 그러므로 우리가 모든 것을 주님께 맡긴다는 것 굉장히 중요합니다.

빌립보서 4장 6절로 7절에 "아무 것도 염려하지 말고 다만 모든 일에 기도와 간구로, 너희 구할 것을 감사함으로 하나님께 아뢰라 그리하면 모든 지각에 뛰어난 하나님의 평강이 그리스도 예수 안에서 너희 마음과 생각을 지키시리라" 마음에 평강이 올 때까지 하나님께 부르짖어 기도하라는 것입니다. 그러면 마음에 평안이 와서 마음을 점령해 줍니다. 요한복음 14장 27절에 "평안을 너희에게 끼치노니 곧 나의 평안을 너희에게 주노라 내가 너희에게 주는 것은 세상이 주는 것과 같지 아니하니라 너희는 마음에 근심하지도 말고 두려워하지도 말라"

그러므로 우리 하나님은 우리가 염려, 근심, 불안, 초조, 절망을 갖기를 원치 아니하십니다. 우리가 스트레스에 걸리는 것 하나님이 참으로 원치 않습니다. 우리가 마음에 평안을 가지기를 원하시는 것입니다. 이 평안을 가지는 것은 우리 하나님께 우리의 짐을 의탁하는 도리 밖에 없습니다. 끊임없이 짐을 하나님께 맡기고 우리 가슴 속에 담아놓지 말아야 되는 것입니다. 우리 하나님과 우리와 함께 하면 우리는 스트레스에서 이겨 나올 수가 있는 것입니다.

어떻게 되었던지 내 자신을 예수님과 함께 십자가에 못 박아야 됩니다. 그리고 욕심과 탐심을 저버려야 되는 것입니다.

독일의 대문호였던 괴테는 80세에 이런 고백을 했습니다. "나는 단 몇 주 동안이라도 참으로 행복한 마음을 가진 적이 없었다. 내가 평안함을 느끼고자 할 때는 내 자아에서 벗어날 때뿐이었지만 오래가지 못했다." 세계적인 석학인 괴테가 80세에 몇 주 동안 일생에 마음에 평안을 느꼈다는 것입니다. 그것도 자기 자아에서 벗어났을 때, 자기를 떠났을 때 평안을 느꼈다고했습니다. 그러니 우리같이 위대한 조무래기는 마음에 스트레스를 받는 것이 당연한 이치인 것입니다. 그러나 괴테보다도 우리가 더 나은 점은 괴테는 위대한 지성 가였지만 우리 같은 신앙은 없었습니다. 우리는 예수님을 믿고 있는 것입니다. 우리 힘으로는 안 됩니다. 예수님 덕분으로 됩니다.

셋째, 엘리야의 스트레스 회복. 엘리야는 잠시 동안 방심을 했습니다. 이제 바알선지자들과 싸워서 이기고 그들을 다 450명이나 잡아서 죽이고 비가 오지 않는 이스라엘에 기도해서 비를 오게 했으니 이제는 안심하고 이스라엘 백성들을 주께로 이끌어 나갈 수가 있다고 생각했습니다. 자기 혼자라고 생각했습니다. 그것이 방심이었습니다. 방심을 하고 있을 때 스트레스가 기습을 하고 들어와서 그는 완전히 자신을 잃어버리고 말았던 것입니다. 그렇게 위대한 선지자가 아무도 만나지 아니하고 광야로 도망을 쳐서 로뎀 나무 밑에 드러누워서 죽기를 원했었습니다. 요사이 말하면 자살하기를 원했습니다. "주님! 이만하면 됐으니 나 생명

거두어 주시옵소서." 열왕기상 19장 5절로 7절에 "로뎀 나무 아래에 누워 자더니 천사가 그를 어루만지며 그에게 이르되 일어나서 먹으라 하는지라 본즉 머리맡에 숯불에 구운 떡과 한 병 물이 있더라 이에 먹고 마시고 다시 누웠더니 여호와의 천사가 또 다시 와서 어루만지며 이르되 일어나 먹으라. 네가 갈 길을 다 가지 못할까 하노라 하는지라"

광야에서 아무도 만나지 않고 잠만 자고 깨어 먹고 마시고 했습니다. 그런데 여기에 보면 천사가 와서 어루만져 주었다. 안수해 주었다는 것입니다. 소진한 영력을 회복시켜 주셨다는 것입니다. 그것 참 중요한 것입니다. 지금 스트레스 당해서 고통당하는 사람을 보고 꾸짖고 욕해서 아무 소용이 없습니다. 될 대로 되라고 하는 사람에게 꾸짖어봤자 무슨 소용이 있습니까? 위로해 주고 격려해 주고 안수하여 주는 것입니다. 천사가 와서 엘리야를 안수하여 주었습니다. 안수하여 소진된 영력을 충전했다는 말입니다. 사람이 스트레스에 걸리면 자기 힘으로 스스로 일어날 수가 없는 것입니다. 그리고 스트레스에 걸렸을 때 이 성경에 보니까 안수받고 먹고 자라는 것입니다. 다른 것 하지 말고 안수받고 먹고 또 자고, 또 일어나거든 또 안수받고 먹고 또 자고… 앞으로 스트레스 걸린 사람에게 금식하고 철야하라고 하지 말아야 합니다. 그러면 더 스트레스에 걸립니다. 스트레스에 걸리거든 집에 데리고 와서 아주 푹근한 잠자리를 만들어서 자게하고 맛있는 음식 만들어서 먹고 또 자게하고 안수하여 주고 그렇게 하면 스트레스에서 회복될 수 있습니다. 고린도후서 1장 4절에 보면 "우리의 모든 환난 중에서 우리를 위로하사 우리로 하여금 하나님께 받는 위로로써 모든 환난 중에 있는 자들을 능히 위로하게 하시는 이시로다" 위로, 굉장히 필요하지 않습니까? 우리가 환난을 당할 때 주님이 와서 위로해 주십니다.

요한복음 14장 16절로 18절에 "내가 아버지께 구하겠으니 그가 또 다른 보혜사를 너희에게 주사 영원토록 너희와 함께 있게 하리니 그는 진리의 영이라 너희는 그를 아나니 그는 너희와 함께 거하심이요 또 너희 속에 계시겠음이라 내가 너희를 고아와 같이 버려두지 아니하고 너희에게로 오리라" 우리 예수 믿는 사람에게는 하나님이 위로자를 다 보내어서 보혜사 성령이 우리 속에 와서 계신 것입니다. 우리가 굉장히 괴로울 때는 성령이 우리를 위해서 위로의 역사를 베풀어 주시는 것입니다. 그래서 우리가 고난을 이길 수 있는 힘을 성령을 통해서 많이 얻을 수가 있는 것입니다. 그 다음에 스트레스에서 벗어나려면 운동을 하는 것입니다. 운동 중에도 걷는 운동이 제일 좋습니다. 스트레스 해소에 제일 좋은 방법이 조깅인 것입니다. 하나님은 엘리야 보고 브엘세바에서 호렙산까지 걸어가라고 했습니다. 약 350km에서 400km 정도 됩니다. 그 길을 걸어가라. 조깅하라. 뛰든지 그냥 걸어가든지 좌우간 다리로써 걸어가라는 것입니다. 운동 중에 제일 좋은 운동이 걸어가는 것입니다. 그러면 뇌가 활성화 되고 온 몸에 혈액순환이 잘되어서 스트레스가 사라지고 피로가 없어지고 건강해지는 것입니다. 필자는 하루에 한 시간씩 속보로 걷습니다. 속보로 걷는 것은 참 좋습니다.

열왕기상 19장 8절에 보면 "이에 일어나 먹고 마시고 그 음식물의 힘을 의지하여 사십 주 사십 야를 가서 하나님의 산 호렙에 이르니라" 사십 주 사십 야를 한 달 열흘을 걷고 나니까 스트레스가 다 날아가 버렸습니다. 한 달 열흘만 걸으면 문제가 해결되는 것입니다. 잠언 17장 22절에 "마음의 즐거움은 양약이라도 심령의 근심은 뼈를 마르게 하느니라" 뼈를 마르게 하는데 걸으면 마음이 즐거워집니다. 걸으면서 마음에 짐이 사라지고 즐거워지니까 양약이 되어서 영적으로 육신적으로 병이 다 없어지고 마는 것입니다. 그래서 하나님의 산 호렙에 가서 굴속에 들어가서 엘리야는 영적으로 회복했습니다. 영적으로 신앙이 떨어지고 성령 충만을 잃어버린 그가 호렙산 바위 굴 속에 들어가서 하나님과 대화할 수 있게 되고 세미한 음성을 듣게 되고 마음이 뜨거워지고 사명을 새롭게 받아서 그 사명을 다하고 하나님이 하늘로 데리고 올라간 것입니다. 우리가 스트레스에서 해방되는 최후의 방법은 성령으로 기도하는 것입니다. 신령한 은혜를 회복하는 것입니다. 담임목사님께 안수받아 성령을 충만히 받는 것입니다. 먹고 자고, 먹고 자고, 그 다음에는 조깅하고 걷고, 그 다음에는 성령치유센터에 들어가서 기도해서 성령 충만 받고 하나님의 미세한 음성을 들으면 스트레스 굿바이. 완전히 스트레스에서 해방될 수 있는 것입니다. 하나님의 음성이 마음에 들려올 정도로 하나님의 은혜를 받으면 스트레스가 거기에 붙어 있을 수가 없는 것입니다. 엘리야는 하나님의 음성을 듣고 그 소명을 실천하고 난 다음에 하나님이 엘리야를 회오리바람을 통해서 하늘로 데리고 올라가 버렸었습니다.

14장 마음의 상처가 치유되는 영적원리

(눅4:18-19)"주의 성령이 내게 임하셨으니 이는 가난한 자에게 복음을 전하게 하시려고 내게 기름을 부으시고 나를 보내사 포로 된 자에게 자유를, 눈 먼 자에게 다시 보게 함을 전파하며 눌린 자를 자유롭게 하고 주의 은혜의 해를 전파하게 하려 하심이라 하였더라."

하나님은 말씀과 성령으로 내면의 상처가 치유되는 것입니다. 상처는 잠재의식에 형성되어 있기 때문에 인간의 수단이나 방법이나 기법으로 치유가 불가능합니다. 반드시 성령의 역사로 상처가 치유되는 것입니다. 많은 분들이 내적치유하면 질병이 있어야 받는 것으로 알고 있습니다. 우리가 바르게 알아야 할 것은 내적치유는 에덴동산에서의 영성을 회복하는 적극적인 방법입니다. 에덴동산에서는 죄가 없었기 때문에 하나님과 동행하며 대화를 했습니다. 아담이 죄를 짓자 하나님과의 관계가 끊어지고 에덴동산에서 쫓겨나게 된 것입니다. 죄로 인하여 하나님과의 교통이 끊어진 것입니다. 사랑이 많으신 하나님은 예수님을 우리에게 보내주셔서 십자가에서 죽으심으로 믿는 우리의 죄를 사해주셨습니다. 예수를 믿음으로 원죄가 사해져서 하나님과 교통할 수가 있게 된 것입니다. 예수를 믿는 우리는 말씀과 성령으로 내면의 상처를 치유함으로 영성을 회복하여 주님과 동행하며 살아가야 합니다. 마음의 상처는 주님과 영의 통로를 열고 교통하며 살아가는데 큰 방해물이 됩니다. 또, 상처는 자신의 건강에도 좋지 못한 영향을 미칩니다. 우리는 깊은 영성을 유지하고 강건하게 살아가기 위하여 의지를 가지고 상처를 치유해야 합니다.

저에게 많은 분들이 문의를 합니다. 책을 보고 아무리 상처를 치유하려고 해도 내면의 상처가 치유되지 않는다는 것입니다. 왜 자신이 노력을 하는데 내적치유가 되지 않을 까요? 상처는 마음의 깊은 곳에 숨어있습니다. 무의식에 상처가 있기 때문에 자신의 의지로 상처를 치유하려고 해도 치유가 되지 않는 것입니다. 반드시 성령의 도움을 받아 무의식에 들어가서 상처의 근원을 찾아서 성령의 역사를 일으켜야 상처가 치유됩니다. 상처의 뒤에는 우리보다 강한 마귀가 역사하고 있기 때문입니다. 우리가 내적치유 사역을 하기 위해서는 영적인 세계도 알아야 합니다. 영적세계에 대하여는 저의 저서 "카리스마로 영적세계를 장악하는 법"를 읽어보시기를 바랍니다. 내적상처를 치유하려고 하시는 분들이나 사역을 하실 분들은 어느 정도 치유가 될 때까지 전문적인 내적치유를 받아야 합니다. 전문적인 사역자에게 내적치유를 받으면서 사역을 진행하는 기술과 요령을 터득해야 합니다. 어느 정도 치유를 받았으면 이제 본인이 성령의 임재 하에 깊은 영의 기도를 하면서 상처의 뿌리를 뽑아내야 합니다.

특별하게 내적치유와 축귀사역을 하실 분들은 스스로 기도하며 내면의 상처를 치유할 수 있는 수준에 도달해야 합니다. 그래야 성령님과 인격적인 관계가 열려서 내적치유 사역 간 성령님의 감동을 받으면서 사역을 할 수가 있습니다. 내적치유는 능력 있는 사역자가 하는 것이 아니고 성령님께서 하시는 것이기 때문입니다. 내적치유는 잠재의식을 현실로 끄집어내어 사역하는 것임으로 성령의 역사 외에 다른 방법이 있을 수가 없습니다. 그러므로 성령님과 인격적인 관계를 여는 일이 중요합니다. 내적치유와 축귀능력을 받아서 먼저 자신을 치유하면서 성령님과 관계를 여는 것입니다. 원래 하나님께서 내적치유와 축귀능력을 주시는 것은 자신을 치유하라고 주시는 것입니다. 성령의 은사도 마찬가지입니다. 자신과 가정을 치유하라고 주시는 것입니다. 자신과 가정을 치유하면서 능력이 강해지고 성령님과 인격적인 관계가 되는 것입니다. 내적치유와 축귀사역의 능력을 받아 사역하실 분들은 먼저 자신을 치유하면서 숙달해야 합니다.

내면의 상처가 치유되는 것이 생각과 같이 쉽게 되는 것이 아니기 때문에 기도를 통한 내적치유의 원리를 알아서 숙달해야 되는 것입니다. 본인이 스스로 기도하면서 상처를 찾아 치유해야 되기 때문입니다. 그렇기 때문에 기도를 통한 내적치유가 대단히 중요하다고 할 수가 있습니다. 내적치유 사역을 하려면 성령의 임재가 중요합니다. 성령께서 무의식의 상처를 알게 하시고 상처를 치유하시기 때문입니다. 전적으로 성령께서 하시는 일이기 때문에 성령의 이끌림을 받는 영성이 무엇보다 중요합니다. 성령의 깊은 임재 하에 성령이 하라는 대로 따라가면서 내면에서 올라오는 감정이나 소리는 가감 없이 그대로 표현하는 것이 깊은 상처를 치유 받는 지름길입니다. 내적치유를 받고 내적치유 사역을 하시려면 성령의 임재가운데 이런 순서로 내적치유 사역을 진행합니다.

첫째, 성령의 임재를 느끼고 받아드리라. 내적치유를 받고 내적치유 사역을 하려면 먼저 성령의 임재와 불의 역사가 강한 곳에 가셔서 성령을 체험해야 합니다. 내적상처를 치유하여 뿌리를 뽑으려면 먼저 성령의 세례를 받아야 한다는 말입니다. 성령의 세례를 쉽게 체험하려면 저의 저서 "성령의 불로 불세례를 받는 법"을 참고하시기를 바랍니다. 성령을 체험하였으면 이제 깊은 영의기도로 깊은 경지에 들어갈 수가 있어야 합니다. 영상기도를 할 줄을 알아야 한다는 것입니다. 영상기도란 상처를 받는 실제 상황을 영상으로 보면서 하는 기도를 말합니다. 영상으로 상처를 받는 자신의 모습을 보면서 상처받을 때 느끼는 감정을 하나님에게 드리면서 치유하는 것을 말합니다. 그래서 내적치유를 받고 내적치유 사역은 성령의 임재가 중요합니다. 성령께서 무의식에 들어있는 상처를 알게 하고, 느끼게 하고, 보게 하기 때문입니다. 따라서 성령의 깊은 임재를 받고, 느껴야 합니다. 이를 위하여 자신이 성령의 임재가 되면 자신에게 어떤 현상이 나타나는지 체험하고 유지를 하려고 해야 합니다. 성령은 살아있는 역사이기 때문에 반드시 자신을 장악하면 무슨 현상이 나타난다는 것입니다. 절대로 성령이 임재 되었다고 말로 하는 것이 아니고, 실제로 살아서 역사하는 성령의 임재를 느끼고 체험해야 합니다. 대략적으로 성령의 임재로 일어나는 현상은 이렇습니다.

성령이 임재해서 성도를 장악하면 뜨거움을 체험합니다. 뜨거움은 성령의 임재를 상징하기 때문입니다. 성령님이 전인격을 장악하시면 쓰러지는 현상이 나타날 때가 많습니다. 이는 성령 안에서 육신의 이성적 기능이 잠깐 동안 멈추는 현상입니다. 그래서 성령의 이끌림에 의한 깊은 임재(입신)에 들어가서 여러 가지 신비한 것들을 체험하는 분들도 많습니다. 환상을 보고 예수님을 만나서 말로 표현 할 수 없는 이야기를 듣기도 합니다. 어떤 경우에는 하나님을 찬송하기를 몇 시간이나 쉬지 않고 계속하는 현상이 나타나기도 합니다. 어느 분은 잠을 자다가도 찬양을 했다는 간증을 하기도 합니다. 성령의 임재로 방언이 터지기도 합니다. 많은 분들이 방언통역의 은사가 같이 임하기도 합니다. 성령이 임재 하여 역사하기 시작하면 여러 가지 이해 할 수 없는 현상이 우리 교회 집회 때에 일어납니다. 손발을 움 추리면서 게발처럼 되거나 얼굴을 찌푸리며 몸이 경직되는 현상이 나타납니다. 이는 특정한 죄를 해결하게 되는 경우입니다. 몸이 뒤틀리거나, 호흡이 가빠지거나 빨라지기도 합니다. 슬픔이 솟구치며 울음이 터집니다. 가슴을 찌르는 아픔, 위장이나 아랫배 부근에서 뭉치가 움직이고, 큰소리가 터지고, 가슴이 답답해지고 기침을 합니다. 하품이나 트림이 나오고, 심한 구토현상, 멀미하는 것처럼 속이 울렁거리며 토할 것 같은 현상이 일어나기도 합니다. 몸 안에서 무엇인가 빠져나가는 느낌이 생깁니다. 이는 귀신이 떠나가는 경우와 상처가 치유되는 현상이기도 합니다.

때로는 사람들에게 마음과 몸이 술에 취했을 때와 같이 몸이 흔들리는 현상이 일어나기도 합니다. 그래서 의자에 앉아 있지 못하고 의자에서 내려와 드러눕기도 합니다. 이런 술 취함을 체험한 후에 몸이 가벼워져서 걸음걸이가 비틀거리며 말까지 더듬게 되는 경우도 있습니다. 그리고 말로 표현할 수 없는 환희를 체험했다고 간증하기도 합니다.

지금까지 설명한 것은 분명하게 나타나는 현상이지만 그런데 미세하게 나타나는 현상도 있습니다. 그래서 우리가 성령께서 임하심을 영으로 깨닫지 못한 채 지나치게 되는 경우도 있습니다. 즉 몸이나, 눈꺼풀의 미세한 떨림, 깊은 호흡, 약간의 땀 흘림, 가슴이 울렁거리는 증상이 있습니다. 커피를 많이 마신 것과 같은 현상이 나타납니다. 때로는 가슴이 짓눌리는 것 같은 기분이 들거나 공기가 답답하게 느껴지기도 합니다.

많은 분들이 이러한 형상을 느꼈다고 성령을 체험했다고 나름대로 단정하고 계시는 분들이 있다는 것입니다. 반드시 밖으로 축출하는 체험을 해야 된다는 것을 아시기를 바랍니다. 내적치유 사역간 반드시 상처를 배출하는 역사를 진행해야 합니다. 그런데 더 큰 문제는 많은 분들이 이런 현상이 나타나면 두려워하거나 자리를 이탈하려고 합니다. 그러나 참고 인내해야 성령의 세례를 체험하고 성령으로 자신의 심령이 장악을 당할 수가 있습니다. 만약에 성령이 역사하여 자신을 사로잡을 때 두려움을 견디지 못하고 성령의 역사를 거부하고 자리를 이탈하면 성령의 역사를 훼방하는 행동이 될 수도 있습니다. 자신이 내적치유를 받고 내적치유 사역을 하시려면 반드시 불같은 성령으로 세례를 체험해야 합니다.

둘째, 성령의 이끌림을 받아라. 내적치유를 받고 내적치유 사역을 하려면 성령의 이끌림으로 상처 안으로 들어가야 합니다. 그러므로 상처 받는 자신의 모습을 정확하게 보기 위해 성령의 이끌림을 받아야 합니다. 자신은 상처를 모를 수 있습니다. 그러나 성령님은 정확하게 알고 계십니다. 그러므로 자신의 의지를 내려놓고 성령의 이끌림을 따라 사건 현장 속으로 들어가야 합니다. 사건의 현장 속에 들어가 자신이 상처를 받고 있는 모습을 보면서 감정을 속이지 말고 가감 없이 토설하며 기도를 하는 것입니다. 그래서 성령의 이끌림이 중요합니다. 내적치유를 받고 내적치유 사역을 하려는 성령님과 인격적인 관계가 되어야 합니다.

셋째, 성령님에게 질문하라. 내적치유 사역 간 환자에게 자신의 상처가 무엇인지 성령님에게 물어보게 하는 것입니다. 자신의 상태를 성령님에게 아뢰면서 물어보는 것입니다. 예를 든다면 왜 자신에게 혈기가 심한가 물어보는 것입니다. 왜 스트레스를 받으면 소화가 며칠씩 안 되는 것입니까? 왜 나는 조그마한 일에도 잘 놀랍니까? 왜 놀라고 나면 기도가 되지를 않습니까? 왜 나는 이렇게 가슴이 답답합니까? 왜 나는 마음이 우울한가요? 왜 나는 다른 사람이 조금 섭섭한 말을 하면 속에서 서러움이 올라옵니까? 상처를 받아서 인가요? 아니면 혈통으로 대물림되는 문제인가요? 아니면 다른 무슨 문제가 있어서 그러는지 성령님에게 물어보는 것입니다. 성령의 임재 하에 치유 과정에 집중하면서 물어보아야 합니다. 금방 알려주시기도 하지만, 어느 정도 시간이 걸립니다. 절대로 중간에 포기하지 말고 집중적으로 물어보는 것입니다. 반드시 성령께서 알려주신다고 생각을 하고 물어보기를 바랍니다. 치유는 인내력과 끈기도 있어야 합니다.

성도가 영성이 깊어지고 치유를 받아 심령이 변하려면 기도를 바르게 해야 합니다. ① 성령 충만을 받는 기도는 호흡을 들이쉬고 내쉬면서 지속적으로 합니다. 최대한 깊이 호흡을 들이쉬고 내쉬고 해야 깊은 곳에서 성령의 불이 올라옵니다. ② 자기 치유를 위한 기도는 호흡을 들이쉬고 내쉬면서 기도합니다. 기도하면서 자신의 특이 사항을 성령님에게 물어 봅니다. 성령님 내가 왜 혈기를 잘 냅니까, 성령께서 감동하면 회개도 하고 용서도 하면서 풀어냅니다. 성령의 임재가 충만하면 귀신도 축사합니다. ③ 안수를 받으면서 하는 기도는 자기 기도는 하지 말고 호흡을 들이쉬고 내쉬면서 안수를 받습니다. ④ 누워서 하는 기도는 호흡을 방광까지 깊게 들이쉬고 내쉬면서 성령님을 찾습니다. 호흡을 들이쉬면서 성령님! 내쉬면서 사랑합니다. 이렇게 지속적으로 하다가 보면 깊은 영의 상태에 들어갑니다. ⑤ 길을 걸어가면서 하는 기도는 호흡을 깊게 들이쉬고 내쉬면서 성령님을 찾는다든지, 물어본다든지 하면서 마음으로 기도를 합니다. 기도가 바르게 되어야 스스로 기도하며 내적치유를 할 수가 있습니다. 기도가 성령 충만이고, 기도가 치유입니다.

넷째, 문제 안으로 들어가라. 내적치유를 받고 내적치유 사역을 할 때 머리로 생각으로 하는 기도는 효과가 적습니다. 현장을 영상으로 보면서 감정을 가감 없이 토설하며 기도를 해야 하기 때문에 문제 안으로 들어가야 하는 것입니다. 문제 안에 들어가 자신이 상처를 받는 모습이 보일 때까지 영상기도를 해야 합니다. 영상기도란 자신이 상처받고 상처를 주고 있는 모습을 그대로 보라는 것입니다. 마치 동영상을 보는 것과 같이 말입니다. 현장을 생생하게 보면서 감정을 토로하며 기도하는 것입니다.

다섯째, 감정을 가감 없이 표현하라. 내적치유를 받고 내적치유 사역을 하면서 영상기도를 통하여 자신이 상처를 받는 모습이 보이면 자신에게서 나타나는 현상대로 토설하며 기도를 하는 것입니다. 절대로 자신의 감정을 속이지 말고 그대로 표현하는 것입니다. 상처의 치유는 쉽게 되는 것이 아닙니다. 반드시 하나님은 자신이 상처를 받던 상황을 직시하면서 치유 받게 하십니다. 그래서 내적치유에 토설하며 기도하는 것이 중요하다는 것입니다. 하나하나 상황을 보면서 토설하며 기도 하는 것입니다. 감정을 가감 없이 토설하며 기도 할 때 마음의 문이 열리니 성령께서 강하게 역사하는 것입니다. 성령께서 강하게 역사하면 자신의 감정을 솔직하게 표현하게 됩니다.

이때 악을 쓰는 분들이 있습니다. 가슴을 치는 분들도 있습니다. 옷을 찢는 분들도 있습니다. 온몸과 사지가 틀어지는 발작을 하면서 토설하기도 합니다. 어린 아이 소리로 우는 분들도 있습니다. 욕설을 하는 분들도 있습니다. 좌우지간 영상기도를 통하여 성령께서 보여주시는 모습을 보면서 그대로 표현하는 것입니다. 내적인 상처의 치유는 토설하면서 하는 기도를 통해서 해야 깊은 치유를 이끌어 낼 수가 있습니다.

여섯째, 뿌리를 뽑아라. 한 가지 한 가지 상처받는 모습을 보면서 감정을 가감 없이 표현합니다. 내가 지금까지 내적치유사역을 하면서 체험적으로 느낀 것은 상처마다 뿌리가 있다는 것입니다.

그러므로 상처마다 있는 뿌리를 뽑아내야 합니다. 그래야 재발하지 않습니다. 어느 정도 토설이 되고 성령이 장악하면 뿌리는 캐내야 합니다. 뿌리에는 귀신이 있을 수도 있습니다. 뿌리에서 역사하던 귀신을 떠나보내야 완전치유가 되는 것입니다. 토설하며 기도만 하고 뿌리를 뽑아내지 않으면 반드시 재발합니다. 그러므로 성령의 임재 하에 솔직하게 토설을 하고, 예수 이름으로 축귀를 해야 합니다. 많은 내적치유 센터에서 이와 같이 뿌리를 뽑지 않기 때문에 치유를 받은 후 며칠이 안 되어 재발을 합니다. 또, 내적치유를 받은 후 증세가 더 악화되기도 합니다.

이유는 뿌리를 완전하게 뽑아내지 않고 상처받던 감정만 드러나게 하는 이성적인 사역을 하기 때문입니다. 많은 분들이 유명하게 하는 치유센터에서 내적인 상처 치유를 받은 후 더 심하여 우리 교회에 와서 완전하게 치유 받고 갑니다. 그렇기 때문에 내적치유는 3박 4일 집회에 참석해가지고 완벽하게 치유 받을 수가 없습니다. 지속적으로 치유 집회를 하는 곳에서 장기적인 치유를 받아야 뿌리가 뽑히는 분들이 있습니다. 내가 지금까지 내적치유 사역을 하면서 체험한 바로는 내면의 상처가 치유되는 것은 깊은 말씀을 듣고 깨달아 알아지는 만큼씩 치유가 됩니다. 다시 말하면 영적으로 자라는 만큼씩 치유가 된다는 것입니다.

일곱째, 치유를 지속적으로 하라. 내면의 상처 치유는 단기간에 되지를 않습니다. 지속적으로 해야 합니다. 아니 천국에 갈 때까지 해야 하는 것이 치유입니다. 그러므로 항상 기도하면서 치유를 하는 것입니다. 성령의 임재 하에 깊은 영의기도를 통한 내적치유 원리를 적용해가면서 지속적으로 치유하는 것입니다. 새벽기도에 가서 기도하면서도 감정을 토설하며 풀어내는 것입니다. 철야기도에 가서도 토설하며 상처를 치유하는 것입니다. 감정을 토설하며 상처를 치유하면 치유 할 수 록 심령이 정화가 됩니다. 심령이 정화가 되는 만큼 성령이 장악을 합니다. 성령이 자신을 장악하니 권능이 나타납니다. 마귀의 계략을 알고 몰아냅니다.

여덟째, 깊은 상처 치유의 기본적인 원리는 다음과 같다.

1) 자신의 문제를 직시하고 자신의 책임을 인정해야 합니다. 그리고 치유를 받고자 하는 마음을 가져야 합니다. 자신의 상처를 치유 받고 말겠다는 의지가 중요합니다.

2) 자신의 문제와 관련된 사람들을 용서하고자 하는 마음과 그들로부터 용서받고자 하는 마음을 가져야 합니다. 용서와 회개는 내면의 상처를 치유하는 양대 축입니다.

3) 자신에게 정말 심각한 문제가 무엇인지 알려 달라고 성령님께 지속적으로 간구해야 합니다. 그리고 토설하며 기도하도록 현장을 보여 달라고 기도하세요. 솔직하게 자신의 속내를 토설해야 합니다.

4) 내적 치유는 점진적인 치유의 역사로 이루어진다는 것을 알고 인내해야 합니다. 절대로 내적치유는 단번에 되지 않습니다. 시간과 노력이 필요합니다. 그리고 하나님의 시간표에 맞추어야

합니다. 급하다고 빨리 치유가 되는 것이 아닙니다. 급하게 마음을 먹으면 오히려 시간이 더 걸립니다. 마음을 편안하게 먹고 성령의 이끌림에 순복해야 합니다. 성령님은 우리의 모든 것을 통찰하고 이해하십니다. 또, 자신의 상처를 모두 알고 계십니다. 우리는 깊은 영의기도를 통해 과거에 잘못 입력된 것들을 지워버리고 마음을 새롭게 함으로써 자신을 새롭게 개조할 수 있습니다(롬12:1-2). 하나님을 만나고 교제함으로 내 안에 악인의 멸망을 바라보던 마음이 하나님을 바라보게 될 때 참된 기쁨으로 충만해집니다. 이 때 내 입에서는 감사가 넘쳐 나고 하나님을 사랑하는 찬양이 끊이지 않게 되는 것입니다. 그런데 이렇게 변하게 되려면 어떻게 해야 하는지 생각해 봅니다. 그것은 바로 심경을 가감없이 토설하는 것입니다. 하나님 앞에 나의 상처를 나의 고통을 곤경에 처해있는 환경을 낱낱이 토해내는 것입니다. 세상을 살면서 상처를 받지 않고 사는 사람은 별로 없습니다. 그런데 상처를 그냥 놔두면 나중에는 더 심각해지는 병에 걸리거나 정신적 또는 육체적 마음과 인격의 장애가 됩니다.

그래서 상처는 반드시 치유되어야 합니다. 상처를 치유하는 방법 중의 하나는 마음을 하나님 앞에 토설하는 것입니다. 상처를 하나님 앞에 토설하는 것은 마음을 수술하는 것과 같습니다. 상처는 치료가 되기 때문에 상처라고 합니다. 상처를 빨리 치료 받는 길은 하나님과 가까워지는 것입니다. 마음에 상처를 담아 두지 말고 토설해 내기 시작할 때 하나님의 치료가 시작되는 것입니다.

15장 일대일 집중정밀 내적치유 하는 비결

(약 2:26)"영혼 없는 몸이 죽은 것 같이 행함이 없는 믿음은 죽은 것이니라"

내적치유와 축귀능력을 받으려는 분들은 능력을 받을 때까지 기다려서는 절대로 능력이 나타나지 않습니다. 내적치유와 축귀사역을 하려고 해야 합니다. 내적치유와 축귀사역을 할 때 능력이 나타나는 것입니다. 자신은 능력이 없지만 자신의 주인인 성령님이 하신다고 생각하고 상황을 만들어서 적극적으로 사역을 하시기를 바랍니다. 그러면 성령께서 역사하여 내적치유와 축귀사역을 인도하실 것입니다. 기다려서는 영원한 천국에 갈 때까지 내적치유와 축귀사역을 하지 못할 수도 있습니다. 능력이란 이미 예수를 믿을 때 자신에게 와있는 것입니다. 자신에게서 나타나게 하는 것은 사역을 하는 것입니다. 절대로 능력은 사용하지 않는 목회자에게는 나타나지 않습니다. 담대하게 적극적으로 상황을 만들어서 사역을 하려고 하는 사역자에게 나타나는 것입니다. 능력이 나타나는 개념이 자신에게 내적치유하고 귀신을 축사하고 싶은 감동을 주십니다. 내적치유와 귀신을 축사해야 되는 상황이 주어지기도 합니다. 자신 앞에 영육의 환자가 찾아온다는 것입니다. 이때 자신에게 능력이 없다고 시도하지 않으면 상당한 기간 동안 연단을 받게 됩니다.

내적치유는 집단으로 치유사역을 하는 것보다, 4-6명을 대상으로 개별사역을 하는 편이 더욱 유익합니다. 또, 일대일로 하면 더욱 좋습니다. 일대일이 최고의 방법입니다. 그런데 동성끼리는 가능하지만, 이성간에는 반드시 입회하는 사역자가 있어야 합니다. 이성간에 문제의 소지가 생길 수가 있습니다. 우리 충만한 교회와 같이 목사님이 사역할 때 사모님이 옆에서 대기하면 아주 좋습니다. 숫자가 적으면 적을수록 사역하기 쉽고 성령의 인도와 지시를 수시로 받아가면서 사역할 수 있어서 유익합니다. 하나님은 우리가 치유의 은혜만 받고 끝나기를 원하지 않으시고 고통받는 사람들을 치유하여 주기를 원합니다. 어서 내면을 치유 받으시고 주변에 동일하게 고통당하는 분들에게 예수님의 사랑을 나누시기를 바랍니다. 사랑하는 마음으로 고통당하는 분들을 지나치지 마시고 주님의 치유의 은혜를 나누시기를 바랍니다.

첫째 개별적인 내적치유의 단계

1) 대화(상담)을 깊숙하게 하세요. 기도해 줄 사람을 의자에 앉히고 편안한 마음으로 대화를 하세요. 〈질문〉: 제가 당신을 위하여 무엇을 도와드리며, 기도해 주기를 바랍니까? 기도 받기를 원하는 내용, 병명, 기간 등의 질문으로 대화를 시작하세요. 상담할 때 병에 대하여 너무 자세히 길게 묻지 말고 간단한 정도의 지식만을 얻어내려고 하세요. 너무 오랜 시간 대화를 하면 대화에 마음을 빼앗기게 됩니다. 영적인 역사가 아니라 이성적인 역사가 나타날 수가 있습니다.

2) 성령의 인도로 영적인 진단을 하세요. 상담이 이루어지는 동안 그 증상에 깔려 있는 숨은 원인이 무엇인지를 알아내도록

노력하세요. 많은 경우 신체적인 질병은 영적, 심리적인 문제에 의하여 발생하기 때문입니다. 내적 치유는 외적 치유에 앞서 선행되어야 합니다. 대부분의 질병은 심한 죄책감, 원망, 미움, 증오, 비탄, 인간관계의 불화, 강박관념 등의 내적인 요인으로부터 기인되며, 본인이 그러한 것을 모르는 경우가 많습니다. 내면의 요인에 의하여 질병이 발생했다는 것을 인정하게 해야 합니다. 본인이 문제를 인정하게 하는 것은 성령의 역사에 맡기는 것이 중요합니다. 직접 환자에게 문제를 말하는 것은 많은 생각을 해야 할 것입니다. 무엇보다 본인이 인정하게 하는 것이 중요합니다. 우리 삶 가운데 어떤 영역에서 발생한 문제는 다른 영역에서 전혀 다른 문제의 원인이 됩니다. 이 부분이 치유에서 중요한 분야입니다. 치유가 일어나기 위한 필요한 형태의 기도가 이 단계를 통해 결정되기 때문입니다. 기도 자는 성령으로부터 영분별, 지식, 예언의 은사를 통하여 영적인 통찰력을 받아야 합니다.

◎ **마음의 병 또는 육신의 질병의 근원은** ○ 생리적 현상: 자연적인 발병. ○ 심리적 현상: 미움, 심한 스트레스 등 심리적, 정신적으로부터 오는 질병. ○ 영적 현상: 죄와 관련된 질병, 우상 숭배, 부모의 영적 상태 등입니다. 무엇보다도 치유 사역자는 문제의 해결에 치중하지 말고 문제의 원인을 찾는데 치유해야 합니다. 문제의 원인을 찾으면 쉽게 치유가 됩니다.

3) **기도의 선택을 하셔야합니다.** 자연적, 초자연적인 진단으로 기도의 방향을 선택하는 일로서 하나님의 치료하시기를 원하시는 뜻과 환자의 낫고자 하는 마음과 자신의 병을 하나님께서 고

칠 수 있다는 믿음과, 중재자의 간절한 믿음의 기도가 기적을 일으킵니다. 여기에서 가장 중요한 부분은 하나님의 개입이십니다. "그를 향하여 우리의 가진 바 담대한 것이 이것이니 그의 뜻대로 무엇을 구하면 들으심이라. 우리가 무엇이든지 구하는 바를 들으시는 줄을 안즉 우리가 그에게 구한 그것을 얻은 줄을 또한 아느니라(요일5:14-15)"

환자에게 기도하자고 말한 후, 약간의 공백 시간에 기도 자는 마음으로 이렇게 기도하세요. 주님 저는 주께서 이 사람을 치유해 주시리라고 믿습니다. 성령님 부디 "그를 위하여 어떻게 기도해야 할지 가르쳐 주시기 바랍니다.", "또 기도가 진행되는 동안 앞으로 어떻게 기도하고 조치해야 할지도 알려주세요." 기도 자는 영적 민감성이 있어야 하며, 이는 주님의 현존을 믿고, 그에게 묻는 훈련을 통하여 생깁니다. 경우에 따라서 기도를 시작하기 전에 환자에게 직접 자신이 주님께 병을 치유해 달라는 기도를 하라고 하며, 기도를 시키면 마음에 낳고자 하는 간절함을 일으키게 됩니다. 이 경우는 환자에게 아직 치유에 대한 믿음과 간절함이 없을 때 효과적입니다. 아무런 성령의 가르침, 영적인 통찰력이 없어도 기도를 시작하세요. 많은 경우에 이렇게 기도를 시작한 후에 기도의 방향을 설정해 주시기도 합니다. 기도가 진행되는 동안 상대방의 마음이 열리면 알려주시기도 합니다.

4) **기도의 실시와 따르는 영적인 현상**. 이 단계는 치유, 영적 현상이 실제적으로 나타나는 단계입니다. 치유 기도는 보편적으로 몸에 손을 얹고 기도합니다. 그러나 이성인 경우에는 다른 사람

의 손을 대거나 본인의 손위에 손을 얹고 기도합니다.

○ 먼저 성령께서 상대방에게 임재 하여 달라는 기도를 하세요. "성령이여 임하소서, 임재, 역사, 충만하게 하시옵소서" 성령님을 물리적으로 오시라는 것보다는 역사(役事)가 임하게 해 달라는 표현으로 보아야 할 것입니다. ○ 기도 자는 기도하면서 눈을 뜬 상태로 상대방의 나타나는 현상을 주의 깊게 주시하며, 계속 기도를 진행하면서 성령께서 마음에 주시는 말씀을 기다리세요.

○ 성령의 능력이 임하면 다양한 육체적인 반응이 나타납니다. 몸의 중심을 잃고 뒤로 넘어지는 현상, 넘어져서 평온히 있는 상태, 몸을 심하게 떠는 상태, 통곡, 웃음, 방언, 서 있는 상태에서 진동, 뛰는 현상 등 다양한 현상들이 나타납니다.

○ 격렬하게 몸을 비틀거나 또는 얼굴이 심하게 일그러지는 등 현상에서 어떤 혐오감, 두려움의 현상은 귀신들림과 관계가 있습니다. 그 사람을 점령하고 있던 악령과 성령의 권능의 능력 대결이 내면에서 벌어지고 있음을 드러내어 주는 것입니다. 차분히 현상을 주시하면서 "더욱 강하게 역사 하시옵소서", "주여! 이 사람을 악의 권세로부터 해방시켜 주시옵소서", 성령님의 지시와 인도에 따라서 기도를 해야 합니다.

○ 이러한 현상이 일어나면 함께, 그 사람의 귀신 축출을 위하여 기도할 사람 외에는 현장에 있지 않도록 하세요. 나타나는 영적 현상, 죄의 고백 등이 인격 손상과 깊은 관계가 있기 때문입니다.

○ 흥분하거나 당황하지 말고, 조용히 간절한 마음으로 기도해야 합니다. 또한 기도의 용어에 조심해야 하며, 상대방에게 상처

를 주는 용어는 가급적 사용치 말아야 합니다. 소리를 크게 지른 다고 치유되는 것은 아닙니다. 성령의 감동에 의한 영력 있는 말이 생명력이 있어 치유를 유발합니다. 성령이 주시는 감동을 받아 선포하는 것입니다. 이 감동의 말이 성령의 검이 되어 치유를 유발합니다.

○ 심하게 몸이 진동을 일으키면 머리나 몸을 받쳐서 보호하여 주어야 합니다. 이런 경우는 시간을 많이 소비하기 때문에 인내를 가지고 기도해야 하며 토하는 경우가 있으므로 휴지를 준비해야 합니다. ○ 주의할 점은 성령의 역사를 외적인 부분에만 치중하지 말아야 합니다. 외적으로 현상이 나타나지 않는다고 성령의 역사가 그에게 없었다고 속단하지 마세요. 사람마다 성령의 역사는 다르다는 것을 명심하세요.

○ 기도 받는 당시에는 아무런 외적 현상이 나타나지 않아도 내적으로 성령께서 변화를 일으키는 예가 많습니다. 더 심해지는 경우도 종종 있습니다. 이런 경우는 상처가 드러났는데 완전하게 배출하지 않은 경우입니다. 다시 기도하면 완전하게 치유가 되니 우려하지 않아도 됩니다. 성령께서 각 사람에게 임하셔서 역사 하시는 방법은 우리가 예측할 수 없으므로 어떤 속단을 내리는 것은 금해야 합니다. 능력기도는 받으면 받을수록 쌓이기 마련입니다.

○ 임재의 외적 현상이 나타났다고 해서 그 사람이 치유를 받았다고 단정을 내릴 수 없습니다. 상대방이 자신에게 일어나는 현상에 대하여 두려워하면 기도를 잠시 멈추고 현상에 대한 간단한 설명과 성령의 역사에 온전히 맡기라고 권면하세요. 하나님이

사랑하여 치유하여 주시는 축복이니 마음을 열으라고 권면하며 기도하세요.

○ 기도 중에 상대방이 어느 부분이 아프다거나 고통을 받는 경우, 어디가 어떻게 아프냐? 또는 현재 마음의 상태가 어떠한지를 물어보세요. 많은 경우 병든 부분에 통증이 오면 치유가 그 부분에서 일어나는 표적입니다. 그곳에 손을 사역자 또는 본인이 손을 얹고 기도하면 금방 통증이 없어집니다.

둘째, 내적치유 기도의 종류.

1) **중보의 기도.** 먼저 마음을 주님께로 모으고, 어떻게 기도해야 할지 도우심을 구하라는 것입니다. 성령의 인도를 받으며 그 사람의 병에 대하여 간절한 심정으로 주님께 중보의 기도를 하세요.

2) **임재의 기도.** 성령의 임하심으로 환자의 잠재의식을 사로잡아 달라고 간구하는 기도.

3) **명령의 기도.** 한 믿음으로 말로써 질병을 향하여 예수 그리스도의 권위와 마음으로 말로써 명령하는 기도. "예수의 이름으로 명하노니 상처는 드러날 지어다.", "마음의 질병의 세력은 정체를 밝힐지어다.", "예수의 이름으로 명하노니 마음의 질병의 치유될지어다.", "마음의 상처 뒤에 세력은 떠나갈지어다."

4) **힐책, 꾸지람의 기도.** 주로 악한 영의 역사를 추방할 때 예수의 권세와 능력으로 꾸짖습니다. "예수의 이름으로 명하노니 더러운 귀신은 지금 떠나가라.", "야, 이 더러운 영아 정체를 밝혀라. 정체를 밝혀라, 왜 괴롭히느냐."

5) **선언의 기도.** 병자의 질병이 죄나 인간관계로 인한 경우 회

개를 하게 한 후, 하나님으로부터 용서와 치유가 이루어 졌음에 대하여 하나님을 대신하여 말씀을 근거로 선언하는 기도. "진실로 너희에게 이르노니 무엇이든지 너희가 땅에서 매면 하늘에서도 매일 것이요 무엇이든지 땅에서 풀면 하늘에서도 풀리리라(마 18:18)", "○○○질병은 깨끗하게 치유될지어다.", "○○○의 상처는 치유되고 평안이 임할 지어다.", "위에 있는 질병을 치유되고 위장은 정상으로 회복될지어다.", "위야 정상으로 회복될 지어다.", "간아 정상으로 회복되어 기능발휘 할지어다.", "하나님! 지금 죄를 고백한 ○○○의 모든 죄를 용서하심을 감사합니다. 하나님께서 ○○○의 질병을 고쳐 주심을 감사합니다."

6) 기도의 종결과 권면.

○ 치유 기도의 마지막 단계는 사역을 종결하는 부분으로서 매우 중요합니다, 앞에서의 모든 단계가 원활히 진행되었어도 종결 단계에서 잘 마치지 못하면 좋은 결과를 얻을 수 없습니다.

○ 기도 후에 기도를 받으실 때 어떠한 느낌이 있었는가를 물어 보아야 합니다. 이에 대답은 낳았습니다. 모르겠습니다, 입니다. 치유 받은 사실을 자신이 확신하면 몸을 움직여 보라든지, 걸어 보라든지 하여 함께 실제적인 확인을 하고 하나님께 찬양과 영광을 돌리게 해야 합니다.

○ 죄, 영적인 문제처럼, 내적인 문제에 의한 질병의 고침을 받은 후에는 그 사람에게 다시 병에 걸리지 않기 위해서 영적, 신앙적 후속 조치(성경 읽기, 예배 참석, 기도 모임, 성경 공부 그룹, 바른 삶)에 대한 권면하세요. 성령의 역사가 있는 교회의 소그룹

에서 신앙 생활하라고 조언하세요. 치유 받던 영적 수준을 유지하지 못하면 시간 경과 후 100% 재발합니다. 목사님도 재발하는 경우가 있습니다.

○ 아무런 느낌이 없는 사람은 그 자리에서 한번 더 기도를 하거나, 하나님에 대한 사랑과 믿음에 손상이 가지 않도록 위로하고. 병의 치료가 즉각적일 수도 있으나, 지속적 치료의 예를 설명하여 치료의 어떤 현상, 느낌을 갖지 못함으로 인한 실망감과 좌절을 지니지 않도록 권면해 주어야 합니다.

셋째, 받은 치유를 어떻게 유지하나.

1) 내면을 하나님의 은혜로 채우라. 하나님의 은혜는 흐르는 것입니다. 흘러 들어오기도 하지만, 흘러나가기도 합니다. 그러므로 자꾸 채워야 합니다. 내면을 항상 하나님의 은혜로 채우도록 노력해야 합니다. 하나님의 은혜는 생명력입니다. 여기에 집중해야합니다.

○ 쫓겨난 마귀는 자신이 나온 집에 대하여 강한 집착과 미련을 가집니다. 마귀는 영적 존재이나, 제한적인 존재이기에 자신이 거했던 사람의 성품과 습관에 익숙하여 자신의 일을 행하기에 매우 쉽고 효과적으로 죄를 짓게 만들 수 있으며, 마귀는 자신의 거할 장소를 찾아야 하기에 다시 거했던 그곳을 찾아옵니다.

○ 단순히 축사만 한 상태는 병원에서 수술을 받은 것과 같은 상태입니다. 계속 투약과 건강관리를 하지 않으면 병이 재발하는 것처럼 축사후의 삶이 매우 중요합니다. 치유도 중요하지만, 치유후의 관리도 매우 중요합니다.

○ 치유 후에는 치유전의 상태인 미움, 분노, 원망, 부정적인 의식을 버리고 성령님과 교제하는 삶을 살아가야 합니다.

2) 성령 충만을 받으라. ○ 세월을 아끼고, 육적인 세상적인 것에 시간을 투자하지 마세요. ○ 주의 뜻을 분별하시고, 기도하여 성령의 음성을 들어야 합니다. ○ 술(세상)에 취하지 말고 오직 성령 충만을 받으세요. ○ 하나님을 찬양하세요. ○ 하나님께 늘 감사하세요.

3) 하나님 안에 거하라. "내 안에 거하라 나도 너희 안에 거하리라 가지가 포도나무에 붙어 있지 아니하면 절로 과실을 맺을 수 없음 같이 너희도 내 안에 있지 아니하면 그러하리라 나는 포도나무요 너희는 가지니 저가 내 안에 내가 저 안에 있으면 이 사람은 과실을 많이 맺나니 나를 떠나서는 너희가 아무 것도 할 수 없음이라 사람이 내 안에 거하지 아니하면 가지처럼 밖에 버리워 말라지나니 사람들이 이것을 모아다가 불에 던져 사르느니라 너희가 내 안에 거하고 내 말이 너희 안에 거하면 무엇이든지 원하는 대로 구하라 그리하면 이루리라(요15:4-7)"

4)선한 싸움(영적전쟁)을 싸우라.

○ 교회는 정기적 예배와 헌금, 교육, 사회봉사에서 더 나아가 선한 싸움, 견고한 진을 파함, 마귀를 대적함, 전신갑주를 입음에 대하여 가르치며 훈련을 해야 합니다. 성도는 훈련을 열심히 참여하여 영 분별력을 길러야합니다. (고후10:4)"우리의 싸우는 병기는 육체에 속한 것이 아니요 오직 하나님 앞에서 견고한 진을 파하는 강력이라." ○ 영성, 은사, 성령님의 활동, 영적 싸움 등은

적당히 넘어가거나 무시될 수 없는 모든 크리스천에게 매우 필수적인 과제입니다. 그동안 교회가 이 부분에 대하여 등한시하거나 외면함으로 현재 많은 성도들이 마귀로부터 공격을 받고 있으며, 어떠한 조치를 취해야할지를 모르고 있습니다. 성도는 영적인 눈이 열려야합니다. ○ 모든 크리스천들은 그리스도의 군사로 영적 전투를 위하여 부르심을 받았습니다. 그러기에 악한 존재들에 대한 실제적인 교육, 지식, 은사사용과 실전에 대비한 훈련을 받아야 합니다. 실전을 통하여 적용해야 합니다. "아들 디모데야 내가 네게 이 경계로써 명하노니 전에 너를 지도한 예언을 따라 그것으로 선한 싸움을 싸우며(딤전1:18)"

5) 선한 싸움에서 이기라. "귀 있는 자는 성령이 교회들에게 하시는 말씀을 들을지어다 이기는 자는 둘째 사망의 해를 받지 아니하리라(계2:11)" 내 영혼을 더럽히지 않으려는 것, 하나님과 악한 것을 동시에 섬기지 않으려는 것, 이러한 것이 바로 우리의 싸움입니다. 이러한 싸움에서 우리가 이겨야합니다. 하나님 앞에 이긴 자로서야 합니다. 이 땅에 있는 것 때문에 싸우려 하지 마시기 바랍니다. 영적인 것을 위하여 싸우려 하세요. 마귀의 유혹에 대적하여 싸우세요. 마귀와 싸워 이겨야합니다. 환경이 어려워도 환경에 지지 마시기 바랍니다. 절망감을 가지지 마시기 바랍니다. 우리의 승리는 영적인 부분에서 시작됩니다. 우리를 둘러싼 환경은 실상이 아니라, 허상입니다. 지나가는 스크린에 지나지 않습니다. 이러한 것들에게 충격을 받지 마세요. 환경을 두려워하지 마세요. 우리는 믿음으로 환경을 만들어갑니다.

16장 집단으로 내적치유 사역하는 비결

(히 12:14-15)"모든 사람과 더불어 화평함과 거룩함을 따르라 이것이 없이는 아무도 주를 보지 못하리라. 너희는 하나님의 은혜에 이르지 못하는 자가 없도록 하고 또 쓴 뿌리가 나서 괴롭게 하여 많은 사람이 이로 말미암아 더럽게 되지 않게 하며"

내적치유는 깊은 차원의 치유입니다. 깊은 곳의 아픔, 상처를 치유하는 것입니다. 잠재의식, 무의식의 치유입니다. 또 내적치유는 인간관계의 치유입니다. 그렇기 때문에 성령의 역사가 아니면 치유가 불가능합니다. 인간은 영적이고 심리적인 존재이기 때문에 인간관계는 감정의 관계, 심리적인 관계입니다. 그런데 감정이나 심리상태, 영적상태가 좋지 못하면 인간관계가 좋지 못하게 되며, 한걸음 더 나아가 하나님과 좋은 관계를 맺지 못합니다. 사람들은 하나님을 믿지만, 하나님과 좋은 관계를 맺지 못하고 있습니다.

내적치유는 이러한 관계성을 치유하는 것입니다. 내적치유는 인간의 가장 내적인 부분인 영으로부터 시작하여 성품, 인간관계, 하나님과의 관계까지도 치유하며, 육신의 질병까지도 치유합니다. 내적치유는 전인격적인 치유입니다. 미국 캘리포니아 주의 어느 지방에서 나이가 수백 년이 된 나무 한 그루가 마침내 쓰려졌습니다. 식물학자들이 그 나무를 잘라본 결과 재미있는 사실을 발견했습니다. 그 나무는 나이를 알려 주는 나이테뿐만 아니라 산불이 나고 한해가 나서 성장이 일시 멈추었던 것까지 자세히 기록하고 있었습니다.

첫째, 집단으로 내적 치유하는 실제적인 방법. 내적 치유는 피사역자에게 상처를 많이 드러내어 성령으로 치유하는 것이 관건입니다. 그럼 어떻게 무의식과 잠재의신의 상처를 드러나게 하는가? 먼저 성령의 임재가 충만하여 환자의 영육을 장악하게 해야합니다. 그리고 상처로 인하여 발생 가능한 상황을 많이 만들어 전합니다. 무의식과 잠재의식의 상처를 현실로 많이 노출되게 하여 드러내야 치유가 잘됩니다. 성령으로 충만하게 하여 마음이 열리게 한 다음 자신을 볼 수 있는 말씀을 증거 하여 최대한 상처가 드러나게 해서 근원을 치유해야 성공적인 내적치유 사역이 됩니다.

하나님께 내적치유의 은혜를 사모하는 분들을 집회에 초청하여 집회를 하면 치유의 효과가 큽니다. 내적치유 집회를 열어서 강력한 성령의 역사를 일으키고 사역을 하면 많은 인원들을 치유할 수가 있습니다. 많은 사람이 모였으므로 성령의 역사도 강하게 일어납니다. 별별 희한한 성령의 역사가 다 나타납니다. 모인 사람들에게 성령의 역사를 체험하게 하고 믿음도 자라게 할 수가 있습니다. 개인별 치유사역에 비하여 장점과 단점이 있으며 여러 가지 특성을 지닙니다. 사역자는 준비를 잘해야 하고 체험이 필요합니다. 무엇보다도 성령의 역사가 일어나도록 내적치유 집회를 인도하는 것이 관건입니다.

본 교회에서는 말씀과 성령의 깊은 임재 하에 세 가지 방법으로 사역을 진행합니다. 첫재째로 자신에게 나타나는 현상을 이용하는 방법. 둘째로 자라나고 성장한 시기별 상처를 치유하는 방법. 셋째로 상처가 생기게 하는 충격적 사건이나 상황을 이용하는 방법을 적용하여 깊은 상처 내적치유 사역을 하고 있습니다.

첫째로 사람에게 나타나는 현상을 이용하여 상처를 드러내고 치유하는 방법. 눈치 살피기, 집착감, 결핍감, 두려움, 불안, 분노, 미움, 원한, 용서하지 못함, 저항, 비판의식, 실패감, 수치심, 죄책감, 증오심, 시기, 잘 놀랜다. 열등감, 우울함, 불면증, 혈기, 실어증(대인기피) 등등 의 상황을 말씀으로 상황을 만들어 전하면서 치유하는 방법입니다.

둘째로 자라나고 성장하는 시기별 상처를 드러내고 치유하는 방법.
1)성령의 깊은 임재 하에 태아기를 조명한다. ○ 부모가 원하지 않은 임신을 했을 경우 태아가 엄마의 부담으로 느껴져 상처를 받게 된다. ○ 혼외 관계, 임신에 대한 지식 준비가 전혀 없는 상태에서의 잉태되었을 경우에 상처가 된다. ○ 태아를 인공 중절 수술하려는 계획과 생각을 했을 경우 태아에게 두려움의 영이 침투한다. ○ 임신 중에 부모나 친척의 죽음을 경험한 경우. ○ 임신 중에 고부간의 갈등이 심한 경우. ○ 임신 후 태아에게 관심을 갖자 못할 정도로 바쁜 생활을 한 경우. ○ 탯줄을 목에 감고 태어난 경우는 목에 관련된 문제가 발생할 수가 있음. ○ 출생할 때의 문제: 머리를 기계로 잡고 끄집어내는 경우 뇌손상이 된다.

2)성령의 깊은 임재 하에 유아기를 조명한다. ○ 잦은 질병을 앓고 자란경우: 어른이 되어 상처로 고통을 당함. ○ 이별로 인한

고아로 자람: 증오심. 내장 기관이 약함. ○ 부모와 떨어져 살았거나 부모가 바쁜 생활에 의해 다른 사람에 의해 길러진 경우 상처받는다. ○ 거부당한 사건이 있는 경우: 먼저 거부한다. ○ 심하게 놀란 일이 있었던 경우. 벌레나 짐승으로 인하여. ○ 부모와 이별을 경험했다. 서러움, 우울증 등으로 고생. ○ 많은 식구로 돌보지 못한 경우 상처가 된다. 이기주의자가 되어 사랑을 받으려고 만함. ○ 부모가 부부싸움이 잦은 경우는 잘 놀라고, 두려움을 잘 타고 잔병이 많다. ○ 사고, 물, 교통, 기타, 높은 곳에서 떨어진 경우 상처가 될 수 있다.

3)성령의 깊은 임재 하에 유 소년기를 조명한다.

○ 부모의 무관심속에서 자라난 경우 관심을 받으려고 노력(가정, 직장). ○ 오랜 기간 스트레스를 받는 부정적인 환경에서 자란 경우도 상처가 된다. 예를 들어 가정의 잦은 불화, 심한 잔소리, 엄한 권위 밑에서 무섭게 양육 받는 것, 잔혹한 여러 형태의 압박 등등. ○ 부모로부터의 잦은 거절을 받았으면 상처가 된다. 유아기는 자기중심적이기 때문에 부모로부터 받은 것 보다 받지 못한 것에 대하여 심각하게 생각하게 되고 상처를 받는다. ○ 부모에게 받은 상처들: 구타, 폭행, 무시, 차별대우 등등. ○ 심한 질병으로 고통당한 경우 상처가 남아있다. 임재시 병원에서 고통 당 하던 그대로 행동을 한다. ○ 자라면서 이별 사건을 경험한 경우 무의식에 상처가 남는다(부모 이혼, 죽음, 이민, 친척집에서 길러짐, 고아원). ○ 부모의 부정사건 (이성)을 경험한 자녀들이 의부, 의처증에 걸릴 확률이 많다. ○ 외롭고, 두렵고, 놀램, 불안(어머니

도망갈까 봐)등등으로 상처를 받았다면 치유 받아야 한다. ○ 가정불화가 심하고 부모님들의 부부 싸움이 잦고, 물질, 재난, 등 고생한 경우 상처가 된다. 성령의 임재시 그대로 떠는 행동. ○ 물, 불, 교통, 천재지변으로 고통당한 경험이 있으면 치유 받아야한다. ○ 학교에서 선생에게 체벌 받은 경험이 있다면 상처로 남아 있을 수 있다. ○ 학교에서 친구들에게 따돌림 받은 경험이 있다면 정신적인 문제로 고생할 수도 있다.

4)성령의 깊은 임재 하에 중고등, 청년시절을 조명한다. ○ 부모에게 받은 상처는 없었던 가? 조명해보라. ○ 가정불화가 심하고 부모님들의 부부 싸움이 잦고, 물질, 재난, 등 고생한 경우 상처가 된다. ○ 질병으로 고통 당 한 일은 없는 가? 조명해 보라. ○ 부모의 부정사건 (이성)을 경험한 자녀들이 의부, 의처증에 걸릴 확률이 많다. ○ 이별 사건으로 부모 이혼, 별거, 죽음, 이민, 친적, 고아원에서 자랐다면 치유가 필요하다. ○ 이성 관계에 상처는 없는 가? 조명해 보아야 한다. ○ 선생님에게 받은 상처는 없는 가? 조명해 보아야 한다. ○ 물, 불, 교통, 천재지변으로 고통당한 경험이 있으면 치유 받아야한다. ○ 소년, 소녀 가장으로 고생하면서 지낸 경험이 있다면 치유 받아야한다. ○ 학교에서 친구들에게 따돌림 받은 경험이 있다면 치유 받아야한다. ○ 군대에서 상처를 받았다면 치유 받아야 한다.

5)성령의 깊은 임재 하에 장년기를 조명한다. ○ 사고 (불, 물, 교통). ○ 사별 (부모, 부부, 자녀). 자녀가 갑자기 죽었다. ○ 이혼 (본인, 자녀). ○ 질병 (본인, 자녀). ○ 사업파산, 해직 등등. ○ 부

부간의 폭행의 상처. ○ 다른 사람과 이성 관계 상처

6) **성령의 깊은 임재하에 현재의 삶에 대해 어떤 생각을 하는지 조명한다.** ○ 현재 자신의 삶에 과거의 상처와의 관계성은 없는 가 조명하라. ○ 자신의 성품이 고쳐지거나 교정되어 가고 있는 가 조명하라. ○ 어떤 일을 시도하려고 할 때 과거의 경험이 되살아나서 포기해 버리지 않는가? 생각하라. ○ 아무 일도 아닌 것에 심하게 스트레스를 받고 쉽게 좌절하거나 우울함에 빠지지 않는 가? 생각하라. ○ 성격의 흐름이 부정적인 쪽으로 흐르지 않는 가? 조명하라. ○ 특정한 성별의 사람을 미워하지 않는 가? 생각해 보라. ○ 나에게 해 끼친 부모와 동성을 동종으로 보고 있지는 않는 가? 조명하여 보라.

7) **성령의 깊은 임재 하에 미래에 대해 자신이 어떻게 생각하고 있는지 조명한다.** ○ 자신에게 나쁜 일이 닥칠 것이라고 예감하지 않는 가? ○ 미래에 대한 계획을 세우려 할 때 포기가 앞서지 않는 가? ○ 새로운 일을 시도하려 하기 보다는 현실에 안주하고 있지 않은 가? ○ 결혼 등 중요한 결정을 하는 데 과거 사건이 영향을 줄 것이라고 생각하지 않는지 곰곰이 생각하면서 치유 받으라.

셋째로 상처가 생기는 사건이나 상황을 이용하여 상처를 드러내고 치유하는 방법. ○ 전쟁사고. ○ 일제 36년. ○ 국가변란. ○ 교통사고. ○ 물에 빠짐. ○ 불에 의한 사고. ○ 부모이혼/자신의 이혼. ○ 부모의 부부 싸움. ○ 갑작스런 죽음(부모, 자녀 등등). ○ 잦고 깊은 병고. ○ 이사와 이민. ○ 천재지변. ○ 조난. ○ 인공유산이나 사고에 의한 유산. ○ 자신의 부주 위로 다른 사람이 죽음.

○ 성폭행 등 사람에 의한 상처. ○ 질병에 의한 수술의 경험 등등의 상황을 전하면서 치유사역을 진행합니다. 상황별 상세한 사례는 출간된 **"내적치유 쉽게 하는 법"** 책을 참고하시면 됩니다.

사람은 감정을 가지고 사는 존재입니다. 과거에 사건 사고를 당했거나 상처를 받았으면 감정에 상처를 입게 됩니다. 감정에 상처를 받고 치유 받지 못하면 영적인 생활과 육적인 건강에 지대한 영향을 미칩니다. 지난날 받은 상처의 감정으로 인하여 순간 사람이 이성을 잃어버려 짐승이 될 수 도 있습니다.

사람이 육적인 감정이 살아나면 육의 활동이 강화되어 영성이 소멸됩니다. 그래서 사리분별을 혼동하게 되어 순간 실수를 하기도 합니다. 그래서 하나님은 항상 기뻐하라, 쉬지 말고 기도하라, 고 명령하시는 것입니다. 마음이 상하는 것은 감정이 상하는 것입니다. 감정이 상처를 받으면 이성을 잃게 됩니다. 감정이 좁아지면 정신을 잃는다. 감정이 이제 나의 조절을 받지 않게 되는 것입니다. 내가 감정의 지배를 받게 되는 것이요, 이성을 잃게 되는 것입니다. 상처를 입게 되면 거기서 나오는 분노의 감정을 통하여 더 깊은 상처를 입고 남에게도 상처를 입히게 됩니다. 상처를 치유 받지 못한 사람에게도 물론 성령님이 내재하시지만, 성령을 체험하기는 하지만, 성령님이 상처받은 마음속에 갇히게 됩니다. 성령이 활발한 활동을 하실 수가 없게 됩니다. 상처로 인하여 우리의 마음이 굳어지고, 강퍅해짐으로, 우리 속의 성령님이 역사하실 수가 없게 됩니다.

상처는 우리 속에 계신 성령님이 역사 하시지 못하도록 마음의 문을 닫아버리게 만듭니다. 상처가 있는 한, 마귀는 더욱 강하게 역사하고, 성령님은 점점 더 갇히게 되는 것입니다. 이것을 나의 대에서 끊어야 합니다. 자녀에게 흘러 들어가지 못하게 해야 합니다. 다른 사람에게 상처 주는 일을 끊어야 합니다. 다른 사람들에게 치유를 주어야 합니다.

셋째, 내적치유 받아야하는 증상은 이렇다. ○ 특별하게 화를 낼 일도 아닌 경우에도 화를 심하게 내며 화를 조절하지 못한다. 마음이 상처가 포화 상태인 경우이다. 마음에 여유가 없다. ○ 감정의 변화와 함께 감정을 다른 사람에게 나타내어 남을 불쾌하게 만든다. ○ 대인관계가 어렵고 새로 사람을 사귀거나 좋은 관계를 지속하기가 힘들다. ○ 감정의 변화와 함께 신체적인 반응이 민감하게 일어난다. 두통, 위장, 심장. ○ 부정적 감정이 살아나면 모든 일에 의욕을 잃고 자신을 조절하지 못한다. ○ 신앙생활이 무미건조하며 영적인 일보다 세속적인 일에 관심을 갖는다. ○ 자기중심적이며 배타적, 의존적 태도. 나이가 먹어도 자립을 하지 못한다. ○ 심한 열등감, 부끄러움, 두려움, 우울, 도피. ○ 매사에 부정적인 자세, 무질서, 산만. 극단적인 성품. ○ 나쁜 습관을 가지고 있다. 폭음. 폭식, 늦잠. 게으름. ○ 기운이 없고 눕고 싶고 시름시름 아프다. ○ 비 건전하거나 더러운 생각들이 자꾸 머리에 떠오른다. ○ 죽음에 대한 생각들을 한다. 자살을 생각한다. ○ 하나님을 먼저 찾기보다 자신이 취할 수 있는 방법을 먼저 행한다. ○ 자신은 상처가 없다고하는 사람. ○ 그래서 점점 더 깊은 죄악 속으로 들어가는 악순환이 계속된다.

넷째, 상처의 기억과 치유하는 방법

○ 깊은 기도로 성령의 임재가 깊어져서 마음이 평안한 상태가 되어야 합니다. 마음이 외부의 영향을 받지 않는 상태가 되어야 한다. 성령 임재로 평온한 상태가 되어야 합니다. 치유에 집중하는 마음 상태가 되어야 깊은 곳에 숨겨진 상처를 성령님의 도우심으로 치유 받을 수 있습니다.

○ 성령님의 임재를 간구한다. 영에서 마음으로, 이성으로 임재가 나타나시도록 간구합니다. 성령님의 깊은 임재 하에 성령의 도우심으로 자신의 과거로 돌아가서 과거에 받았으나 묻혀 있는 크고 작은 상처의 기억을 떠올리며, 상처와 함께 그때 겪었던 당황함, 부끄러움을 회상한 후, 하나씩 그 상처를 주님께 드립니다. 또 한가지 방법은 오늘 어저께 그저께 살아오면서 일어난 비정상적인 사건을 가지고 성령님에게 물어보는 것입니다.

예를 들어서 이제 오늘부터 쭉 생각하시면서 절망, 분노, 고통 당했던 일 실수 했던 부분을 찾아보세요. 그리고 성령님께 물어보세요. 내가 왜 그런 행동을 하는 지. 왜 그러게만 해야 하는 지. 왜 그런 성격이 고쳐지지 않는 지. 성령님 그런 행동이 어디서 나왔죠. 내가 왜 교인들에게 고통을 줍니까. 아내. 자식 남편에게 왜 고통을 주고 있는지. 내가 왜 그런 행동을 하는지. 이런 행동이 나의 성장 과정의 무슨 문제 때문인지. 내가 왜 내 성격을 조절할 수 없는지를 성령님께 물어보세요.

어떤 사람이 나에게 별말을 하지 않았는데 내가 왜 그렇게 화를 내는지를 알게 하소서. 아무것도 아닌데 내가 그 소리들을 때 왜 그렇게 혈기를 냈는지요. 지금 생각하면 아무 것도 아닌데 왜 그 소리 듣고 화를 냈는지요. 왜 나는 사람 앞에서는 것이 두려운 가요. 알게 하소서. 깨닫게 하소서. 내가 성장해온 과정 중에서 무슨 인연이 없는 가요. 성령이여 오소서. 성령이여 깨닫게 하소서.

○ 당시에 받았던 상처로 말미암는 감정이 내면에 떠오르거나 감정이 되살아나면 (수치감, 답답함, 분노, 좌절감, 깊은 슬픔, 두려움 등) 억제하거나 감추지 말고 의식수준으로 표현하십시오. 그리고 그것을 주님에게 드리세요.

○ 이 때 자신의 상처와 관련된 사람을 용서하는 작업을 해야 합니다. 용서하지 않고 단순히 감정만 처리하는 것은 상처의 근원은 그냥 두고 감정만 치유하는 것이며, 이러한 치유는 후에 다시 재발됩니다. 큰 사건, 큰 상처일수록 이 부분에 세심한 주의를 기울여야 하며, 세심한 치유를 했어도 같은 감정이 오면 몇 번이고 계속해서 치유해야합니다. 자신의 마음에 상처를 준 사람을 용서하지 않으면 진정한 치유가 되지 않습니다. 어두움과 저주의 세력에게 자신을 묶어놓고 있는 것입니다.

○ 성령님의 능력으로 치유 받은 후에는 마음에 평안함을 느끼게 됩니다. 계속하여 이 평안을 유지하는 것은 자신의 책임입니다. 오래된 상처나 깊은 상처는 일회적인 치유보다 장기적이고 지속적인 치유를 해야 합니다.

○ 성령님과 교제를 하여 악한 생각이 나지 않도록 기도생활을 해야합니다. 진정한 치유란 지속적인 성령 하나님과의 동행입니다. 늘 마음에 하나님을 느끼고, 하나님과 동행하고 하나님을 의

지하여야 합니다. 그리함으로 늘, 점점 마음이 맑아지고, 자유해지고, 평안해지는 삶을 살아야 합니다.

다섯째, 내적치유 사역 시에 치유되면서 나타나는 현상

① 성령님의 임재가운데 내적치유사역을 하면 잠재의식에 잠재해 있던 세력들이 성령의 초자연적인 역사로 현실로 드러나서 (슬픔, 한, 분노, 우울함, 아픔 등의 억압된 감정들) 가시적인 현상으로 나타나게 됩니다. 이것은 잠재의식에 잠재하면서 뭉쳐있던 상처 뒤에 숨어서 역사하던 영적인 실체들이 성령님의 초자연적인 능력이 임함으로 더 이상 잠재하여 있거나 숨어있지 못하고 자신의 정체를 노출하기 시작하는 신호입니다.

몸이 뒤틀리거나, 호흡이 가빠지거나 빨라집니다. 슬픔이 솟구치며 울음이 터집니다. 가슴을 찌르는 아픔, 위장이나 아랫배 부근에서 뭉치가 움직임, 큰소리가 터짐, 가슴이 답답해지고 기침이 나옴, 하품이나 트림이 나옴, 심한 구토현상, 멀미하는 것처럼 속이 울렁거리며 토할 것 같음, 몸 안에서 무엇인가 빠져나가는 것을 느끼기도 합니다. 이러한 것들은 성령의 임재하심으로 말미암아 더 이상 숨어 있지 못하고 떠나게 되는데, 떠나면서 각각의 특성대로 감정과 육체를 건드림으로 이러한 현상이 나타나는 것입니다. 잠재의식에 잠재해 있던 상처가 성령의 역사로 분출되면서 일어나는 현상입니다. 모두 귀신역사라고 단정하는 것은 경솔한 것입니다. 잠재의식에 뭉쳐있던 상처가 치유되면서 일어나는 현상입니다.

② 사역자는 상대방의 보이지 않는 내면에서 양극단의 세력이 대

립함을 감지해야합니다. 이를 위해 사역자는 눈을 뜨고 상대를 잘 주시해야합니다. 사역자는 기도할 때에라도 눈을 뜨고 상대와 상황을 잘 주시해야합니다. 성령의 감동을 받아가면서 사역을 진행해야 합니다. 사역의 주체는 성령님이시고 사역자는 보조자입니다.

③ 사역자는 성령님의 임재와 강하게 역사 하실 것을 간구한 다음에 성령의 임재하신 상태에서 악한 존재에게 예수의 이름으로 떠나갈 것을 명해야 합니다. 역사는 성령이 하시는 것이고, 사역자는 그분을 돕는 것입니다. 성령께서 역사 하시면 소리를 크게 지르지 않아도 됩니다. 계속해서 자신과 상대방의 성령 충만을 간구하십시오.

④ 몸 안에서 노출된 영적 존재들을 몸 밖으로 축출시키는 작업을 해야만 합니다. 여러 경로로 배출시키는 방법이 있지만, 기침으로 보내는 방법이 쉽다. 육체에 심한 반응을 일으켜서 크게 소리를 지르거나 괴로워할 때, 예수 그리스도의 이름으로 기침으로 떠나갈 것을 명합니다. 계속하여 떠나라고 명해야 합니다. "계속해서 떠나가라. 기침을 통하여 떠나가라. 호흡을 통하여 떠나가라. 트림을 통하여 떠나가라. 울음을 통하여 떠나가라. 웃음을 통하여 떠나가라."고 명령합니다. 아무런 현상이 나타나지 않더라도 믿음으로 명령합니다. 명령하는 소리는 크게 할 필요가 없습니다. 흥분하여 소리를 지르면 체력소모가 많아집니다. 성대가 상할 수도 있으니 나지막한 영에서 올라오는 소리로 명령하시면 됩니다. 대화하는 식으로 명령하시면 됩니다. 소리가 크다고 상처가 떠나가는 것이 아닙니다. 성령의 역사로 떠나가는 것입니

다. 성령님께서 임재하신 상태라면 이러한 말씀에 권세가 들어 있습니다.

⑤ 기침과 함께 침, 가래, 음식물이 나오므로 휴지를 준비해야 하며, 간혹 피가 섞여 나올 수도 있습니다. 피가 나오더라도 두려워할 필요가 없습니다. 성령님이 하시는 일입니다.

⑥ 사역을 하는 동안 상대방에게 일어나는 현상에 대해 설명해 줌으로 마음을 안정시켜주어야 합니다. 두려워하거나 거부하거나 마음을 닫으면 성령의 역사는 멈춥니다.

⑦ 동성인 경우 가슴이나 진통이 오는 부분에 손을 얹고(강하게 누르거나 찌르지 마시기를 바랍니다) 치유를 계속하십시오. 이성인 경우는 환자의 손을 얹고 그 위에 손을 얹고 기도하세요.

⑧ 어느 정도 축출이 된 후부터는 기침보다는 호흡을 통하여 나오라고 명해서 사역을 계속합니다. 한 번에 다 되지 않습니다. 시간이 필요함으로 한 번에 해결하려는 생각을 접는 것이 좋습니다. 하나님의 시간표가 있습니다.

⑨ 가슴과 몸 안에 있던 것들을 기침으로 내어보낸 후 머리에 숨어 있는 것들을 내보내야합니다. 머리에 손을 얹고 뇌 속에 숨어 있는 것들에게 코를 통하여 나가라고 명하면 코로 호흡을 뱉듯이 하면서 떠나갑니다. 머리에 붙어 있던 것들이 배출된 후, 머리 아픈 증상, 불면증, 축농증 등이 치유됩니다.

⑩ 마지막에는 자유 함과 평안함, 건강, 성령의 임재와 동행해주실 것을 간구해주세요. 그리고 관리하는 방법을 알려주어야 합니다. 성령 충만한 믿음생활을 하도록 해야 합니다.

4부 축사의 능력을 받는 비결

16장 귀신의 출처와 역할을 바로 알라.

(고후 4:4)"그 중에 이 세상의 신이 믿지 아니하는 자들의 마음을 혼미하게 하여 그리스도의 영광의 복음의 광채가 비치지 못하게 함이니 그리스도는 하나님의 형상이니라"

내적치유와 축귀능력을 받아서 사역을 하려면 귀신의 출처를 바르게 알아야 합니다. 한국교계에 제일 시비가 많이 걸리는 분야가 귀신축사입니다. 내적치유와 축귀사역을 하시려면 조직신학에 정통해야 합니다. 귀신에 대하여 바르게 알고 사역해야 합니다. 조직신학에 근거하여 사역해도 내적치유 잘되고 귀신축사 잘 됩니다. 어디 출처도 없고 신학적인 근거도 없는 사람이 지어낸 소리를 따라가면서 사역하지 말아야 합니다. 절대로 내적치유하고 귀신을 축사하는 데, 다른 목회자나 성도들이 보아서 이상하다고 생각할 수 있는 사역을 하지 말아야 합니다. 이상한 기법으로 사역한다고 내적치유 더 잘되고 귀신 더 잘 축사되지 않습니다. 문제는 성령의 역사가 함께 하느냐가 문제입니다. 누가 보더라도 성경적이고 조직신학에 근거하여 사역하면 됩니다. 정상적이고 복음적이고 신학적으로 분명하게 사역하면서 귀신을 축사하면 누가 무어라고 하지 않습니다. 내적치유와 귀신축사를 통하여 교회가 자립하고 성장하는 사역이 되어야 합니다. 좌우지간 귀신에 대하여 바르게 알고 사역을 해야 할 것입니다. 이상하게 하는 내적치유와 축사사역 배워서 교회에 와서 사역하면 성도들 다 떠나갑니다. 누가 보아도 보편타당성이 있는 사역을 해야 합니다.

우리가 살아가는 세상은 마귀에게 처해 있다고 주님은 말씀하십니다. 고로 믿는 우리가 세상을 살아가자면 마귀와의 영적인 전쟁을 피할 수가 없습니다. 영적인 세계를 바르게 알고 영적인 전쟁에서 승리하는 모두가 되시기를 바랍니다. 요한일서 5장 19절에는 "또 아는 것은 우리는 하나님께 속하고 온 세상은 악한 자 안에 처한 것이며" 이라고 분명히 말씀하고 있습니다. 다시 말하면 온 세상은 마귀와 귀신들의 지배하에 놓여 있는데, 믿는 우리들은 하나님께 속하고 하나님의 다스림 아래에 놓여 있다는 것입니다. 우리가 거대한 공기의 바다 안에 살 듯 물고기가 물속에 사는 것처럼, 우리는 영적인 공기에 둘러싸여 있습니다. 영적인 바다에 둘러싸여서 살고 있습니다. 즉 영적인 세계에 둘러 싸여 살고 있다는 말입니다. 영적인 세계는 우리들의 마음 안에서도 역사하고 있다는 것을 알고 대처해야 되는 것입니다.

우리가 예수님을 믿기 전에는 마귀와 귀신의 바다 속에 살고 있었습니다. 우리가 예수님을 믿자, 하나님은 우리를 흑암의 권세에서 건져내사, 그 사랑의 아들 나라로 옮겨주셨습니다. 우리 속에서 마귀와 귀신이 쫓겨 나가고, 천국과 성령이 들어와서 우리를 점령하게 되었습니다. 세상은 마귀와 귀신들이 우리를 압박하고 도적질하고 죽이고 멸망시키려고 늘 노리고 있는데, 우리 속에서 마귀와 귀신이 쫓겨 나갔으니깐 이제는 우리와 원수가 된 것입니다.

그때로부터 시작하여 우리는 영적전쟁 상태 속에 들어가게 되는 것입니다. 마귀는 우리를 도로 점령하려고 하고, 우리는 마귀를 내어 쫓고 마귀가 점령하고 있는 이 세상에서 하늘나라를 확장하려고 하고, 이러므로 끊임없는 마귀와 우리와의 투쟁이 시작된 것입니다. 그러므로 주님을 믿는 사람들은 귀신이 들끓는 세상에서 살고 있으므로 영적인 세계에 대하여 바르게 알고 성령으로 충만한 가운데 하나님이 주신 권세를 가지고 하나님의 나라 확장을 위하여 귀신을 대적하며 귀신을 쫓아내고 세상을 장악하는 삶을 살아야 마음속에 참된 의와 평안과 기쁨을 가지고 살 수 있는 것입니다.

첫째, 악귀 귀신의 출처는 이렇다. 귀신은 타락한 천사입니다. 이 흑암의 세력은 하나의 거대한 영적인 나라를 구성하고 있습니다. 사탄이 제일 우두머리고 그 밑에 타락한 천사들이 있고 그 밑에 귀신들이 있었습니다. 그래서 그들은 이런 조직을 가지고 하나님의 백성을 무시해서 사람들을 도적질하고 죽이고 멸망시킨 일을 하려고 합니다. 원래 이 사탄은 처음부터 마귀는 아니었습니다. 처음에는 하나님의 피조물로서 가장 아름다운 천사 장이었습니다. 그러나 그가 교만해져서 피조물인 사탄이 하나님이 되려고 하다가 버림을 받은 것입니다.

이사야서 14장 12절에서 15절에 보면 "너 아침의 아들 계명성이여 어찌 그리 하늘에서 떨어졌으며 너 열국을 엎은 자여 어찌 그리 땅에 찍혔는고 네가 네 마음에 이르기를 내가 하늘에 올라 하나님의 뭇 별 위에 내 자리를 높이리라 내가 북극 집회의 산 위에 앉으리라. 가장 높은 구름에 올라가 지극히 높은 이와 같아지리라 하는도다. 그러나 이제 네가 스올 곧 구덩이 맨 밑에 떨어짐을 당하리로다." 이와 같이 원래 마귀는 루시퍼로써 계명성으로 아름다운 천사로 하나님을 경배하게 만들어 놓았는데 그가 마음에 교만이 들어와서 지음을 받은 존재가 지은 자처럼 되려고 하나님 앞에 대결했습니다. 그 결과로 그는 하나님께로부터 내어 쫓김을 받았습니다. 부패하고 더럽고 반역한 사탄이 되고 만 것입니다.

그런데 이 사탄이 타락할 때 자기 밑에 있던 천사 삼분의 일이 거느리고 같이 타락했습니다. 요한계시록 12장 3절에서 4절을 보면 "하늘에 또 다른 이적이 보이니 보라 한 큰 붉은 용이 있어 머리가 일곱이요 뿔이 열이라 그 여러 머리에 일곱 왕관이 있는데 그 꼬리가 하늘의 별 삼분의 일을 끌어다가 땅에 던지더라. 용이 해산하려는 여자 앞에서 그가 해산하면 그 아이를 삼키고자 하더니" 여기 별들은 천사들을 상징합니다.

하늘에 별 삼분의 일을 끌어다가 땅으로 타락시켰습니다. 이것은 원수마귀가 타락할 때 하늘에 별 삼분의 일을 함께 데리고 공모해서 하나님께 반역한 것입니다. 그리고 그 밑에서 최하의 자리에 마귀의 군사로써 존재가 바로 귀신들이었습니다. 귀신은 어디서 생겨났는지 근원은 성경에 말하고 있지 않습니다만 사탄을 최정점으로 하고, 그리고 그 밑에 타락한 천사들이 있고 그 밑에 최하의 병사들이 있었습니다. 이 귀신들이 나가서 이 세상을 고통스럽게 만드는 것입니다. 이들이 이 세상 마지막 날까지 크리스천들을 공격하다가 예수님께서 재림하시면 무저갱에 들어가 갇히게 됩니다. 그러므로 크리스천은 천국에 갈 때까지 성령의 인도와 지배를 받으며 자신의 영-혼-육을 관리해야 합니다.

둘째, 마귀 귀신의 존재는 이렇다. 피와 살이 없는 영적 존재이며 인간의 육안으로 보이지 않습니다. 그러나 보이지 않지만 분명하게 살아있는 존재입니다. 많은 성도들이 전설의 고향에 나오는 귀신같이 머리 흐트러트리고 으흐흐하고 나타는 것으로 인식하고 있어 귀신이 어디에 있느냐고 그러는 사람이 있는데 귀신은 그런 존재가 아닙니다. 지성, 의지, 감정을 가진 인격적 존재입니다. 그리고 피와 살이 없는 인격적인 존재입니다. 그러므로 마귀는 같은 인격적 존재인 사람을 좋아합니다. 그래서 그 사람의 인격을 마귀의 인격으로 바꾸어 가는 것입니다. 자기의 성품을 그 사람에게 뿌려줍니다. 그래서 혈기 마귀에 들어오면 혈기가 많은 사람이 되는 것입니다. 그래서 성격 중에는 자신의 것이 아닌 마귀가 뿌려준 것이 있다는 것을 명심해야 합니다. 악한 영은 크리스천이라도 공격하지만, 크리스천의 영에는 침범하지 못합니다. 크리스천의 영에는 하나님의 영이 들어와 계시기 때문입니다. 그러나 마음, 감정, 의지(혼)와 육은 공격할 수 있습니다. 그러나 불신자의 경우 악한 영은 그들의 영에까지 침입하여 단단히 장악할 수 있습니다.

셋째, 마귀 귀신의 속성은 이렇다. 마귀는 도덕적으로 타락한 악한 존재이며, 세상과 인간을 타락시키기 위하여 존재하며, 하나님의 일을 방해하는 것을 최고의 목적으로, 서로 연합하여 활동하는 존재로, 악한 영, 더러운 영으로 불립니다. "뱀이 그 간계로 하와를 미혹한 것 같이 너희 마음이 그리스도를 향하는 진실함과 깨끗함에서 떠나 부패할까 두려워하노라(고후11:3)" 마귀, 뱀의 연합작전으로 나의 마음이 부패되지 않게 하시기를 바랍니다. 성령으로 충만하여 마귀를 대적함으로 하나님을 향하는 진실함과 순결함, 순수함을 회복하세요. 성령 충만을 유지하세요. 이러한 자세 속에서 마귀를 대적할 수 있는 권능이 흘러나옵니다. 마음이 복잡해지고, 부패되지 않게 하세요.

냉장고속의 음식이 상하는 것보다 하나님을 향한 내 마음이 상하는 것에 더 관심을 가져야 합니다. 더 가슴 아파해야 합니다. 믿음이 떨어지지 않게 하는 것이 바로 영적 전쟁입니다. 세상과 나는 간 곳이 없어지고 나를 구속한 예수만이 나타나는 상태가 유지되어야 합니다. 이러한 믿음이 떨어지는 것이 내가 죽는 것입니다. 내 안을 주님으로 가득 채우세요. 그렇지 못하는 것이 마음이 부패되는 것입니다. 그러면 가차 없이 마귀가 침입하는 것입니다. 마귀의 특성은 거짓말, 속임, 기만입니다. 우리가 가지고 있는 대부분의 부정적 생각, 가치관은 마귀가 씨를 뿌린 것들입니다. 마귀는 사람들이 하나님과 자기 자신과 다른 사람들을 부정적으로 판단하고 정죄 하도록 합니다. 마귀는 사람들이 부정적인 사고방식에 젖어서 증오와 비난과 죄의식 속에서 허우적거리게 만듭니다.

"너희는 너희 아비 마귀에게서 났으니 너희 아비의 욕심대로 너희도 행하고자 하느니라 그는 처음부터 살인한 자요 진리가 그 속에 없으므로 진리에 서지 못하고 거짓을 말할 때마다 제 것으로 말하나니 이는 그가 거짓말쟁이요 거짓의 아비가 되었음이라 (요8:44)" 습관적으로 긍정적인 것을 말하려고 하시기를 바랍니다. 언어의 습관에서 거짓말을 하게 하는 악한 세력을 대적하여 물리치시기를 바랍니다. 기도를 통한 영적 치유와 자신의 노력을 통한 습관의 형성이 필요합니다. 마귀는 타락한 영적 존재이므로 자신을 인간에게 접촉하여 그 사람을 타락시켜서 자신의 도구로 사용하기를 원합니다. 영은 영적 존재와 교제, 교류가 가능하기 때문입니다. 영적 존재에는 완전한 영적 존재인 하나님, 천사, 마귀와 육체를 지닌 영적 존재인 인간이 있습니다. 하나님, 천사는 같은 영적 존재이므로 마귀의 존재를 볼 수 있고, 특성을 알고 있어서 접근하지 못하지만, 그러나 인간은 영적 존재나 육체적인 본능에 의한 삶을 살고 있기 때문에 마귀의 접근과 미혹이 가능합니다. 짐승은 인격적인 존재가 아니므로 마귀가 조정할 수가 없습니다. 지정의를 사용하여 악을 퍼뜨릴 수가 없습니다. 그러므로 마귀는 사람들을 공격하는 것입니다.

마귀는 사람들이 충동적이 되도록 부추김으로 마약중독, 알코올중독, 담배중독, 과식증, 거식증, 성문란, 노름, 물질주의, 경쟁의식, 지배욕, 또는 지나치게 공부하는 것, 좋은 옷을 입는 것, 종교적인 것, 교리적인 것, 성취욕 등에 사로잡히게 합니다. 마귀는 인간의 영을 미혹하여 하나님대신 예배의 대상이 되려고 기를 쓸니다. 인간은 영적 존재임으로 하나님을 찾는 예배 적 본능이 있기 때문에 하나님을 섬기지 않으면 마귀의 대용물인 우상을 숭배하게 됩니다. 마귀는 자신들이 지니고 있는 초능력을 이용하여 사람들로 하여금 귀신들리게 함으로써 마귀의 이와 같은 목적을 이룰 수가 있습니다. 마귀에게 들리게 되면 영적으로 무지한 사람들에게 마치 하나님의 능력과 같이 보이는 초인간적 힘을 발휘하게 됩니다. 사단은 자기를 신으로 섬기기를 요구하며, 무조건 맹종해 줄 것을 바랍니다. 사단은 또한 육체적 고통을 인간들에게 부과하든지 거짓된 약속을 하든지 두려운 공갈로 인간을 협박합니다. 이와 같이 되어 우상 숭배와 미신이 사회관습과 어울려지게 되는 것입니다. 귀신의 활동의 대부분은 종교라는 탈을 쓰고 나타나며, 우상숭배와 도덕, 윤리적 타락은 함께 기원합니다. 술, 담배, 마약 등의 중독성 악습은 모두 귀신숭배의 부산물이며, 동성연애, 간음, 강간, 살인 등의 윤리적 타락의 근원이 됩니다. 인간은 영적이기에 다른 영적 대상을 섬길 때, 그 존재의 특성을 닮게 됩니다.

마귀는 하나님이 기뻐하시는 일은 무엇이든지 싫어합니다. 그들은 인간에게 강한 질투심을 가지고 있으며 특히 하나님의 자녀가 된 크리스천에게는 더한 질투심을 지니고 있습니다. 그러므로 그들은 하나님을 섬기는 성도와 교회를 공격하여 하나님과의 관계를 끊으려는 목적으로 활동합니다. 마귀는 우리들 속에 있는 하나님의 형상을 미워하고 있습니다. 그는 바로 우리들이 지니고 있는 인간성을 미워하는 것입니다. 하나님의 아들이 바로 이 인간성을 입고 세상에 왔던 것입니다. 마귀는 특별히 우리에게 있는 하나님 닮은 성품을 주요 공격목표로 삼는 것입니다. 마귀는 하나님의 영광을 증오합니다. 그런데 우리들은 이 하나님의 영광으로 말미암아 영원한 행복에 도달할 수 있도록 창조되었습니다. 마귀는 우리가 우리 속에 있는 하나님의 영광을 잊고 벌레 같은 존재로 여기도록 부추깁니다. 마귀는 벌레 신학의 저자이기도 합니다. 마귀는 인간의 몸을 안식처로 삼습니다. 악한 영들이 인간의 몸을 선호하는 이유는 인간이 영적 존재이며, 자신들의 영향을 잘 받으며, 자기들이 쉴 수 있는 곳이며, 더 나아가서는 전인격을 소유할 수 있기 때문입니다. 마귀는 인간을 잘못되게 하는 일이라면 가리지 않고 앞장서서 행합니다. 사람들을 괴롭히는 것이야말로 이 세상에서 광범위하게 활동하고 있는 악한 영들의 주된 업무입니다. 마귀의 주된 관심은 사람들, 특히 크리스천의 삶을 파괴시키는 것입니다.

마귀는 자신이 세상을 지배하는데 있어서 위협이 된다고 생각되는 것은 무조건 파괴시키고 잘못되게 하려고 혈안이 되어 있습니다. 사람들의 마음속에 견고한 진을 쌓거나(고후10:4), 기독교 사역을 공격할 뿐 아니라, 교묘히 기독교 교리에 침투해 들어가며(딤전4:1), 사람들의 건강(눅13:11)과 날씨에까지도 영향을 미칩니다(눅8:22-25).

넷째, 귀신은 여러 가지 종류가 있다.

1)성경에 보면 더러운 귀신이 있습니다. 이 더러운 귀신은 사

람들에게 붙어서 더러운 생각, 더러운 말, 더러운 행동을 하게 하는 것입니다.

2)그 다음에는 악한 귀신이 있습니다. 이악한 귀신은 분열과 분쟁을 가져옵니다. 고통을 가져오는 것입니다. 악한 귀신이 찾아오면 부부간에 분열되고, 가정이 파괴되고, 교회가 분열되고, 사업장이 분열되고, 사회가 분열되어 고통을 가져오는 것입니다. 이악한 귀신을 우리가 내어 쫓지 않으면 분열을 막을 도리가 없고 고통을 막을 도리가 없는 것입니다.

3)그 다음 종교적인 미혹의 영이 있습니다. 여러 가지 종교를 가지고 와서 참 하나님을 믿지 못하게 하고 참 구주되신 예수님을 믿지 못하게 하는 것입니다. 미혹의 영이 와서 여러 가지 우상과 자신을 섬기게 만드는 그런 영이 있습니다. 거짓말을 하는 영이 있어 사람들에게 여러 가지 거짓말로써 깨어서 진리를 쫓지 않게 하고 거짓에 속아 살다가 파멸되게 만드는 것입니다.

4)점치는 귀신이 있어서 사람들에게 불안하니까 내일을 알려 준다고 말미암아 그 귀신에게 잡혀서 참으로 우리에게 구원을 주시는 하나님을 믿지 못하게 하고 그리스도를 따라가지 못하게 하고 있습니다.

5)병들게 하는 귀신이 있습니다. 이것은 여러 가지 병균을 가지고 와서 사람들에게 침투해 와서 사람들을 병들게 하고 고통을 주는 것입니다. 예수님께서 고친 병들은 거의 다. 귀신에게 눌려서 병든 것입니다. 성경은 말하기를 사도행전 10장 38절에 "하나님이 나사렛 예수에게 성령과 능력을 기름 붓듯 하셨으매 그가

두루 다니시며 선한 일을 행하시고 마귀에게 눌린 모든 사람을 고치셨으니 이는 하나님이 함께 하셨음이라"라고 말했습니다. 마귀는 사람을 눌러서 수많은 병들을 일으키게 하는 것입니다.

6)그 다음에 불신케 하는 귀신이 있습니다. 이 귀신은 사람들의 마음속에 불신앙을 집어넣습니다. 그래서 하나님을 부인하고 예수님을 부인하고 이 세속에 속해서 죄악에 따라 살게 하는 것입니다. 이 불신케 하는 귀신 중에 가장 흉악하게 하는 귀신이 바로 공산주의 귀신입니다. 공산주의는 유물론적 무신론으로써 러시아국민을 유세해서 세계에 수많은 사람들을 무신론으로 몰아넣어서 멸망 받게 만들고 최후에도 자기도 파멸되게 만드는 것입니다.

이와 같이 이 세상에는 눈에 안 보이는 배후의 세계, 아버지 하나님과 아들과 성령 삼위일체와 천사들이 있어 우리에게 생명을 주되 넘치게 주기를 원하는가 하면 그 반대로 사탄이 있어 그 밑에 타락한 천사들을 거느리고, 그 밑에 귀신들을 데리고 사람들에게 와서 사람들을 도적질하고 죽이고 멸망시키는 일을 하고 있는 것입니다.

그러므로 우리가 예수를 구주로 모시고 아버지의 나라에 속하면 하늘나라의 백성이 되고 예수님을 배반하고 아버지하나님을 믿지 않으면 사탄의 나라에 속하여서 귀신의 지배를 받고 살게 되다가 파멸하게 되는 것입니다. 그러므로 이 배후에 세계는 하늘나라와 사탄의 나라 이 두 나라가 영적으로 존재하고 있는 것입니다.

다섯째, 마귀 귀신이 교회에서 하는 일은 이렇다.

1) 축사사역에 대한 부정적 인식을 하게 합니다. 마귀에 대해 관심을 가지지 못하게 하거나, 존재를 부인하게 만들기도 합니다. 또는 마귀를 두려워하게 만들며, 축사사역을 두려워하게 하거나 귀찮은 사역, 또는 이단시하게 합니다. 마귀는 두려운 존재이나, 무서워할 존재는 아닙니다. 그러나 상대를 알아야 싸워 이길 수가 있습니다. 육체적 힘만 가지고는 안 됩니다. 우리가 가진 예수님이 주신 영적 권세를 알아야 합니다. 적을 알아야 마귀를 이깁니다. 우리가 마귀에 대하여 잘 모르는 동안 마귀는 우리를 잘 알고 있으며, 또 아는 만큼 쉽게 우리를 공격합니다. 내 인생에 나보다 더 크게 영향을 끼치시는 분은 성령님이시지만, 마귀도 내 인생에 큰 영향을 미칠 수 있습니다. 악한 마귀는 사랑해야할 사람을 덤덤한 사람으로 만들어버리고, 열심을 내야할 일에 열심 내지 못하게 만들고, 애착을 가지지 말아야 할 일에 집착하게 만듭니다.

하나님에게는 미지근하게 만들고 세상과 물질에 대해서는 애착하게 만듭니다. 우리의 감정을 자극해서 그렇게 하는 것입니다. 나도 내 의지를 가지고 내 마음대로 하지 못한다는 것은 내가 이러한 마귀의 존재에 영향을 받는다는 것입니다. 그러면 어떻게 해야 하는가? 하나님에게 순복하는 것입니다. 하나님이 주시는 빛의 능력으로 마귀를 이겨야 합니다. 마귀는 우리의 자아, 정신 세계에까지 침입하여 우리에게 영향을 끼칩니다.

성공하는 인생에 가장 필요한 것이 성품입니다. 성공은 외부로 나타나는 것이고, 성품은 그것을 외부로 나타나게 하는 내적 요인입니다. 성공하려고 집중하지 말고 성공할 수 있게 만드는 내적요소인 성품관리에 집중해야 합니다. 내면을 튼튼하게 하고, 내면에 하나님의 은혜를 채우려고 하시기를 바랍니다. 이것이 영적전쟁이고, 마귀가 우리 내면에서 활동하지 못하게 하는 것입니다.

2) 미혹합니다. 우리가 마귀에 대하여 관심을 가지고 있지 않으나 마귀는 교회와 성도들에게 특별한 관심을 쏟고 있으며 자신들이 보유한 능력을 활용하여 목회자의 목회관심을 하나님이 원치 않는 세속적인 방향으로, 또 성도들이 하나님의 나라보다는 세상에서 즐기는 낙을 더 사모하게 만듭니다.

3) 분쟁을 일으킵니다. 교단, 교회, 목사와 교인, 교인과 교인을 서로 이간질시키며 당을 지으며, 권력다툼과 같은 파벌을 만드는 행위를 하게 합니다.

4) 잘못된 교리를 정립하게 합니다. 성경에서 독자적인 교리를 신학화하여 자신의 지식, 체험을 극대화시켜서 하나님의 능력을 제한시킵니다.

5) 극단적 교리를 추구하게 합니다. 성경의 한 부분을 너무 강조하거나 극단적인 부분에만 집착하게 합니다. 구원, 재림, 회개, 전도, 귀신, 천사, 능력, 또는 삼위일체의 어느 한 분에게만 집착하거나, 삼위 중 어느 한 분을 제외시키는 것 등을 추구하게 합니다.

6) 세속적인 교회가 되게 합니다. 교회가 성령의 인도함에 따라 움직이지 않고 조직, 프로그램에 의하여 움직이게 만듭니다.

사람들을 즐겁게 해주는 사람들의 모임이 되게 하려고 유도합니다. 교회를 성령의 역사에 의한 치유하는 교회보다 사회의 단체처럼 운영하게 하고, 성도 개개인에 대한 관심보다 설교와 프로그램 위주가 되게 합니다. 삶에 필요한 실제적인 설교보다 신학적으로 설교하게 하고, 율법으로 설교하게 하고, 문제를 하나님에게 기도하여 스스로 해결하는 권세 있는 성도로 만들기보다, 목회자의 그늘에 들어와 사는 성도가 되게 합니다.

그래서 성도는 외면에 치중하기보다, 내 속을 성령님으로 채우는 것에 관심을 가져야합니다. 마귀는 우리의 관심을 자꾸 밖으로 빼어 돌립니다. 돈, 물질, 외형에 관심을 쏟게 합니다. 내면으로 들어가면 하나님을 만나기 때문에 마귀는 어떻게 하든지 우리가 내면으로 들어가지 못하게 합니다. 외형적인 것으로 우리를 자꾸 유혹합니다. 40일 금식기도, 작정기도, 산상기도.. 등등으로 우리를 유혹합니다.

7) 분리하고 분파를 조장합니다. 자신들의 주장, 교리, 전통, 체험을 주장하며 타 교단과 분리, 분파, 파벌을 조성하여 그리스도의 몸을 나눕니다.

8) 교회 지도자의 물질적, 성적 타락을 통해 교회와 성직자의 권위를 땅에 떨어뜨림으로 믿음이 약한 성도를 교회에서 떠나게 하며, 전도의 문을 막는 일을 합니다. 목회자의 정욕을 자극하는 것이 바로 마귀의 공격이고, 성결한 삶을 사는 것이 영적 전쟁을 하는 것입니다.

17장 영적세계가 열려야 축사 사역한다.

(엡6:12)"우리의 씨름은 혈과 육을 상대하는 것이 아니
요 통치자들과 권세들과 이 어둠의 세상 주관자들과 하늘
에 있는 악의 영들을 상대함이라."

내적치유와 축귀능력을 받아 사역을 하실 분들은 반드시 영적
인 세계를 밝히 알고 볼 줄 알아야 합이다. 내적치유와 축귀사역
을 하시는 사역자가 영적세계가 열리지 않으면 시각장애인이 서
울 시내를 걸어 다니는 것과 같습니다. 생각해보시기를 바랍니
다. 시각장애인이 서울 시내를 혼자 다닌다면 얼마나 불안하고
답답하겠습니까? 영적인 사역자는 먼저 영적세계를 보는 식견이
열려야 합니다.

하나님은 예수를 믿고 성령으로 거듭난 성도가 영안이 열려 영
적인 세계를 알고 영적전쟁을 하여 이 땅에 하나님의 나라를 이
루기를 원하십니다. 영적인 세계에는 성령이 계시고, 마귀가 있
고, 하나님을 시중드는 천사가 있고, 성령으로 거듭난 성도가 거
합니다. 성령은 예수를 영접한 사람의 영 안에만 주인으로 임재
하여 거하십니다. 그러나 마귀는 들어오라고 초청하지 않아도 혈
과 육을 통하여 들어와 좌정하고 있습니다. 그것은 아담의 죄악
으로 옛 사람, 육은 마귀의 종이기 때문입니다. 그래서 마귀는 저
같이 나름대로 성령으로 충만하고 능력이 있다는 사람도 생각이
세상으로 향하다가 육신적으로 행동을 하게 되면 가차 없이 들어

옵니다. 그러므로 영적인 세계는 한 마디로 영적 투쟁의 세계입니다. 그래서 우리는 영적인 세계를 알고 대비하여 자신의 귀중한 영을 지켜야 하는 것입니다. 그래서 예수를 믿고 성령으로 거듭난 우리는 우리의 대적 마귀의 전술을 알아야 하는 것입니다. 손자병법에도 지피지기(知彼知己)이면 백전무퇴(百戰無退)라고 했습니다. 여기서 '피'는 상대, '기'는 자신을 뜻합니다. '알지'자를 붙이면, '상대를 알고 나를 안다'라는 뜻이 되겠고, 일백 백, 싸울 전, 없을 무, 물러날 퇴입니다. 여기서 '무'는 없다는 뜻 보다는 아니한다는 뜻에 가깝습니다. '백번 싸워서 물러나지 않는 다'입니다. '상대를 알고 나를 알면 백번 싸워서 물러나지 않는 다'우리도 우리의 대적인 마귀의 능력을 알아야 하고, 자신의 권세를 알아야 하나님의 군사로서 백전백승할 수가 있습니다. 예수를 믿어 성령으로 거듭나 하나님의 영으로 인도함을 받는 성도는 하나님의 군사입니다. 하나님의 군사라면 하나님이 자신에게 주신 권세(카리스마)를 알아야 합니다. 그리고 주신 카리스마를 사용할 줄 알아야 군사로서 임무를 제대로 감당할 수가 있습니다. 저는 원래 군인 이였습니다. 그래서 군대 여러 보수교육 과정에서 전략과 전술에 대하여 많이 배우고 실습을 했습니다. 그래서 인지는 몰라도 목회자가 되어서도 하나님이 저에게 주신 권세(카리스마)도 알고 싶었습니다. 또, 저의 적인 사단에 대하여도 알고 싶었습니다. 그리고 하나님이 주신 권세(카리스마)를 어떻게 사용하는지도 알고 싶어서 많이 노력을 했습니다. 그래서 제가 지금까지 성령치유 사역을 하면서 경험한 영적세계에 대하여 이론을 적립하여 책을 쓰게 되었습니다.

크리스천에게 하나님께서 주신 텍스트 성경은 영적 존재와 영적 세계에 대해 적나라하게 설명하는 책입니다. 세상에 그 많은 책들 중에 보이지 않는 영적 존재와 영적 세계를 체계적으로 다루는 책은 성경뿐입니다. 하나님은 보이지 않는 분이시나, 그가 보내신 예수 그리스도를 통해 하나님의 실존을 보여주셨고, 천사는 눈에 보이지 않으나, 그들의 활동을 통해 천사의 위치와 그 사역을 보여주셨습니다. 또한 인간의 영혼은 눈에 보이지 않으나 성령의 감동을 혼에 전달하여 순종하게 하는 일들을 통하여 그 실존을 알게 하셨습니다. 이 모든 것을 때로는 비유로 때로는 실상으로 우리에게 그 영적실상들을 보여주는 것이 성경입니다.

성경은 우리에게 하나님, 천사, 인간, 이 세 영적 존재의 위치와 역할 및 상호관계를 말해줍니다. 사람들은 하나님과 하늘을 동일시하여 하늘을 바라보며 막연히 머릿속에 어떤 신을 떠올리기도 합니다. 또 흰옷을 입고 날개 짓을 하고 있는 아름다운 아기 천사를 떠올리기도 합니다. 그러면서도 하나님이나 천사에 대해 영적 존재라고는 생각지 않습니다.

아직도 많은 그리스도인들이 여전히 하나님을 관념적 존재로 여기고 있고, 천사를 숭배할 대상으로 생각하고 있는 것입니다. 결국 영적으로 분명해야 할 하나님과의 관계가 불분명하고, 적극적으로 부리고 사용해야 할 종인 천사들의 도움을 받지 못하다보니, 신앙생활 자체가 관념적이고 무능력할 수밖에 없습니다. 하나님의 자녀가 마귀에게 당하면서 살아가는데 정작 자신은 이유를 알지 못한다는 것입니다.

영적세계를 모르면 눈은 떠있으나 소경이나 마찬가지입니다. 개척목회자가 영적인 세계를 모르면 개척목회가 힘들어집니다. 목회는 성령께서 직접 하시는 일이기 때문입니다. 성령의 임재와 역사를 알지 못하고 목회를 할 수가 없습니다. 성령의 역사를 보지 못하고 모르면 살아계신 하나님을 증명할 수가 없습니다. 개척교회는 살아계신 하나님의 역사가 일어나야 개척교회가 자립하고 성장할 수가 있습니다. 개척교회만이 아니고 성도들의 가정도 마찬가지입니다. 살아계신 하나님의 역사가 일어나야 가정이 천국을 누리며 영육의 축복을 받으면서 살아갈 수가 있는 것입니다. 가정에 살아계신 하나님의 역사가 일어나지 않으니 가정에 우환과 환란과 풍파와 부부불화가 일어나는 것입니다. 크리스천은 무엇보다도 생명의 말씀과 성령으로 영적세계를 보고 지배하는 눈이 열려야 합니다.

영원하신 하나님은 우리가 성령으로 영안을 열어 영적인 세계에 대하여 바르게 알고 분별하여 대처하기를 소원하십니다. 유일하신 하나님은 우리가 영적 세계를 알고 실제로 체험하고 5차원의 성령의 권능으로 4차원 이상의 영적인 세계와 3차원의 인간세계와 물질세계를 지배하기를 원하십니다. 5차원의 영적 세계에는 두 가지 형태의 영이 존재합니다. 하나님의 성령과 성령으로 거듭난 사람입니다. 4차원의 세계에는 타락한 마귀의 영이 거합니다. 하나님의 일반 은총으로 누구나 사용하면서 살아가는 인간세계, 물질세계는 3차원에 속합니다. 3차원은 보이는 세계입니다. 인간계 물질계입니다. 그렇다면 3차원의 인간세계와 물질세계를 지배하는 것은 무엇입니까?

5차원의 성령의 세계와 4차원에 속한 영의 세계입니다. 저는 이 책에서 편의상 물질세계와 인간세계를 3차원이라고 지정하여 부르고, 영적인 세계를 5차원의 성령의 세계와 4차원의 마귀의 세계라고 지정하여 부르겠습니다.

필자가 지정한 1차원, 2차원, 3차원, 4차원, 5차원을 좀 더 세부적으로 자세하게 설명하겠습니다. 1차원은 식물세계를 말합니다. 2차원은 동물세계를 말합니다. 3차원을 인간세계와 물질세계를 말합니다. 영적인 세계는 보이지 않는 세계로서 4차원인 마귀의 세계와 5차원인 성령의 초자연적인 세계를 말하는 것입니다. 다른 표현으로는 사람(3차원)입니다. 마귀와 귀신인 초인적인(4차원) 존재가 있습니다. 하나님=성령님은 초자연적인(5차원)입니다. 이렇게 두 가지로 이해하시고 책을 읽어 가시기를 바랍니다. 그래서 1차원인 식물은 2차원인 동물이 지배하고 살아갑니다. 2차원인 동물세계는 3차원인 인간이 지배하고 다스리며 살아갑니다. 그리고 3차원의 인간세계와 물질세계는 4차원인 타락한 마귀의 세계에 지배를 당하고 살아가는 것입니다.

4차원의 타락한 마귀의 세계는 5차원인 성령님과 성령으로 거듭난 크리스천에게 지배당하고 살아가는 것입니다. 그래서 3차원의 세계에 속한 성령으로 거듭나지 못한 인간(자연인)이 4차원의 마귀의 세계를 지배할 수가 없는 것입니다. 왜 그렇습니까, 아담이 마귀의 미혹에 속아서 선악과를 먹음으로 사람의 영적인 지위가 마귀 아래로 내려갔기 때문입니다. 그래서 예수를 믿지 않는 인간은 4차원에 속한 마귀를 이길 수가 없고, 마귀의 종이 되어 마귀의 지배를 당하며 살아가는 것입니다. 그래서 예수를 믿지 않는 세상 사람들은 모두 마귀의 종으로 살아가는 것입니다. 세상 사람들은 마치 이스라엘 백성들이 애굽에서 바로왕의 수하에 속해서 종살이를 하면서 살아가는 것같이 마귀의 종으로 살아가는 것입니다. 그래서 세상 사람들이 환란과 풍파를 당하면 인간 스스로 해결할 수가 없다는 것을 알고 무당이나 신접한 잡신들을 찾아가는 것입니다. 그래서 그들에게 무엇을 얻어서 환란과 풍파를 면해보려고 하지만 할 수가 없고 물질을 빼앗기면서 고통만 더 당하면서 살아가는 것을 신문 지면과 매스컴을 통하여 우리는 잘 알 수가 있는 것입니다.

그러나 인간이 예수를 믿고 성령으로 세례 받으면 영적인 권위가 5차원으로 상승되는 것입니다. 그래서 성령으로 거듭난 크리스천이 4차원의 마귀 귀신을 지배하고 살아갈 수가 있는 것입니다. 우리 크리스천이 마귀와 귀신으로부터 자유 함을 누리려면 성령으로 세례를 받아야 합니다. 그리고 성령의 인도와 지배를 받아야 합니다. 그래야 영육의 자유함을 누리며 살아갈 수가 있는 것입니다.

그러면 영의 세계는 어떤 세계입니까? 보이지 않는 영의 세계입니다. 그러나 실존하는 세계입니다. 살아서 역사하는 세계입니다. 영적세계가 인간세계(3차원)를 지배합니다. 하나님의 성령과 마귀와 성령으로 거듭난 사람의 영이 거하는 보이지 않는 영적인 세계입니다. 이 보이지 않는 영의 세계가 보이는 인간세계와 물질세계를 지배하는 것입니다. 좀 더 깊이 있게 설명하면 우리가 성령을 요청할 때 어떻게 기도합니까? 성령이여 임하소서라고 기도합니다. 이는 성령이 임해야 보이는 세계가 지배되기 때문입니다. 다시 말해서 인간세계의 문제나 환란과 풍파가 성령에게 장악을 당해야 해결되는 것입니다. 왜냐하면 보이는 세계에 일어나는 악의 문제의 배후에는 4차원의 영적존재인 마귀가 있기 때문입니다.

그래서 마귀보다 강한 5차원의 성령이 임하여 장악해야 성령의 역사로 문제나 환란과 풍파가 떠나가고 사람의 눈에 보이는 하나님의 창조물이 생겨나는 것입니다. 이것은 성경에 잘 기록되어있습니다. 창세기 1장2절부터 3절만 읽어보면 이해가 되는 것입니다. "땅이 혼돈하고 공허하며 흑암이 깊음 위에 있고 하나님의 영은 수면 위에 운행하시니라. 하나님이 이르시되 빛이 있으라 하시니 빛이 있었고(창1:2-3)" 땅이 공허하며 흑암이 깊음 위에 있었는데 하나님의 영(성령)은 수면에 운행을 했다고 했습니다. 이는 하나님의 영(성령)이 공허하고 흑암이 깊은 곳을 장악하니 하나님의 말씀대로 빛이 있으라 하시니 빛이 생겨났다고 말씀하고 있습니다.

이는 성령이 혼동하고 공허한 세상을 장악하고 하나님의 말씀이 떨어지면 하나님의 말씀대로 창조물이 생겨난다는 것입니다. 영의 세계는 말로서 보이는 형상이 나타나는 것입니다. 그러므로 성도는 말을 잘해야 합니다. 말이 씨가 되는 것입니다. 성령으로 거듭난 성도가 말한 그대로 이루어지는 것입니다. 그래서 하나님이 천지를 창조하실 때 성령으로 천지를 장악하시고 말씀으로 천지를 창조하신 것입니다. 그리고 성령으로 거듭난 성도가 아니더라도 영의 세계의 영향을 받아 우상을 숭배하는 신비종교들도 말로서 보이는 형상을 이루어내는 것입니다.

이는 애굽의 현인들과 마술사들을 보면 잘 알 수가 있는 것입니다. "모세와 아론이 바로에게 가서 여호와께서 명령하신 대로 행하여 아론이 바로와 그의 신하 앞에 지팡이를 던지니 뱀이 된지라. 바로도 현인들과 마술사들을 부르매 그 애굽 요술사들도 그들의 요술로 그와 같이 행하되 각 사람이 지팡이를 던지매 뱀이 되었으나 아론의 지팡이가 그들의 지팡이를 삼키니라(출7:10-12)" 이렇게 마술사들도 지팡이로 뱀을 만듭니다. 그러나 아론의 지팡이가 그들의 지팡이를 삼켰다고 했습니다. 그러므로 마술사들이 만들어내는 형상은 미혹하는 허구에 불과한 것입니다. 그러므로 우리는 영안을 열어 영적인 세계를 분별해야 합니다.

그럼 원래 사람이 마귀의 지배아래 있었습니까? 아닙니다. 하나님은 아담보고 에덴동산을 지키고 가꾸라고 했는데 아담이 에덴동산을 지키지 아니했었습니다. 왜냐하면 마귀가 마음대로 출입하도록 내버려 두었습니다. 마귀는 에덴동산에 조그마한 제재도 없이 마음대로 들락날락 했습니다. 하나님이 아담에게 에덴동산을 지키라고 했는데 안 지켰습니다. "여호와 하나님이 그 사람을 이끌어 에덴동산에 두어 그것을 경작하며 지키게 하시고(창2:15)" 분명히 하나님이 지키라고 하셨습니다. 우리들도 성령의 임재가운데 하나님의 축복을 지켜야 합니다. 그런데 안 지킨 것은 아담의 잘못인 것입니다. 그리고 마귀의 유혹에 찬 말에 귀를 기우렸습니다. 마귀가 나쁜 것을 알면서도 마귀와 대화를 하고 마귀의 유혹에 귀를 기우렸다는 이 자체가 대단히 잘못된 것입니다.

창세기 3장 4절로 5절에 "뱀이 여자에게 이르되 너희가 결코 죽지 아니하리라. 너희가 그것을 먹는 날에는 너희 눈이 밝아져 하나님과 같이 되어 선악을 알 줄 하나님이 아심이니라"고 선악과를 따먹으라고 유혹해서 하와가 따먹고 아담에게도 주어서 아담도 먹고 하나님을 반역하고 그들은 마귀의 종이 돼 버리고 말은 것입니다. 그러므로 사람은 성령을 힘입지 않고는 4차원의 마귀를 지배할 수가 없습니다. 그리고 마귀는 하나님으로부터 창조된 피조물이므로 초자연적으로 역사하는 5차원인 성령을 지배할 수가 없습니다. 왜 그렇습니까? 성령은 하나님이십니다. 성령은 세상에 초자연적으로 역사하는 삼위일체 하나님이십니다. 고로 성령 하나님이 이 천지 만물을 지배합니다.

창세기 1장 2절에 "땅이 혼돈하고 공허하며 흑암이 깊음 위에 있고 하나님의 영은 수면 위에 운행하시니라."고 말씀하시므로 성령께서 보이는 세계를 장악하시는 것으로 묘사되어 있습니다. 그러므로 성령께서는 하나님의 모든 능력을 실제로 행하시고 역사하시는 영원한 차원의 세계에 속한 분입니다. 그러나 성령은 예수를 영접한 사람에게만 내주 하십니다. 절대로 강압적으로 인간의 영을 지배하지 않습니다. 반드시 예수를 영접한 사람의 영 안에 내주하십니다. 그러나 마귀는 그렇지 않습니다. 옛 사람(예수를 영접

하지 않은 아담 안에 있는 사람)은 마귀의 종이였기 때문에 마음대로 인간을 점령하는 것입니다. 그리고 사탄에 의해 지배되는 악령의 세계인 흑암도 사람보다 강한 초인적인 힘으로 영적인 세계에 능력을 행사하지만, 그것은 진정한 의미의 영적인 세계가 아닙니다. 이는 성령의 세계와는 전적으로 다른 것입니다.

그래서 5차원인 성령의 역사가 일어나면 떠나가야 하는 것입니다. 그러나 애굽의 마술사들이 하나님의 능력을 모방한 것과 같이 악령의 세계에도 일시적이고 허위 적인 치료와 기적들이 일어나기도 합니다. 사탄은 이러한 허위적이고 특이한 기적의 사건들을 일으키면서 이에 속아 현혹되고 미혹된 사람들을 끌어들입니다. 사탄은 예수 그리스도 안에서 성령으로 거듭나지 않더라도 영적인 체험을 할 수 있다고 사람들을 속이고 미혹합니다.

그러나 우리가 여기서 똑바로 기억해야 할 점은 사탄이 사람들을 미혹하기 위해 아무리 하나님의 능력을 모방한다 하더라도, 그 능력은 역시 하나님의 권세 아래 제한되어 있다는 점입니다. 사람을 변화시키고 살리는 진정한 능력과 권세는 전능하신 하나님께 속한 것입니다. 영원한 삶의 변화를 일으키는 성령의 영원한 세계에 사탄의 제한된 능력이 절대로 관여할 수 없습니다.

첫째, 영안을 열어 영적인 세계를 보라. 그래서 우리는 성령의 능력을 받아 영안을 열어 영적인 세계를 보고 마귀와 영적인 전쟁을 하여 지금까지 빼앗겼던 것을 되 찾아와야 합니다. 그래서 베드로가 요엘 선지자의 글을 인용하여 설교한 것입니다. "이는 곧 선지자 요엘을 통하여 말씀하신 것이니 일렀으되 하나님이 말씀하시기를 말세에 내가 내 영을 모든 육체에 부어 주리니 너희의 자녀들은 예언할 것이요 너희의 젊은이들은 환상을 보고 너희의 늙은이들은 꿈을 꾸리라 (행2:16-17)" '너희의 자녀들은 예언할 것이요.'란 성령으로 하나님 말씀을 읽고 알아듣는 것을 말합니다. 너희의 젊은이들은 환상을 보고란 하나님이 자신에게 예비해 놓은 축복을 성령이 열어준 환상으로 바라보니 마귀가 가지고 있습니다.

그래서 성령의 권세를 가지고 마귀를 대적하여 몰아내고 지금까지 마귀에게 **빼앗겼던** 것을 마귀에게 **빼앗아** 오는 것을 말합니다. 성령으로 환상이 열린 성도는 마귀와 영적인 전쟁을 해서 지금까지 마귀에게 **빼앗겼던** 모든 것을 되 찾아와야 되는 것입니다. 너희의 늙은이들은 꿈을 꾸리라는 말씀의 영적인 뜻은 믿음으로 하나님이 나에게 주시기로 작정한 축복, 즉, 아브라함, 야곱, 요셉 등이 꿈에 본 것이 이루어지는 것을 보고 마음으로 누리는 것을 말하는 것입니다. 하나님이 보여주신 것이 이루어진 것을 보고 달려가는 믿음입니다. 그래서 성령으로 열린 환상으로 마귀와 영적인 전쟁을 해서 승리해야 평안한 하나님의 나라가 이루어지는 것입니다.

그러나 성령으로 환상이 열린 성도는 마귀와 수많은 영적인 전쟁을 해야 되는 것입니다. 이것은 누구나 피할 수 없는 일전입니다. 그러나 우리는 성령님이 도우시면서 함께하시기 때문에 승리하는 것입니다. 여러분 성령으로 환상으로 열어 마귀와의 영적인 전쟁에서 승리하여 지금까지 마귀에게 **빼앗겼던** 모든 것을 되찾아 회복하시기를 바랍니다.

여기서 마귀와의 영적인 전쟁에 대하여 우리가 바로 알아야 할 것은 사단은 아담으로부터 물질세계에 대한 권리를 넘겨받았습니다. 사단은 세상의 부귀와 권세를 가지고 있습니다. 그러기 때문에 성령의 권세로 **빼앗아** 와야 한다는 것입니다. "이르되 이 모든 권위와 그 영광을 내가 네게 주리라 이것은 내게 넘겨 준 것이므로 내가 원하는 자에게 주노라(눅 4:6)" "또 아는 것은 우리는 하나님께 속하고 온 세상은 악한 자 안에 처한 것이며(요일 5:19)" 그러므로 성도들의 이 세상의 삶은 영적인 전쟁터인 것입니다.

그래서 우리가 영적인 세계를 알고 확실하게 대처해야 하나님께서 원하시는 인생을 살아가며 성공한다는 것입니다. 그런데 우리 성도가 세상을 살아가면서 마귀와 전쟁을 끝없이 해야 하는데 우리 인간의 힘으로는 마귀를 이길 수가 없으므로 항상 성령으로 충만하고 깨어있어야 하는 것입니다. "술 취하지 말라 이는 방탕한 것이니 오직 성령으로 충만함을 받으라(엡 5:18)"

둘째, 영적인 세계는 인간영역과 밀접한 관계가 있다. 아담이 죄를 짓자, 죄는 인간 영역에서 발생했지만, 죄의 파급은 영적인 세계와 연결되어, 하나님과의 관계, 계약이 파괴되고, 인간 세계와 영적 세계와의 질서가 파괴됩니다. 원래 인간은 자연계와 영계의 지배 권한을 가지고 있었으나, 타락으로 인하여 영성을 소멸함으로 영적 세계의 지배권을 마귀에게 양도 당하게 되었습니다. 그래서 우리는 문제를 해결할 때 한 차원 더 깊은 수준으로 영적인 배후를 분별하여 문제의 원인을 찾아 해결해 하는 것입니다.

그러므로 우리가 문제를 해결하려면 하나님의 권능이 와야 문제의 배후에 역사하는 마귀를 이길 수가 있는 것입니다. 이는 모세가 손을 들고 기도할 때, 아말렉 군대와의 전쟁에서 승리했습니다. 하나님의 힘을 받으니 이스라엘이 이긴 것입니다. "여호수아가 모세의 말대로 행하여 아말렉과 싸우고 모세와 아론과 훌은 산꼭대기에 올라가서 모세가 손을 들면 이스라엘이 이기고 손을 내리면 아말렉이 이기더니 모세의 팔이 피곤하매 그들이 돌을 가져다가 모세의 아래에 놓아 그가 그 위에 앉게 하고 아론과 훌이 한 사람은 이쪽에서, 한 사람은 저쪽에서 모세의 손을 붙들어 올렸더니 그 손이 해가 지도록 내려오지 아니한지라. 여호수아가 칼날로 아말렉과 그 백성을 쳐서 무찌르니라(출17:10-13)" 하나님이 도와야 우리가 마귀와 싸워 이길 수가 있습니다. 하나님과 인격적인 관계가 되시기를 바랍니다.

성경에 보면 이스라엘의 불순종이 전쟁과 기근과 온역으로 연결되었습니다. "여호와께서 네 재앙과 네 자손의 재앙을 극렬하게 하시리니 그 재앙이 크고 오래고 그 질병이 중하고 오랠 것이라. 여호와께서 네가 두려워하던 애굽의 모든 질병을 네게로 가져다가 네 몸에 들어붙게 하실 것이며(신28:59-60)" 사울이 하나님께 불순종하자 사울에게 악귀가 들어왔습니다. "사울이 그 말에 불쾌하여 심히 노하여 이르되 다윗에게는 만만을 돌리고 내게는 천천만 돌리니 그가 더 얻을 것이 나라 말고 무엇이냐 하고 그 날 후로 사울이 다윗을 주목하였더라. 그 이튿날 하나님께서 부리시는 악령이 사울에게 힘 있게 내리매 그가 집 안에서 정신없이 떠들어대므로 다윗이 평일과 같이 손으로 수금을 타는데 그때에 사울의 손에 창이 있는지라. 그가 스스로 이르기를 내가 다윗을 벽에 박으리라 하고 사울이 그 창을 던졌으나 다윗이 그의 앞에서 두 번 피하였더라. 여호와께서 사울을 떠나 다윗과 함께 계시므로 사울이 그를 두려워한지라(삼상 18:8-12)" 무엇이든지 땅에서 풀면 하늘에서 풀리며, 땅에서 묶으면 하늘에서도 묶입니다. "진실로 너희에게 이르노니 무엇이든지 너희가 땅에서 매면 하늘에서도 매일 것이요 무엇이든지 땅에서 풀면 하늘에서도 풀리리라(마18:18)"

우리는 하나님을 의지해야 합니다. 하나님의 도움이 없이는 문제를 해결할 장사가 없고 문제에 눌려서 마귀의 종으로 살아가게 되는 것입니다. 성령으로 기도합시다. 영적인 세계가 열리게 해 달라고 기도합시다. 하나님은 우리의 기도에 응답하십니다. "진실로 다시 너희에게 이르노니 너희 중의 두 사람이 땅에서 합심하여 무엇이든지 구하면 하늘에 계신 내 아버지께서 그들을 위하여 이루게 하시리라(마18:19)" "우리 하나님 여호와께서 우리가 그에게 기도할 때마다 우리에게 가까이 하심과 같이 그 신이 가까이 함을 얻은 큰 나라가 어디 있느냐(신 4:7)" 영적인 세계를 보고 알아서 마귀에게 속지 말아야합니다. 마귀의 미혹에 속지 말고 하나님의 축복을 보존하는 크리스천이 되어야 합니다. 영적인 권세(카리스마)를 회복하여 마귀를 나와 나의 가정 교회 세상에서 몰아냅시다.

19장 귀신이 일으키는 역사를 식별하라.

(벧전5:8)"근신하라 깨어라 너희 대적 마귀가 우는 사
자 같이 두루 다니며 삼킬 자를 찾나니"

하나님은 내적치유와 축귀사역을 하는 목회자들이 영적존재
에 대하여 바르게 알고보고 대처하기를 원하십니다. 많은 그리스
도인들이 의외로 마귀나 귀신에 대한 지식이 거의 없다는 사실을
인식하지 못하는 채로 살아가고 있습니다. 마귀와 귀신의 이야기
는 남의 나라 이야기쯤으로 여기는 것은 이 부분에 대해서 세상
사람들이 과학이라는 이름으로 무시하기 때문입니다. 목회자나
교회가 영적세계에 대하여 관심이 없기 때문입니다. 세상은 마귀
의 영향 속에 있기 때문에 이들이 마귀와 귀신을 기피하는 것은
어쩌면 당연한 일일 것입니다.

그러나 교회는 그런 세상의 속임수를 따라가서는 안 되는 것
은 물론이고, 나아가 적극적으로 마귀와 귀신의 정체를 드러내어
그 일들을 멸해야 할 의무가 있습니다. 성경은 "하나님의 아들이
나타남은 마귀의 일을 멸하려 함이라"고 기록하고 있습니다. 그
러므로 무엇이 마귀와 귀신의 일인지를 분명하게 밝혀낼 수 있는
곳은 오로지 교회 밖에 없는 것입니다.

그리스도인에게 우선으로 해야 할 일이 마귀와 귀신의 영향
을 제대로 인식할 있어야 한다는 사실입니다. 여기서는 비교적
단순한 귀신의 영향을 먼저 살펴보고자 합니다. 귀신은 우리의

육체를 멸하기 위해서 그리스도인이든 불신자이든 상관없이 접근해서 육체를 지배하여 자신들이 하고자 하는 일을 하려고 합니다. "귀신축사 속전속결" 책에서 귀신들림의 잠복기에 대해서 언급했습니다. 이 책에서는 그 전단계이며, 광범위하게 나타나는 귀신의 영향에 대해서 다루고자 합니다. 귀신은 삼킬 자를 찾기 위해서 두루 다니면서 많은 사람들에게 영향을 끼칩니다. 그리고 기회를 엿보면서 종으로 삼을 사람이 어떤 깊은 상처를 받는 사건이 일어나면 그것을 발판으로 들어오게 됩니다. 태중이나 유아시절이나 소년시절이나 청년시절이나 장년시절이나 예수를 믿는 사람이나 상관하지 않고 침입을 합니다. 귀신은 무작위로 사람들에게 영향을 줍니다. 이것은 침투할 가능성을 엿보기 위해서 시험하는 것인데, 마귀의 시험에 대해서는 성경이 여러 부분에서 기록하고 있지만 귀신의 시험에 대해서 다룬 부분이 별로 없습니다. 성경은 이 부분에 대해서 거의 취급을 하지 않으며, 귀신 들리게 되는 배경이나 과정에 대해서도 자세하게 다루고 있지 않습니다.

단순히 하나님의 영광을 위해서 귀신들리게 될 수 있음을 지적하고 있는 정도입니다. 귀신은 우리의 육체를 점령하기 위해서 우리의 육체에 자극을 주기 시작합니다. 귀신은 영적 존재이지만 그 특유의 성향으로 인해서 우리 영과 접촉할 때 그 성격이 드러나게 됩니다. 이것을 귀신의 특성이요, 영향이라고 설명할 수 있습니다.

귀신이 접근해서 영향을 끼치는 경우 가장 먼저 영이 이 사실을 알게 됩니다. 그러나 일반적으로 영에 대한 지식이 부족하고, 특히 영이 강하지 못한 사람에게는 이 느낌이 단순한 육체적 또는 정서적인 변화일 것으로 오인하고 대수롭지 않게 여길 수 있습니다. 특히 영적인 것에 거의 경험이나 지식이 없는 일부 목회자들에게 있어서 이런 현상은 정신적인 스트레스나 심리적인 강박감 때문이라고 생각합니다. 이런 사람들은 성경을 따르지 않고 세상이 만들어놓은 심리학이나 정신분석학의 입장을 따라서 그렇게 생각하는 것입니다. 귀신의 영향을 받으면 우선 자신에게 영향을 주고 있는 귀신의 존재가 지니고 있는 독특한 영적 분위기가 전달되어옵니다. 그렇게 되면 영적 감각이 무디어지기 시작하는데, 귀신은 우리 몸을 점령해서 육신을 파괴하기 위한 목적이기 때문에 몸이 무력해지고 답답해지고 피곤해지기 시작합니다.

귀신의 영향을 받는 사람은 자주 어두운 분위기에 휩싸입니다. 까닭 없이 기분이 가라앉고, 자주 우울해지며 그 강도가 점점 심해집니다. 자주 불안해지고 초조해지며, 식은땀이 나는 전율도 경험하게 됩니다. 알 수 없는 어떤 영적 존재 같아 보이는 검은 물체나 기운이 자신을 향해서 스며들거나 다가오는 것 같이 느껴지기 시작하며, 잠들기 직전에 가위 눌림과 같이 답답함을 느끼며, 심해지면 바람과 같은 차가운 기운이 스며들거나 어두운 물체가 자신의 몸속으로 들어오는 것 같이 느껴집니다.

실제로 귀신이 들어오면 이 감각은 실제가 되어 몸이 마비되고, 악령이 바람처럼 마치 흡입구에 빨려 들어가는 것 같이 자신의 몸이 그 영을 빨아들이는 것을 느낍니다. 침투할 때 마치 공포영화나 전설의 고향에서 들던 효과음 같은 음산하면서 뱀이 지나가는 것 같은 사악~ 사악~ 하는 소리가 들립니다. 초겨울 황량한 바람소리처럼 그렇게 스산한 분위기를 자아냅니다. 찬바람이 가슴으로 파고들기도 합니다. 때로는 이와 반대로 매우 화려하고 밝은 분위기 속에서 아주 신비한 형상을 한 존재가 다가오는데 그 얼굴은 검고 형체를 알아볼 수 없습니다. 밝은 분위기는 빛으로 인해서 밝은 것이 아니라, 인위적인 조명으로 인해서 밝은 것 같습니다.

주님의 임재나 천사가 등장할 때 나타나는 밝음은 그 조명이 어떤 방향을 지니고 있지 않으며, 밝음 속에 그냥 파묻혀 있는 것 같은데, 귀신이 가장해서 보여주는 밝음은 무대 조명과 같이 느껴지며, 그 밝음은 깊이가 없으며 외부에서 비춰주는 밝음입니다. 주님의 밝음은 방향도 없으며, 주님 자체가 빛이시므로 그 모습에서 퍼져 나오는 밝음은 세상의 빛과 분명히 다르다는 느낌을 받습니다.

귀신은 이와 같이 때로는 빛의 천사를 가장하는데 그 정도가 너무 지나쳐서 오히려 어설프게 보입니다. 우리가 귀신을 경험하게 되면 귀신은 매우 유치하고 치졸하다는 것을 곧 알게 됩니다. 마귀와는 달리 귀신은 무척 어설픕니다. 그 행위가 유치하며, 천박합니다. 고상한 면이 거의 없으며, 마치 삼류 연예인들의 화장술 같아서 품격이 떨어지고 화려하고 원색적이어서 곧 그 위장이 드러나게 됩니다. 주님을 경험하지 못한 사람에게는 이런 화려함이 오히려 눈을 끄는 대단한 경험처럼 여겨질 수 있을 것입니다. 그러나 진짜를 경험하게 되면 얼마나 유치하고 조잡한지를 알게 됩니다. 고귀한 인격을 만나지 못하면 그 삶이 천박해지고 어설퍼지고 본능적이 되는 것과 같습니다. 인격의 담금질이 없는 거친 삶을 사는 하류층처럼 귀신은 그렇게 천박하기 때문에 귀신의 영향을 받게 되면 행동이 천박해지고 본능적이 됩니다.

겉으로 보면 인격적인 사람 같은데 실제의 삶을 들어다 보면 본능적이고 동물적인 삶을 사는 사람들이 많습니다. 귀신의 영향을 받으면 삶의 태도가 거칠어지고 천박해지기 시작합니다. 언어가 거칠고, 행동이 지저분해지며, 가치관이 속물적으로 변하기 시작합니다. 귀신의 영향은 그에게 다가와 있는 영의 존재의 직무가 무엇이냐에 따라서 다르게 나타날 수 있습니다. 더러운 귀신이 영향을 주기 시작하면 씻는 것을 싫어합니다. 주변을 정리하는 일에 게을러지고 주변이 더러워집니다. 치우지 않아도 불편함을 느끼지 못합니다. 서서히 불결해지기 시작하는 것입니다.

속이는 귀신의 영향을 받으면 뻔히 들통이 날 거짓말을 자기도 모르게 불쑥하게 되며, 하고 난 직후 후회하는 일이 거듭됩니다. 그러면서 차츰 거짓말에 익숙해지기 시작하고 양심이 무디어 집니다. 이런 변화를 사람들은 단순한 습관이나 정서적 장애 정도로 보려고 하는 것은 세상이 귀신들 편이기 때문에 하나님은 물론이거니와 영적 존재 전체를 부인함으로써 귀신을 경계하지 못하게 하려는 마귀의 의도입니다.

가정 경제에 문제를 일으키는 귀신은 주변사람들을 동원하여 사기를 당하게 하거나 질병이 번갈아가면서 생기게 하여 물질이 새나가게 합니다. 자동차 사고가 나서 물질이 손해가 나게 하기도 합니다. 전세나 부동산을 매매할 때 순간 속게 하여 사기를 당하게 합니다. 자녀들이 멀쩡하게 놀이터에서 놀다가 넘어져서 다리를 다치기도 합니다. 이해하지 못할 일이 생겨서 물질이 새나가게 합니다. 문제를 해결할 때마다 돈을 빌리니 자꾸 채무가 늘어나게 됩니다.

특히 지식이 많다고 생각하는 사람들에게 귀신의 존재는 잊어진 이야기가 됩니다. 이들은 철저하게 세상(사단)이 만들어놓은 거짓 학문 체계에 속아서 살아갑니다. 그것이 지성인이 취할 태도라고 여기기 때문입니다. 높은 차원의 마귀는 세상의 학문을 장악해서 그들이 의도하는 방향으로 사람들을 몰아갑니다. 철저히 하나님을 부인하고 영의 세계를 부인하도록 하는 것입니다. 이런 사단의 의도에 다수의 목회자들도 휘말려 영의 일에 깊이 관여하는 것을 두려워하게 됩니다.

귀신의 영향을 받는 사람은 자주 거짓 영적 경험들을 하게 됩니다. 그것을 성령께서 주시는 것으로 착각하고 분별하려고 하지 않고 그냥 받아들이게 됩니다. 성령의 나타나심과 악령의 영향을 구분하지 못하기 때문에 모든 영적 경험을 다 받아들이게 됩니다. 분별없이 받아들이니 귀신이 떠나가지 않고 같이 사는 것입니다. 귀신이 거짓으로 보여주는 환상과 영적 감흥을 많이 받게 되며, 방언 역시 귀신으로부터 오는 악령의 소리가 섞여서 나오게 됩니다.

귀신의 영향을 받는 사람은 자신이 그것을 구분하기란 결코 쉽지 않습니다. 초기에는 영적 지식이나 경험이 없기 때문에 구분하지 못하며, 그 후에는 귀신이 이미 자신 속에 잠재되어 있기 때문에 스스로 떨쳐낼 수 없습니다. 귀신들림의 초기 단계인 영향을 받는 단계는 대수롭지 않게 여길 수 있지만, 이것이 위험하며, 그대로 방치하면 귀신들리는 불행한 결과가 오는 것입니다. 귀신의 영향을 받는 사람은 영을 분별하고 성령의 권능이 있는 사람에게 가면 그 증상이 나타나기 시작합니다. 그래서 성령의 역사를 악착같이 거부합니다.

교회 안에는 반드시 성령의 인도를 받는 카리스마가 있는 사람이 있기 마련입니다. 그런데 목회자가 관심이 없는 것이 문제입니다. 일반적인 교회에서는 영적인 분야에 관심조차 없기 때문에 귀신의 영향을 받는 사람뿐만 아니라, 육체의 질병이 들거나 마음에 상처를 지닌 사람들이 찬밥 취급을 당하면서 믿음 생활하는 것입니다. 목회자가 영적 분별력이 없다하더라도 영적인 실상은 인정해야 합니다. 그리고 그런 은사를 받은 사람을 발굴해서 길러내어 이 부분에 대한 치유가 이루어져야 하지만, 많은 목회자들이 이런 사실을 인정하려고 하지 않습니다. 영적인 면에 무지하고 어리석게도 세상의 학문체계로 이해하려고 듭니다. 신경과민이나 스트레스 때문이라고 무시하게 되기 때문에 아주 간단하게 치유할 수 있는 시기를 놓치고 심각하게 귀신들려 일생을 망치는 사람들이 얼마나 많은지 모릅니다. 교회에서 찬밥취급을 당하는 이들에 대한 책임을 누가 질 것인지를 곰곰이 생각해 보아야 합니다. 교회는 살아계신 하나님이 증명되어야 합니다. 살아계신 하나님이 증명되려면 목회자가 관심이 있어야 가능한 일입니다. 영적세계에 대하여 관심을 가집시다.

성경을 살펴보면, 중풍병자, 손 마른 병, 혈루병, 문둥병(한센씨병), 간질병 등의 불치병이 귀신이 나가면서 즉시 고침을 받는 기록이 있습니다. 질병과 귀신들림은 밀접한 관계가 있음에 분명하며, 귀신들림은 곧 질병을 연상해도 좋을 만큼 깊은 연관을 가지고 있습니다. 모든 질병이 귀신에 의한 것이 아니고, 70-80% 정도는 귀신의 영향으로 질병이 발생할 가능성이 있습니다. 귀신은 우리의 육신에 침투해서 모든 기관을 장악합니다. 오감을 느끼는 모든 감각기관은 물론이거니와 신체 발달에 중요한 장기들에 영향을 주어 질병이 일어나게 하는 것입니다. 귀신이 신체의 어떤 부위를 장악하고 있느냐에 따라서 병증이 나타나게 됩니다. 귀신이 거하는 장소는 주로 배와 머리라는 것에 대해서 이미 설명하였지만 그곳은 거처하는 장소이며, 이들이 그곳을 배경으로 해서 우리의 신체 각각 부분에 영향을 주어서 우리를 괴롭게 하는 것입니다.

정신 즉 마음에 영향을 주면 우리가 흔히 보는 정신질환자의 증상을 나타냅니다. 정신병원에 입원시켜 치료를 해 보아도 전혀 고침을 받지 못하던 환자에게서 그 귀신을 쫓아내면 즉시 제 정신으로 돌아와 건강한 사람으로 회복됩니다. 다리 근육이 무력해져서 걷지도 못하던 사람에게 귀신을 쫓아버리면 그 즉시 근육에 힘이 나면서 바로 걷게 됩니다. 상당수의 질병이 귀신들림과 연관이 있습니다. 우리의 정서는 귀신들림이라고 하면 상당한 피해 의식을 갖게 됩니다. 일반적으로 '당신에게 이런 질병이 있습니다.'라고 말하면 거부감이 없지만 '당신에게 이런 귀신이 들려있습니다.'라고 말하면 매우 불쾌해 합니다. 들어내어 거부하지 않더라도 귀신이 들렸다고 하면 속으로 불쾌해합니다. 본인이 인정하게 하는 것이 제일 좋은 방법입니다.

제가 질병을 치유하는 경우에서 보아도 상당수가 귀신으로 인해서 병이 든 것을 알 수 있지만, 환자의 정서적인 면을 고려해서 귀신이 들렸다고 밝히지 않고 단순한 질병을 치유하는 것과 같은 방식으로 기도합니다. 이 경우 성령의 임재를 요청하고 성령님이 치유하시도록 인도하게 되지요. 극단적인 귀신들림이 아닌 경우 명령기도를 하지 않거나 하더라고 짧고 간단하게 하기 때문에 주위의 사람들이 인식하지 못하며, 환자의 몸에 손을 얹고 방언으로 기도하면서 강력하게 축사를 하면 귀신은 나가고 환자의 병은 고침을 받습니다. 육체적 질병을 가진 환자는 분명한 의식을 가지고 있기 때문에 불가피한 경우를 제외하고 귀신의 존재를 밝힐 필요는 없습니다.

예수를 믿으면서도 자녀나 본인이 질병이 있어 고생하는 사람들을 만나 대화해보니 신앙생활을 열심히 잘하는 사람이 병들어 입원하는 경우는 드물었습니다. 70% 이상이 믿음 생활을 잘못했다고 대답했습니다. 어느 날 이런 여자 집사를 만나 기도를 해준 적이 있습니다. 읍 정도의 시골에서 살다가 시화로 올라온 여성 도인데 대화를 해보니 이랬습니다. 시골에 있을 때 남편 집사는 남전도 회장을 했고, 여 집사는 여전도 회장을 했답니다. 그런데 가산이 점점 탕진되어 시화까지 올라온 것입니다.

그래서 내가 집사님 그렇게 남편하고 같이 교회 봉사하면서 예수님의 이름으로 했습니까? 아니면 집사님 부부의 얼굴을 드러내면서 했습니까? 하고 질문을 하니 아무런 대답을 하지 못하다가 하는 말이 교만했던 것 같습니다. 겸손하지 못하고…. 그래서 지금 믿음생활은 제대로 하고 있습니까? 질문하니 시골에서 그렇게 열심히 했는데도 아무것도 되는 것이 없어서 남편이 시험이 들어서 지금은 교회를 나가지 않는다는 것입니다. 그래서 무슨 병이 있어서 입원을 했느냐고 질문을 하니 간과 쓸개 그리고 신장에 결석이 생겨서 너무 통증이 심해서 일을 못하고 수술을 해서 치유를 받으러 왔다는 것입니다.

그래서 제가 예수이름으로 기도를 해드릴까요 했더니 기도를 해달라고 해서 머리와 등에 손을 얹고 성령이여 임하소서. 우리 사랑하는 딸이 하나님의 살아 역사하심과 지금도 변함없이 사랑하고 있다는 것을 체험하게 해달라고 하며, 간구한 후 "예수 이름으로 명하노니 쓸개에 있는 결석과 간에 있는 결석과 신장에 있는 결석은 부수어지고 소변으로 나올 지어다" "예수 이름으로 명하노니 쓸개에 있는 결석과 간에 있는 결석과 신장에 있는 결석은 부수어지고 소변으로 나올 지어다" "예수 이름으로 명하노니 쓸개에 있는 결석과 간에 있는 결석과 신장에 있는 결석은 부수어지고 소변으로 나올 지어다" 하고 명령을 했더니 기침을 한동안 사정없이 합니다. 기침이 멈춘 다음에 여 집사가 하는 말이 목사님 구멍이란 구멍으로 귀신이 다 나갑니다. 해서 내가 웃었습니다. 수술을 하려고 검사를 해보니 결석이 하나도 보이지 않아서 삼일 후에 퇴원을 했습니다. 그래서 제가 생계로 살기가 힘이 들어도 가까운 교회를 등록하여 열심히 신앙생활을 잘하라고 조언하니 이제 열심히 믿겠습니다. 하고 퇴원을 했습니다. 많은 질병이 귀신들림에 의한 것임에는 분명하지만 모든 질병이 귀신의 영향 때문은 아닙니다.

그러나 질병과 귀신들림은 아주 면밀한 관계를 가지고 있습니다. 귀신이 들리면 반드시 병증이 나타납니다. 모든 질병은 다 귀신들림과 연관이 있는 것은 아니지만, 모든 귀신들린 사람에게는 질병이 나타납니다. 이것은 피할 수 없는 결과인데 세균성 질환이나 유행성 질환이나 사고에 기인한 손상 등과 같은 경우를 제외하고 대부분의 질병은 귀신과 직접 또는 간접적으로 연관을 가집니다. 성경은 질병 가운데 특히 유전적인 질병이나 고질적으로 반복해서 나타나는 질환들이나 몸을 움직이는데 불편을 주는 지체 장애나 정신장애 등과 같은 장애질환이나, 난치병 또는 불치병과 같은 희귀성 질환 등은 귀신들림과 깊은 연관을 가지고 있음을 보여줍니다.

상당수의 난치병 질환의 배경에는 죄의 문제가 있습니다. 질병은 아니지만 경제적인 파경이나 가난 등과 같은 손상 역시 죄의 문제와 깊은 연관이 있습니다. 처리 되지 않은 죄는 마귀의 발판이 되고, 이것을 틈타서 귀신이 들어오며, 그 증상으로 질병이 나타나게 되는 것입니다. 죄에 기인한 질병은 주로 유전적인 질환들과 기질적인 장애에 근거한 질병으로 나타나게 되며, 따라서 상당수의 유전적 질환의 배경에는 귀신들림이 있다고 볼 수 있을 것입니다. 따라서 이들 질환에 대해서 치유를 하고자 할 때 귀신을 쫓아야 하는 절차가 필요합니다. 중풍병과 같은 기능성 장애를 일으키는 질환에 있어서 귀신들림이 많이 나타납니다. 몸이 기형으로 성장해서 팔 다리의 길이에 차이가 나는 질환에서도 귀신들림을 많이 봅니다. 귀신을 쫓으면 사람들이 보는 앞에서 짧아졌던 부위가 늘어나면서 정상으로 회복되는 놀라운 광경을 목격하게 됩니다.

귀신들림을 치유하는 기도에는 단순하게 명령기도만 있는 것이 아닙니다. 성령으로 충만하여 귀신이 스스로 물러나야 할 때가 되었을 때에는 사역자가 그곳에 온 사실 만으로 귀신은 스스로 떠나게 됩니다. 아무런 거부감이나 저항이 없이 조용하게 떠나는 귀신들을 주위에서는 알아차리지 못하고 환자도 알지 못합니다. 영적 감각이 예민한 사람은 몸에서 무언가가 빠져나가면서 몸이 날아갈 듯이 가벼워지는 느낌을 받았다고 말합니다. 제가 환자의 몸에 손을 가볍게 올려놓는 순간 몸에서 무언가가 쑥 빠져 나가면서 몸이 가벼워지고 날아갈 듯해서 일어나려고 하자 뒤에서 누군가가 일으켜 주어 가볍게 일어날 수 있었다고 말합니다. 짓누르던 것이 빠져 나가고 새 힘이 들어오는 것을 느끼게 됩니다. 반대로 병이 들 때 무언가 알 수 없는 것이 자신을 짓눌러서 지금까지 힘을 쓸 수 없었고 정신을 차릴 수 없었다고 고백합니다. 귀신이 자신에게 들어왔지만 알지 못했던 것입니다.

우리는 귀신이 들리면 정신질환자처럼 정신이 나가고 환청과 환상에 휘말려 폐인이 되는 것으로만 생각하기 쉽지만 이는 극히 일부에서 나타나는 심각한 귀신들림이며, 상당수의 귀신들림은 무기력하고 나약하게 만들며, 오랫동안 특별히 이렇다 할 질병도 없는데 건강하지 못하고 아침에 일어나는 것이 힘들고 쉽게 지치고 피곤하게 합니다. 만성적인 노이로제나 피로감에 쌓여 살아가는 것이 현대인들에게 있어서 과중한 업무로 인해서 오는 누적된 피로라고 여길 수 있습니다. 기도하기가 너무나 힘이 듭니다. 가슴은 답답한데 기도가 되지를 않습니다. 이와 같은 증상이 귀신들림의 일반적인 증상들과 같습니다. 그래서 제대로 인식하지 못하고 귀신을 쫓으려고 생각하지 못합니다. 이런 증상이 있는 분들이 부흥회나 능력 집회에 참석해서 은혜를 받으면 날아갈 듯이 몸이 가벼워지고 아침에 일어나는 일이 힘들지 않으며, 하루 종일 일을 해도 피곤하지 않습니다. 왜 그럴까요. 귀신이 쫓겨 나가고 우리 몸이 회복되었기 때문입니다.

늘 만성적인 두통으로 고생하던 성도에게서 귀신을 소리 없이 쫓아내자 그녀는 당장에 두통이 사라지고 머리가 수정처럼 맑아졌다고 하면서 얼마나 기뻐하는지 모릅니다. 대부분의 만성적 두통 또는 편두통은 귀신들림으로 인해서 일어나는 경우가 많습니다. 만성적인 질환에 있어서 우리는 귀신들림을 의심해 볼 필요가 있습니다. 귀신들림은 특별한 사람에게만 나타나는 일이 아니며, 정신질환자처럼 정신이 나가는 폐인이 되는 것만 귀신들림이 아닙니다. 가벼운 질환에서부터 시작해서 다양한 장애질환이나 만성적 소모적 질환 등과 같은 속칭 '고질병'에서 귀신들림이 많이 나타납니다.

축농증을 치유 받은 분의 간증입니다. 개별 집중기도 치료 받았던 김 집사입니다. 목사님이 어디서 왔냐고 질문하셔서 대전에서 왔다고 했는데 기억하실런지요?

그때 제가 기도가 막히고 축농증 수술후유증으로 목에서 가래가 심하다고 올려서 목사님께서 집중기도 해주셨습니다. 제가 유아 때부터 축농증 때문에 고생하다 어른이 되어서 수술을 받았는데 재발하는 바람에 3번이나 했고, 후유증 때문에 몹시 어렵고 고통을 많이 당했습니다. 좋다는 것 다 먹어보고, 고칠 수 있다는 한의원에 가서 침 치료를 받았지만, 평생 가지고 살아야 한다고 말했는데…. 목사님의 기도로 깨끗이 완치되어 너무 기쁘고 감사해서 이렇게 메일 보내드립니다. 그날 가기 전에 철야 기도도 하고 했는데…. 점점 기도가 힘들어지고 게다가 환경도 막혀 막막했는데…. 아는 지인의 소개로 목사님을 알게 되어 바로 서점가서 목사님의 저서를 읽고 망설일 틈도 없이 바로 서울에 올라갔습니다. 가기 전까지도 마음이 힘들고 이런저런 어려운 마음을 안고 갔는데…. 대전에 올 때는 코와 목도 시원하게 치료받고 마음도 가볍고…. 목사님의 말씀대로 기도도 해보니 전에 느끼지 못한 변화가 느껴집니다. 감사합니다. 이렇게 축농증도 성령을 충만한 상태에서 집중기도하면서 내적치유와 축귀하면 즉석해서 치유가 됩니다.

우리는 건강한 삶을 살기 위해서 정기적으로 검진을 받습니다.

의사들은 이것이 건강을 지키는 절대적인 것이라고 강조합니다. 그러나 이런 조언에 따라서 정기적으로 검진을 받는 사람이 얼마나 되겠습니까? 그래서 병에 걸려 치유시기를 놓친 불행한 사람들이 있는가 하면, 평생 병원 문턱에도 가보지 않았지만 건강하게 사는 사람이 있습니다. 이와 같은 이치로 일상적으로 성령 충만한 생활과 주기적으로 축귀를 하는 것이 중요합니다. 그러나 한 번도 축귀하지 않고도 건강하게 살 수 있을 수도 있습니다. 그러나 우리가 영적으로 육체적으로 건강하게 살고자 한다면 주기적인 자기 축귀가 필수적입니다. 의사가 정기검진을 권하듯이 저는 성령으로 충만한 믿음 생활과 정기적인 축귀를 권합니다. 자기 축귀는 물론이거니와 영의 분별의 은사를 가진 전문가의 검사를 받기를 권합니다. 그들은 우리를 건강하게 살도록 하나님께서 우리 가운데 세워준 사역자입니다.

20장 옛 사람에 역사하는 귀신이 있다.

(민 14:18)"여호와는 노하기를 더디 하시고 인자가 많아 죄악과 허물을 사하시나 형벌 받을 자는 결단코 사하지 아니하시고 아버지의 죄악을 자식에게 갚아 삼사 대까지 이르게 하리라 하셨나이다."

내적치유와 축귀능력을 받아 목회에 적용하실 분들은 혈통(옛 사람)에 역사하는 귀신에 대하여 알고 대처해야 합니다. 하나님은 내적치유와 축귀사역을 하는 목회자들이 성도들의 혈통에 역사하며 알게 모르게 고통을 가하는 근본 원인을 성령으로 찾아서 해결하기를 소원하십니다. 왜 가계(옛 사람)의 흐르는 저주의 원인을 찾아서 해결해야 되는지 바르게 알아야 합니다. 보수적인 목회자들과 신학자들이 예수를 믿었으면 새사람인데 혈통의 문제를 들추어내서 시간을 허비할 필요가 없다는 것입니다. 물론 이론적으로 보면 맞는 말입니다. 그러나 체험적으로 보면 다르다는 것을 알 수가 있습니다. 영의 세계는 육적인 눈으로 볼 수가 없고, 영의 눈으로만 볼 수 있는 세계입니다. 보이지는 않지만 빼앗고 빼앗기는 실제적인 역사가 일어나는 세계입니다.

물론 혈통의 문제가 아무런 문제를 일으키지 않는다면 들추어내서 해결하려고 할 필요가 없습니다. 무엇 때문에 아무런 문제를 일으키지 않는데 무의식과 잠재의식을 터치하면서 해결하려고 하겠습니까? 그런데 분명하게 하나님의 복을 누리지 못하게 방해하고 문제를 일으키고 영적인 성장을 하지 못하도록 방해하기 때문에 사역을 하는 것입니다.

첫째, 혈통에 흐르는 사기가 있다. 우리가 마땅히 '세대적 악령'에게 관심을 가져야 하는 이유는 그 악령으로 인해서 사람들이 당하는 고통이 너무도 크기 때문입니다. 세대적 악령이 일으키는 많은 문제들은 겉으로 보아서 우리의 기질과 연관이 있거나 부모로부터 유전된 것처럼 보이기 때문에 영의 문제를 소홀히 하고, 오로지 의학적으로 또는 심리학적으로 접근하고 다루는 실수를 할 위험이 많기 때문입니다. 영의세계를 보이는 방법으로 해결하려고 합니다. 실제로 영의 일에 관심이나 지식이 전혀 없는 세상 사람들은 물론이고, 대부분의 그리스도인조차도 세대적인 악령에 대해서 그 이름조차 들어보지 못하고 신앙생활을 하는 것이 일반입니다. 그러니 어려움을 겪으면서도 적절한 대응을 하지 못할 뿐만 아니라 예방을 위해서 악령을 추방하는 일은 더욱 하지 않습니다.

우리에게 이미 잘 알려진 무병(巫病)에 대해서는 이해하고 있지만, 그 밖의 현상들에 대해서는 별로 아는 바가 없을 것입니다. 질환은 크게 육체적인 것과 심리적인 것이 있으며, 이 두 가지가 복합적으로 나타나는 것이 있습니다. 병의 증상이야 어떠하든지 그 근원에 악령이 개입해 있다면 악령의 문제를 다루어야 할 것입니다. 우리가 흔히 말하는 '난치병'이나 '유전병'은 의학적으로는 유전자 이상에 의해서 발생하는 것으로 알려져 있습니다. 특정한 유전자가 이상을 보이는데 그 원인을 알 수 없는 것입니다. 다만 혈통적으로 그 부분이 취약하거나 부모로부터 유전되어 온 것으로만 알고 있을 정도입니다. 유전공학이 최근에야 각광을 받으면서 연구가 활발해져서 난치병을 치유하기 위한 연구가 많이 이루어지고 있고, 줄기세포 또는 배아세포를 이용하여 난치병을 치유하려고 시도하고 있으며, 손상된 유전인자를 송두리째 제거하고 새로운 유전인자로 대치하려는 연구도 활발합니다.

악령이 병을 일으키는 능력은 우리의 신체구조 뿐만 아니라 유전인자에도 영향을 줄 수 있다고 보아야 할 것입니다. 악령이 우리의 죄를 틈타서 들어온 후에 우리를 괴롭게 할 권리를 확보한 후에 우리의 신체의 어떤 부분을 공격하면 질병이 생기며, 정신에 지속적으로 영향을 주면 생각이 바뀌게 되고 죄의 충동을 받아서 그 행동을 하게 되는 것입니다. 세대적인 악령은 한 번 침투하면 영적치유를 할 때까지 대를 이어서 계속 그 사람을 괴롭게 하게 됩니다. 부모 가운데 한 사람이 무당이 되면 그 자녀는 끊임없는 악령의 괴롭힘을 받아서 결국에는 무당이 되고 말듯이 악령이 계속 충동함으로써 그 유혹이나 충동을 이기지 못하고 행동에 옮겨 마침내 불행한 결과를 만들어냅니다.

세대적인 악령이 저지르게 하는 비행은 '간음' '폭행' '이혼' '낙태' '사기' '절도' '불륜' '성추행' '집착' '게으름' '가난' 등과 같이 많은 종류의 비행과 연관이 있습니다. 이런 죄얼들은 세대를 이어서 계속 이어지기 때문에 유전적인 것으로 오해하기 쉽습니다. 죄얼이란 남에게 해를 끼치는 행위 가운데 법적인 책임을 물을 수 없는 정도의 경미한 것을 우리는 죄얼(iniquity) 이라고 부릅니다. 사회적으로는 경범죄에 해당하는 것을 말합니다. 이런 죄얼들은 세대를 이어서 계속 이어지기 때문에 유전적인 것으로 오해하기 쉽습니다. 기질적인 유전으로 이해하거나 자라면서 본 것을 행동한다고 주장하는 '학습이론'이 있습니다. 긍정적이든지 부정적이든지 우리는 자라면서 줄곧 보게 되면 뇌에 영향을 주어 무의식의 기억중추에 저장되며 성인이 되어 그 행동을 할 수 있는 환경이나 자극에 노출되면 어린 시절 학습한 것을 행동에 옮기게 된다는 심리학의 이론입니다. 부모를 따라한다는 것입니다.

부모 세대에 반복적으로 비행을 저지른 가계(family)에서 다음 세대에 자녀 가운데 어느 한 사람에게 그와 같은 증상이 나타나게 되는데 함께 보면서 자란 다른 형제들에게는 전혀 나타나지 않는 행동이 한 자녀에게만 똑 같은 행동으로 나타나는 것을 충분히 설명하지 못하는 단점을 지니고 있습니다. 기질적 유전의 대표적인 질병인 당뇨병이나 고혈압의 경우에 여러 형제들이 있지만 모두 그 병에 걸리는 것이 아니라, 어떤 한 명에게서 나타나는 경우가 많습니다. 이와 같이 선별적으로 나타나는 유전병의 경우에 기질적인 유전으로만 설명하기에는 부족한 부분이 있습니다. 세대적인 악령은 자녀 가운데 어느 한 사람을 선택해서 집중적으로 공격하여 질병이나 비행을 일으키게 하는 것입니다. 이것을 저는 세대적인 악령이 숙주(무당의 영을 전이시키기 알맞은 대상자)를 선택하였기 때문에 질병과 비행이 발생한다고 보아 '선택이론'이라고 이름을 붙여봅니다. 반드시 성령으로 세례를 받아 혈통에 흐르는 사기 덩어리는 밖으로 떠나가게 해야 합니다.

둘째, 혈통에 흐르는 사기는 예수 믿었다고 없어지지 않는다.
지금 한국교회에는 많은 수의 크리스천들이 체험적이고 살아 있으며 성령의 인도를 받는 실제적인 믿음생활이 아니고, 많이 알고 열심히 하면 다된다는 관념적인 믿음생활을 하고 있습니다. 정말 문제가 심각합니다. 보이는 면을 가지고 판단하는 것입니다. 보이는 면으로 열심히 하면 성령 충만한 것으로 믿어버리는 것입니다. 필자가 제일 안타까워하는 것이 있습니다. 젊은 시절 믿음생활을 아주 열심히 하던 분이 영적이고 정신적인 문제로 정상적인 생활을 하지 못하고 요양원에서 지냈다는 말입니다. 저에게 전화를 하는 분들이 많습니다. 대표적인 예를 하나 들겠습니다. 목사님! 저는 ○○○에 사는 크리스천 김○○입니다. 저의 어머니를 어떻게 하면 좋겠습니까? 사연인즉, 자신의 어머니가 젊은 시절 복음에 열정이 있어서 노방전도도 다니고, 교회봉사도 열심히 하고, 예배란 예배는 빠지지 않고 다 드리고, 철야기도도 많이 하셨고, 교회 건축할 때 건축헌금도 많이 하셨고, 구역장으로 여전도회장으로 열심 있게 믿음생활을 하셨는데 50이 넘고 갱년기에 들어서 우울증에다가 불면증으로 고생하시다가 60대 초반에 너무 증세가 심하여 집에서 지낼 수가 없어서 3년 전에 요양원에 가셨습니다.

목사님! 제가 목사님의 책들을 읽고 영적인 면에 눈을 뜨고, 깨닫고 느껴지는 것은 어머니의 내면세계에 형성된 상처와 혈통의 문제를 젊은 시절에 해결하지 못하여 이런 지경까지 온 것 같습니다. 성령의 역사로 내면을 정화하는 신앙생활을 하지 못하고 무조건 열심히 하면 하나님께서 건강도 축복도 책임져주신다는 것으로 알고 믿음생활을 하신 것입니다. 무조건 열심히 많이 알면 되는 관념적인 신앙생활이 저의 어머니를 이 지경으로 만든 것 같습니다. 언제인가 성령 치유하는 곳으로 모시고 갔는데 입구에서부터 너무 악을 쓰면서 거부가 심하여 들어갈 수 없어서 돌아왔습니다. 외할머니도 어머니와 같은 증세로 고생하시다가 세상을 떠나셨습니다. 지금 저의 어머니가 같은 증상으로 고생을 하십니다. 주변에서 잘 이해하지 못하는 분들이 예수 믿어도 소용이 없다고 빈정대는 말이 제일로 듣기가 거북스럽습니다. 목사님! 어찌하면 좋겠습니까? 자매님의 말이 맞습니다. 젊은 시절에 성령의 인도를 받으면서 예배를 드리고 성령으로 내면세계에 형성된 상처들을 정화했으면 이런 지경까지 오지 않았을 것입니다. 이제 누구에게도 탓하지 마시고 받아들여야 합니다. 어머니에게 기도를 시키세요. 숨을 들이쉬면서 예수님! 내쉬면서 사랑합니다. 소리를 내지 못하니 마음으로 계속 예수님을 찾도록 해야 합니다. 무의식적으로 '예수님 사랑합니다.'가 나올 수 있도록 시켜야 합니다. 그래서 영원한 천국에 가실 수가 있습니다. 마음으로 계속 기도하게 하세요.

그리고 자매님도 내면세계에 관심을 가져야 합니다. 생명의 말씀과 성령으로 적극적인 치유를 해야 합니다. 그래야 나아가 들어 갱년기에 들어서 어머니와 같은 고생을 하지 않습니다. 예수를 믿고 교회에 다닌다고 해결이 되는 것이 아닙니다. 실제적이고 적극적인 믿음생활이 되려면 교회를 잘 찾아가셔야 합니다. 필자는 아무리 혈통에 영육으로 정신적으로 흐르는 비정상적인 문제가 있다고 할지라고 성령으로 충만하여 내면을 정화하는 믿음 생활을 하면 건강하게 장수하면서 지내다가 영원한 천국에 간다는 믿음과 실증(체험)이 있습니다. 실제로 우리 교회는 93세가 되신 분도 건강하게 걸어서 교회에 오셔서 예배드리고 기도하면서 심령을 성령으로 정화하니 영육이 건강하게 지내시는 것입니다. 얼마 전에는 주일날 예배드리고 월요일 날 영원한 천국에 가신 권사님도 계십니다. 이분은 젊은 시절부터 영적으로 정신적으로 상처가 많아서 고생하셨는데 우리 교회에 오셔서 생명의 말씀과 성령으로 내면세계를 정화시키니 건강하게 된 것입니다. 그래서 건강하게 지내시다가 주일 예배드리고 월요일 날 영원한 천국에 가신 것입니다. 지금도 89세 된 권사님이 아주 정정하게 예배드리면서 기도하면서 내면을 성령으로 정화시키면서 건강하게 예배를 드리며 지내시고 있습니다. 특별하게 혈통에 영적이고 정신적이고 육체적인 문제가 흐르는 분들은 성령의 강한 역사가 있는 교회에 적을 두고 믿음 생활하는 것이 자신을 위해서도, 가족을 위해서도, 하나님을 위해서도 좋다고 생각합니다. 예배 때마다 성령의 역사로 내면을 정화해야 합니다. 영원한 천국에 입성하는 날까지 관심을 가져야할 부분입니다. 필자는 매주일 축도할 때마다 "하나님께서 함께 하심으로 어디를 가나 사람들 앞에 은혜를 입으며, 또한 은혜를 전하는 형통의 복을 누리며, 늙도록 부하고 존귀하며, 건강하여, 세상에서 하나님을 자랑하며, 하나님의 살아계심을 증명하며 살다가, 주님 오라 부르시면 영원한 천국에 입성하는 하나님의 자녀가 되겠다고 마음먹고 돌아가는 여러분에게 지금부터 영원까지 함께 계실지어다."를 포함하여 축도를 합니다. 마음의 무의식에 잠기도록 하기 위함입니다. 건강하게 장수하는 것이 하나님의 뜻이기 때문입니다. 말과 생각이 중요합니다. 그래서 말씀을 아는 것으로 열심히 하는 관념적인 믿음생활은 전인격이 변화를 받지 못한다는 것입니다. 성령의 인도를 받는 체험적이고 실제적인 믿음 생활이 되어야 합니다. 젊어서부터 체질화 되어야 합니다. 하나님께서 자신 안에 살아계신다는 것을 날마다 체험하면서 믿음생활을 해야 합니다. 관념적이 되어서는 하나님께서 주신 것들을 누릴 수가 없습니다. 더 나아가 하나님께서 살아계신다는 것을 증명하는 믿음생활이 되어야 합니다. 이렇게 적극적인 믿음 생활이 되면 절대로 늙어서 요양원에 가지 않을 것입니다. 살아계신 하나님께서 자신의 주인이 되어 장악하고 계시는데 혈통의 문제가 어떻게 문제를 일으키겠습니까? 필자가 항상 강조하는 것이 있습니다. "나는 걸어 다니는 성전이다. 하나님께서 나의 주인이다. 내 안에 하나님이 계신다. 그분에게 질문하면 어떤 문제도 해결할 수 있는 지혜를 주신다. 주신 지혜대로 순종하면 문제는 하나님께서 해결하신다." 아주 중요합니다. 살아계신 하나님을 날마다 체험하는 아주 좋은 관심이고, 습관입니다. 내면세계에 형성된 상처나 혈통의 문제는 절대로 세상방법이나 관념적인 믿음생활로는 해결되지 못합니다. 반드시 살아계신 성령의 역사가 영의차원에서 역사해야 해결이 됩니다.

셋째, 혈통에 흐르는 사기는 취약시기에 정체를 드러낸다. 필자가 얼마 전에 이런 분의 문제를 성령의 음성을 듣고 해결할 수 있도록 조언한 일이 있습니다. 상황을 들어보니 이랬습니다. 이분은 교사를 하다가 질병으로 인하여 휴직을 일 년을 했으나 질병을 치유 받지 못했습니다. 영적이고 정신적인 질병이 심하고 우울증이 심해서 도저히 교사를 할 수 없는 형편이라, 어떤 신령하다는 분에게 상담을 했습니다. 그랬더니 목회 사명이 있는데 목회를 하지 않아 질병이 왔다는 것입니다. 질병을 치유 받으려면 신학을 하여 목회를 해야 한다는 것입니다.

영적인 질병과 우울증이 너무 심해서 여기저기 돌아다니면서 별 방법을 다 동원해도 치유가 되지 않았습니다. 도저히 방법이 없었습니다. 그래서 교사를 사표내고 1년을 쉬다가 신대원에 다니기로 결정을 하고, 소문을 듣고 필자에게 집중치유를 받으러 온 것입니다. 남편은 이미 신학을 하여 신대원에 다니고 있다는 것입니다. 첫날 집중치유를 하면서 상태를 보니까, 영적으로 문제가 많았습니다. 성령의 역사에 의하여 귀신이 말로 표현 할 수 없을 전도로 정체를 폭로했습니다. 대화를 하다가 보니 어렸을 때부터 병약했다는 것입니다. 어렸을 때부터 병약했다는 것은 혈통의 문제나 태중에서 상황이 좋지 않았다는 것입니다. 아무 말을 하지 않고 치유를 해주었습니다. 다행하게도 필자가 몇 주 더 다니면서 치유 받으라고 권면했더니 순종하여 다니겠다는 것입니다.

첫 주는 상처를 치유하고 다음 주에 집중치유를 하면서 "이 부부가 목회를 하는 것이 하나님의 뜻입니까?" 하고 성령님께 질문을 했습니다. 그랬더니 환상이 보이는데 부부가 어려움의 고통을 당하고 있는 모습이 보였습니다. 조금 있다가 성령께서 감동하시기를 "목회한다고 질병이 치유되는 것이 아니다. 지금과 같이 집중치유를 몇 번 더 받으면 질병은 치유된다. 질병은 혈통의 영적인 문제로 온 것이기 때문에 집중치유를 몇 번 더 받으면 건강하게 치유되어 교사하는데 문제가 없을 것이다. 이 여성은 교사를 하면서 복음을 전하도록 알려주어라"는 감동을 하시는 것입니다.

그렇게 응답을 받고 조금 기도를 하니까, 이 여성분이 하는 말이 "자기 할머니가 반 무당이었다."는 것입니다. 그래서 필자가 이렇게 말했습니다. "집사님! 집사님은 신대원가서 목회하는 것이 하나님의 뜻이 아니고, 교사를 하는 것입니다. 다시 복직을 하시든지 아니면 기간 제 교사라도 가십시오. 집사님은 지속적으로 몇 번 더 집중치유 받으면 깨끗하게 치유될 것입니다." 계속 기도를 하게 하자, 귀신들이 말로 표현할 수 없을 정도로 떠나갔습니다. 태중에서부터 들어와 인생을 파괴하려고 작정한 귀신들이었습니다. 이 귀신들이 영적인 질병과 정신적인 질병과 우울증을 발생하도록 조정한 것입니다.

두 번째 날을 끝나고, 세 번째 날 여 집사가 와서 무어라고 하느냐. "목사님! 문제가 완전하게 해결이 되었습니다. 몸도 치유되어 너무나 편안해졌습니다. 목사님의 권면대로 몇 번 더 치유 받으면 건강해지겠다는 마음의 확신이 생깁니다. 지금 살고 있는 집이 나가야 하는데, 그렇게 나가지 않다가 3일전이 나갔습니다. 목사님께서 교사를 하면서 복음을 전하는 것이 하나님의 뜻이라고 하셔서, 기간 제 교사를 알아보았더니 집에서 가까운 곳에 자리가 나와서 서류를 제출했더니 합격되었다고 연락이 왔습니다. 감사합니다." 만약에 이분이 신령하다는 목사의 말을 듣고 신대원에 갔다면 하나님께서 환상으로 보여주신 것과 같이 부부가 생고생을 했을 것입니다.

그런데 하나님의 뜻대로 교사하려고 원서를 제출하니 바로 되어 교사할 수 있도록 역사하신 것입니다. 우리 하나님의 뜻을 바르게 알고 순종해야 합니다. 목회를 하면 영육의 질병이나 문제가 해결이 된다. 이것은 무당의 이론입니다. 샤머니즘의 신앙입니다. 무엇을 하면 치유되고 문제가 해결된다. 성경적인 근거가 없습니다. 헌금을 하면 문제가 해결된다. 이것도 무당의 이론입니다. 샤머니즘의 신앙입니다. 하나님께서 돈 받고 질병이나 문제를 해결하여 준다. 하나님을 돈 받고 문제 해결하여 주시는 분으로 명예 훼손하는 일이 더 이상 없어야 합니다. 천벌을 면치 못합니다. 신령하다는 목사님들 근거 없는 이론으로 성도님들을 속이는 일이 없어야 합니다. 성도님들은 근거 없는 말에 더 이상 속지 말아야 합니다.

반드시 하나님이 원하시는 영육의 상태가 되어야 질병이 치유되고 문제가 해결이 됩니다. 말씀과 성령으로 치유되어 하나님과 관계가 열리는 것이 급선무입니다. 하나님과 관계가 열리면 앞에서 설명한 여 집사님 같이 하나님께서 무엇을 하기를 원하시는지 알려주십니다. 하나님은 성도(자녀)가 잘되기를 원하십니다. 개인마다 하나님께서 원하시는 일이 있습니다.

그 일을 찾아야 합니다. 일을 찾으려면 말씀과 성령으로 땅의 것을 치유해서 하늘의 사람이 되어 하나님과 교통해야 알 수가 있습니다. 성경에 보면 야곱도, 요셉도, 모세도, 다윗도, 하나님의 훈련을 받아 하나님께서 원하시는 상태가 되니 하나님께서 원하시는 일을 하도록 인도하셨습니다. "무엇을 하면 질병이나 문제가 치유된다." 절대로 아닙니다. 속지마세요. 성령으로 세례를 받고 문제의 원인을 찾아 해결해야 치유가 됩니다.

우울증이나 정신적인 질병이나 영적인 질병이나 뼈와 신경 질병이나 근육통이나 소화기 계통의 질병으로 고생하시는 분은 토요일 집중정밀치유에 예약하여 2-3번만 받으면 병원에서 치유되지 않는 어떤 질병이라고 치유가 됩니다. 필자는 자신합니다. 환자의 심령 안에서 성령의 강력한 역사로 상처와 질병의 근원적인 요소들이 떠나갑니다. 한번만 받으면 자신이 치유되었다는 것을 체험적으로 알 수가 있습니다. 깊은 상처나 우울증이나 정신적인 문제가 영적인 문제 등은 깊은 성령의 역사가 일어나야 치유가 됩니다. 치유의 비밀은 필자에게 역사하는 성령의 역사를 환자에게 전이시켜 환자의 심령에서 성령의 역사가 일어나 치유가 되게 하는 방법입니다.

물론 목회자가 성도가 치유를 받고 나면 성령의 권능이나 은사가 나타나는 것이 보통입니다. 무엇을 해도 되지 않는 분들은 누구에게 물어보고 자기 생각가지고 무조건 일을 하려고 하지 말고 성령으로 세례 받고 방해하는 세력을 제거해야 합니다.

무엇을 해도 되지 않게 하는 세력이 있습니다. 정확한 하나님의 뜻은 성령으로 방해하는 세력이 떠난 다음에 들리는 것이 보통입니다. 반드시 성령으로 세례를 받아 방해하는 세력을 한 동안 영적 전쟁하여 방해하는 세력이 떠나간 다음에 하나님께 질문하세요. 그때 들립니다. 필자가 집중 치유할 때 첫날은 정확한 하나님의 뜻을 알 수가 없습니다. 방해하는 세력이 역사하여…. 첫날은 방해하는 세력을 성령의 역사로 떠나보냅니다. 두 번째 날 기도하면서 어느 정도 성령께서 장악을 하면 성령의 감동이 오기 시작합니다.

영적이고 정신적인 질병과 우울증이나 공황장애나 조울증이나 할 것 없이 안수 한번 받는 다고 치유가 되지 않습니다. 의학적인 방법으로도 치유가 불가능합니다. 안수를 자주 받으면 좋아지기는 합니다. 그러나 완전하게 회복하려면 시간이 오래 걸립니다. 그렇기 때문에 미리 성령의 역사를 체험하고 무의식과 잠재의식의 문제를 치유하는 것이 좋습니다. 예방이 중요하다는 것입니다. 스트레스를 받아 체력이 떨어진 상태에서 밖으로 질병이 나타나면 쉽게 치유가 되지 않습니다. 그래서 필자가 기도하다가 성령께서 일려주신 대로 상당히 오랜 시간 동안 집중 정밀치유를 하는 것입니다. 상당히 오랜 시간 동안 성령이 깊은 역사를 일으키면서 깊은 곳에 숨어있는 상처와 영적인 요소와 불안전 요소들의 정체를 폭로하게 하여 밖으로 배출해야 합니다. 그리고 스스로 기도하여 성령으로 충만하게 채워야 합니다.

그래서 잠깐 안수하여 치유하는 것은 무의식과 잠재의식 깊은 곳에 숨어있는 불안전 요소들이 들어나지 않습니다. 숨어서 꼼짝을 하지 않습니다. 이렇게 꼼짝하지 않던 불안전 요소들이 지속적으로 환자의 심령 안에서 성령의 역사를 일으키면서 상당히 오랜 시간 기도하면 정체를 폭로하기 시작을 합니다. 그래서 밖으로 배출하니 치유가 되는 것입니다. 배출된 곳에 말씀과 성령을 충만하게 채우니 완치가 되는 것입니다. 우울증이나 정신적인 문제가 있는 분들이 좀도 빨리 치유를 받으려면 토요일 개별 집중 치유를 하는 편이 쉽습니다.

필자가 어느날 너무나 변화된 모습을 보고 이렇게 말했습니다. 집사님! 지금까지 믿음생활을 바르게 하지 못하신 것 같습니다. 이분이 하는 말입니다. 자신은 믿음생활을 참으로 열심히 했다는 것입니다. 예배에 빠지지 않았으며, 기도회란 기도회는 모두 참석했으며, 필요하면 기도원에 가서 기도도 했다는 것입니다. 그래서 필자가 그런 눈에 보이는 행위적인 믿음생활을 바르게 하지 못했다는 말이 아닙니다. 성령의 지배와 인도를 받는 신앙생활을 말합니다. 마음 안에 성전이 견고하게 지어지는 믿음생활을 말하는 것입니다. 보이지 않는 성령의 지배와 인도를 받는 믿음생활을 말한 것입니다. 집사님은 지금까지 눈에 보이는 행위로 판단하는 율법적이고 인간적인 믿음생활을 하신 것입니다. 유대인과 같은 믿음생활을 했다는 말입니다. 그래서 혈통에 흐르는 사기가 떠나가지 않고 숨어 있다가 취약시기에 정체를 폭로한 것입니다.

21장 귀신 축사가 만사가 될 수 없다.

(막 9:22)"귀신이 그를 죽이려고 불과 물에 자주 던졌
나이다. 그러나 무엇을 하실 수 있거든 우리를 불쌍히 여
기사 도와주옵소서"

　내적치유와 축귀능력을 받아서 사역하실 목회자나 사역자는
귀신축사가 만사가 될 수 없다는 것을 알아야 합니다. 필자는 항
상 본 교회 성도들과 치유와 능력을 받으러 오시는 분들에게 귀
신축사만 받으러 다니면 죽을 때까지 귀신만 쫓아내다가 끝난다
고 강조합니다. 왜 죽을 때까지 귀신만 쫓아내다가 끝납니까? 하
나님의 뜻에 부합되지 않기 때문입니다.

　많은 목회자와 성도들이 귀신만 쫓아내면 다되는 것으로 착각
을 합니다. 그래서 귀신에게 고통을 당하는 분들의 의식이 귀신
만 쫓아내려고 혈안이 되어 있습니다. 귀신을 잘 쫓아내는 목회
자나 사역자가 있다면 그곳에 가서 귀신만 쫓아내려고 합니다.
이곳저곳을 헤맵니다. 그러다가 치유의 시기를 노치는 경우가 허
다합니다. 이곳저곳 능력자를 찾아다니다가 보니 몇 십 년이 금
방 지나갑니다. 회복이 불가능하게 됩니다.

　절대로 안수 한번으로 귀신을 떠나보낼 수가 없는 것입니다.
아무리 능력이 강한 목사라도 안수 한번해서 귀신이 떠나보내지
못합니다. 모든 능력은 목회자의 마음 안의 성전에서 성령으로
분출되는 것입니다. 그래서 특별하게 능력이 특출한 목사는 있을

수가 없습니다. 자신이 능력이 특출하다고 공공연하게 말하는 목사는 이단이 아니면 사이비, 아니면 사탄입니다. 예수님을 믿고 성령으로 다시 태어난 목사라면 능력은 모두 동일합니다. 단 심령이 예수로 하나가 되었는가의 차이는 있을 수가 있습니다. 또, 목회자가 성령의 능력으로 귀신을 축귀하려는 관심과 의지가 있느냐 없느냐에 따라서 차이는 있을 수가 있습니다. 성령의 능력은 관심에 따라 구하고 사영할 때 나타나기 때문입니다.

절대로 귀신축사는 안수 한 차례 받고, 안수 한 차례 하여 귀신을 쫓아내는 것이 아닙니다. 그렇게 될 수가 없습니다. 하나님께서 그렇게 역사하시지 않습니다. 환자가 성령으로 장악이 된 만큼 귀신은 떠나가는 것입니다. 성령으로 진리를 깨닫고 성령으로 기도하는 만큼씩 떠나가고 정상으로 되어가는 것입니다. 내적치유와 축귀능력도 성령으로 진리를 깨닫고 성령으로 기도하는 만큼씩 강해지는 것입니다. 그러므로 영육의 문제가 고생하시는 분들은 이 목사! 저 목사! 능력 있다는 목사를 의지하여 귀신을 축사하고 치유 받으려고 돌아다니는 생활을 멈추어야 합니다. 안수한 번에 순간 치유하려는 생각을 버리고 감언이설에 속지도 말아야 합니다.

전인치유에 대한 전문적인 지식과 살아계신 하나님과 관계가 열린 목회자를 만나야 합니다. 적어도 7년 이상 성령치유 사역을 한 사역자를 찾아야 합니다. 거기에서 영적인 말씀을 들으면서 하나님의 사람으로 성령의 사람으로 변화 되려고 해야 합니다. 자신과 하나님과 관계를 열어야 합니다. 자신 안에 하나님의 성전이 견고하게 지어져야 성령의 권능으로 귀신이 떠나가는 것입니다. 자신 안에서 올라오는 성령의 기름부음으로 귀신이 쫓겨나가는 것입니다. 정확한 성령의 역사를 따라서 전인적인 치유를 해야 귀신축사가 될 수가 있는 것입니다. 생명의 말씀과 성령으로 마음 안에 채워지면 귀신은 떠나가게 되어 있습니다. 그렇기 때문에 귀신만 쫓아내려고 하지 말고 자신 안에 성전이 견고하게 지어져서 성전에서 성령의 역사가 불출되면 귀신은 더 이상 괴롭히지 못하고 떠나가는 것입니다. 하나님께서 분면하게 이렇게 말씀하셨습니다. "너희는 먼저 그의 나라와 그의 의를 구하라 그리하면 이 모든 것을 너희에게 더하시리라 (마 6:33)" 자신 안에 하나님의 성전이 견고하게 지어져서 성전에서 나오는 성령의 권능으로 귀신이 물러가는 것입니다. 그러므로 자신 안에 성전이 견고하게 지어지는 영적활동에 집중해야 합니다. 자신 안에 성전에 생명의 말씀과 성령으로 채워지면 귀신은 떠나가게 되어 있습니다. 쉽게 설명한다면 나라가 바뀌어야 한다는 말입니다. 성령으로 하나님께서 주인 된 성전이 견고하게 지어져서 성령으로 전인격이 지배와 장악이 되고, 예수님으로 하나가 되니, 옛 사람에게 역사하던 사단의 나라가 물러가는 것입니다.

귀신에게 고통을 당하는 분들이나 사역자는 안수한번으로 귀신을 쫓아내어 자유하려는 생각을 버리고, 성령의 인도를 받으면서 하나님의 사람으로 변화되는 것이 집중해야 귀신으로부터 자유 함을 누릴 수가 있습니다. 자신 안에 하나님의 나라가 견고해져야 귀신은 물러갑니다. 그렇기 때문에 귀신만 축사되면 된다는 논리는 성립되기 쉽지 않습니다. 자신이 바뀌어야 되기 때문입니다. 예수님으로 하나가 되어 진리의 말씀을 성령으로 깨닫고, 성령으로 기도하며, 성령으로 봉사하며 예수님께 영광을 돌리는 영적인 수준이 되려고 집중해야 합니다.

귀신에게 고통을 당하다가 치유를 받아도 후유증이 생깁니다. 그렇기 때문에 영적지도자와 귀신으로 고통을 당했던 환자는 귀신을 축귀한 후에 후유증을 치유하는 습관을 들여야 합니다. 우리 몸의 질병은 원인을 따라 구분하면, 첫째, 세균에 의한 감염성 질병이 있습니다. 둘째, 신체기능이 노화되어 나타나는 소모성 질환이 있습니다. 셋째, 부모로부터 유전되어 나타나는 기질적 질환이 있습니다. 넷째, 교통사고 등과 같은 외상으로 인한 질환이 있습니다. 다섯째, 그 밖에 원인을 알 수 없는 난치성 질환 등이 있습니다. 감염성 질환과 소모성 질환은 우리가 늘 건강에 관심을 가지고 환경을 청결하게 하고, 피곤하지 않도록 적당히 움직이고, 알맞게 휴식을 취하면서 운동을 꾸준히 하면 피해갈 수 있는 질환들입니다. 노년이 되면서 관절이 닳고, 눈의 근육이 힘을 잃어가면서 시력이 떨어지고, 장기의 기능이 떨어지는 것은 피할 수 없습니다. 그러나 이런 상식과는 다르게 젊은이 가운데 노인성 질환이 나타나고, 기질적 질환으로 고생하는 경우가 많이 있습니다. 그리스도인에게 있어서 질병은 이와 같은 과학적 구분 이상의 의미를 가지고 있으며, 따라서 영적인 부분을 소홀히 하면 더 큰 어려움을 겪을 수 있습니다.

질병은 죄와 연관이 있습니다. 모든 질병이 그런 것은 아니지만 깊이 살펴보면 100%는 아니더라고 일정 부분 죄와 연관이 있음을 알게 됩니다. 죄는 마귀의 발판을 만들고 마귀는 그것으로 우리를 괴롭힐 수 있는 권리를 얻게 됩니다. 죄 때문에 마귀에게 우리를 괴롭게 할 권리를 내어주게 되면 마귀는 각 사람을 괴롭힐 수단을 찾게 되는데 어떤 사람에게는 재물을 빼앗고, 어떤 사람에게는 사랑하는 사람을 빼앗고, 어떤 사람에게는 명예를 빼앗으며, 어떤 사람에게는 질병을 가져다줍니다. 각종 고통스런 문제는 헤아릴 수 없을 정도로 종류가 많은데 마귀는 한 가지 이상의 문제를 가지고 다가와 그 사람을 괴롭게 합니다. 그 가운데 질병은 가장 손쉬운 방법입니다.

우리가 불행하게 얻는 질병은 그 바탕에는 원론적으로 처리 되지 않은 우리의 죄의 문제로 인해서 마귀가 가져온 것이 있는 것입니다. 영이 강건해지면 우리의 의식은 긍정적으로 적극적으로 바뀌게 됩니다. 죄의 문제가 온전히 처리되면 우리의 생각에는 성령의 생각이 충만해져서 즐겁고 밝아집니다. 긍정적으로 바뀌고 무엇을 해야 할지를 알기 때문에 적극적이 되고, 두려움과 근심이 사라지고 마음에 평안이 가득하며, 알 수 없는 즐거움이 밀려들어옵니다. 가슴에는 늘 설레는 마음으로 가벼운 흥분이 일어나고 이것이 엔도르핀을 생성시켜 면역력을 증대시키고 어긋난 염색체를 정상으로 회복시켜 질병이 고침을 받게 만듭니다. 그러나 반대로 죄가 처리되지 않으면 마귀는 우리의 마음을 불안하고 초조하게 만들며, 매사를 부정적으로 보게 해서 어두운 생각의 지배를 받게 됩니다. 그러면 유전자가 이상이 생겨 질병이 생기는 것입니다.

　마귀의 영향을 받으면 우리의 면역체계는 혼란이 생기고 귀신이 들어오면 그에 따라서 질병이 생기게 됩니다. 그러나 우리는 일반적으로 병이 생기면 먼저 병원을 찾아갑니다. 병원의 의사들은 현상적으로 질병을 다루며, 물리적인 접근법 이외는 알지 못하기 때문에 여러 가지 검사를 통해서 질병의 원인을 알아내려고 합니다. 오직 보이는 외적 증거 이외에는 알지도 못하고 알 수도 없습니다. 영적으로 전혀 고려하지 않는 의사들은 약물과 수술로 질병을 치유하고자 합니다. 그렇게 해서 질병이 치유되는 경우도 있습니다. 가벼운 죄의 문제인 경우 그 질환에 영향을 주는 범위가 미약할 수 있습니다. 이런 질병은 의사의 도움으로 고침을 받으며, 또한 감염성 질환이나 소모성 질환의 경우 죄와는 별로 상관이 없다고 보아도 좋을 만큼 병에 미치는 우리의 죄의 비중이 적은 것입니다.

　그러나 죄의 비중이 심각해서 질병의 원인을 대부분 이 죄가 차지하고 있는 경우 죄의 문제를 해결하지 않으면 치유가 불가능하며, 이로써 생긴 질병은 그 치유의 시기를 놓치면 엄청난 문제가 생긴다는 사실을 제대로 알지 못하는 사람들이 많습니다. 죄로 인해서 마귀가 질병을 가져다 준 경우 영의 차원에서 회개하여 죄를 처리하고 귀신을 쫓아야 하는 일련의 작업이 이루어져야 합니다. 이는 한 차원 깊은 영의 차원에서 원인을 찾아야 한다는 말입니다. 영의 차원에서 죄가 처리되었다면 귀신은 더 이상 그 사람을 괴롭게 할 합법적인 근거가 사라집니다.

그러나 근거가 사라졌다고 해서 귀신이 스스로 알아서 물러나는 것이 아닙니다. 귀신은 불법으로 우리에게 침투하는 경우가 많습니다. 불법으로 들어온 귀신은 축사를 하면 언제든지 떠날 수밖에 없고, 그로 인해서 손해를 끼친 부분에 대해서는 7배로 변상해야 합니다.

　귀신이 불법적으로 우리 몸에 들어오려면 엄청난 노력을 해야 합니다. 그래서 한 번 들어오면 불법적이라고 해도 쉽게 나가려고 하지 않습니다. 그러므로 합법적으로 들어온 귀신은 절대로 나가지 않습니다. 오로지 그 발판이 되는 죄가 처리되어야만 귀신은 떠나게 됩니다. 그런데 여기서 심각한 문제가 생깁니다. 귀신이 우리 몸에 들어와 질병을 만들어내게 되면 우리 몸의 면역체계를 비롯해서 기능들이 심각한 훼손을 입는다는 것입니다. 이것이 질병의 후유증을 만들어내는 이차적인 문제가 생깁니다. 이것을 악습이라고 말합니다. 악령에게 장악되어 보낸 세월이 길수록 이 악습은 우리 몸에 굳어져버려 쉽게 고칠 수 없게 됩니다. 우리가 어떤 행동을 계속하면 그것이 습관이 되어 고치려면 정신을 바짝 차리고 오랫동안 그 행동을 억제하는 노력을 해야 하지 않습니까? 우리 몸은 훈련을 받게 되면 그 행동을 기억하게 됩니다. 그래서 우리는 모든 행동을 몸에 익힙니다. 운동선수가 얼마나 많이 훈련하느냐에 따라서 성공의 여부가 결정됩니다. 몸에 익히기 위해서는 끊임없는 반복훈련을 해야 합니다. 몸에 익어야 몸이 알아서 움직여주는 것입니다. 게임을 띌 때 순간적으로 몸을 움직여야 하는데 생각해서 하는 것은 불가능합니다. 오직 몸이 알아서 저절로 움직여주는 것입니다. 그러려면 엄청난 양의 훈련으로 몸이 스스로 움직일 수 있도록 만드는 것입니다.

이와 같은 이치로 귀신이 우리 몸에 들어와 질병을 일으키면 우리 몸은 그 질병으로 인해서 오랫동안 일정한 형태의 행동을 몸에 익히게 되며, 이것이 악습이 됩니다. 귀신이 쫓겨 나가고 자유롭게 되었음에도 불구하고 귀신의 후유증이 그대로 남아서 귀신들렸을 때 하던 행동과 같은 행위를 계속하게 됩니다. 귀신들리면 육체적 질환뿐만 아니라 정신적으로도 무척 황폐해집니다. 매사를 소극적으로 부정적으로 비판적으로 보려고 하며, 독선적이고 아집 적으로 변합니다. 이런 부작용이 그대로 남아있게 되어 한 동안 괴롭힘을 당합니다. 질병에서 온전한 치유를 위해서는 회복기간이 필요하듯이 귀신들림으로 인해서 얻어진 질병 역시 귀신이 떠났을지라도 한동안 그 후유증을 치유하는 노력을 게을리 하지 말아야 합니다. 범죄자는 사건 현장에 반드시 되돌아온다는 말처럼 귀신은 쫓겨 나간 후 반드시 다시 돌아옵니다. 그러므로 축사하는 사람은 이차적인 침투를 염두에 두고 귀신을 쫓아야 합니다.

죄의 처리가 먼저 되고 귀신을 쫓아내면 일단 모든 것이 끝난 듯이 보입니다. 그러나 후유증을 처리하는 일은 시간도 많이 걸리고, 본인을 비롯해서 주변의 사람들의 협력이 필요합니다. 후유증이 제대로 처리되지 않으면 다시 귀신들림이 일어날 수 있으며, 그 병의 후유증으로 인해서 오랫동안 고통을 겪게 됩니다. 부정적이고 비판적인 태도가 제대로 제거 되지 않으면 머지않아 다시 부정적인 행동을 하게 되고 그것이 죄를 만들어내고, 그러면 다시 귀신이 들어와 질병을 만들어냅니다. 조금 나아진 것 같다가 다시 병이 재발하는 고질병의 경우 죄의 후유증이 처리 되지 않았기 때문입니다. 제대로 회복이 완전하게 이루어지지 않은 상태로 당사자와 주변에서 문제를 쉽게 다루었기 때문입니다. 이런 과정이 반복되면 더욱 고쳐지기 어려워지는 만성적 질환이 되고 맙니다.

재발을 반복하는 질병의 배후에는 이 약점을 꿰뚫고 있는 악령의 작용이 도사리고 있습니다. 반복되는 실패는 당사자의 의지가 매우 약하기 때문입니다. 완전히 회복되기까지 주변에서 이런 약한 지체를 도와주어야 합니다. 그런데 현실적으로 이런 환자들 주변에는 그런 충분한 도움을 줄 수 있는 사람이 거의 없다는 것이 더욱 가슴을 아프게 만듭니다. 온전히 회복되기까지는 몇 년의 세월이 필요한 경우가 대부분입니다. 그 긴 세월동안 지속적으로 돌봄이 필요한데 그런 도움을 줄 수 있는 이웃이 별로 없다는 것입니다. 그러므로 가장 중요한 것은 초기 질환에서 영적인 문제를 제대로 다룰 수 있어야 한다는 것입니다. 자신에게 온 질병의 원인 중에 죄가 차지하는 비중이 10% 이하라면 무시해도 질병을 치유하는 데는 별로 지장을 받지 않을 수 있습니다. 그러나 이런 부분들이 계속 쌓여 가면 그 비중이 높아지고 언젠가는 의술로는 전혀 해결할 수 없는 수준에 이르게 됩니다.

죄의 영향이 질병의 6~70%를 차지한다면 의사는 손을 쓸 수 없게 됩니다. 백약이 무효라는 말처럼 약물로는 도저히 치유할 수 없는 그야말로 원인 불명 또는 고질병이 되고 맙니다. 귀신이 계속 영향을 주게 되면 같은 병을 지속적으로 겪게 됩니다. 그 가운데 가장 대표적인 것이 만성적 두통을 비롯한 기능성 질환들입니다. 노이로제, 무기력, 우울증, 각종 정신 장애와 약물남용이나 알코올 중독 등과 같은 습관성 질환, 폭행이나 성범죄 사기 등과 같은 비행행위 등은 심각한 귀신들림의 후유증입니다. 그 대표적인 사례가 조세형 씨의 경우인데, 이들이 집중적으로 범죄행위를 행할 당시는 귀신들림이었지만, 지금은 그 후유증으로 인해서 고통을 당하고 있는 것입니다.

귀신들려서 그런 행동을 할 때는 제정신을 못 차리고 그 행위에 몰두하게 되며, 눈빛이 다릅니다. 정신 상태 역시 심각한 질환의 수준이며, 외부의 조언에 대해서 전혀 반응하지 않습니다. 그러므로 의사들은 정신 질환으로 단정하게 되며, 각종 약물로 치료하려고 합니다. 그러나 귀신들린 상태에서는 이 모든 노력이 아무런 의미가 없습니다. 이렇게 폐인이 되어간 후에 귀신은 떠나가게 됩니다. 시기적으로 10년 이상 20년 가까이 귀신은 그 사람을 장악하여 사용한 다음에 다른 숙주를 찾아 떠나게 됩니다. 그러나 귀신들렸던 사람은 후유증으로 인해서 같은 행위를 계속하게 됩니다. 이때 그들의 눈을 살피면 예전과는 다르며 자신의 행위에 대해서 증오하며 그런 행동을 하는 자신을 미워하게 됩니다. 후회하지만 어쩔 수 없이 그 행위를 반복하게 되는 것입니다. 마치 귀신들림의 초기 상태처럼 보입니다. 이런 사람에게 의사의 도움이 필요하며 이웃의 따스한 보살핌이 필요합니다.

그러나 이 악습에서 완전히 치유되기 위해서는 많은 세월이 필요합니다. 그러므로 간헐적으로 반복하는 행위를 계속하는 환자에 대해서 희망을 심어주어야 하며, 긍정적인 태도를 보여주어야 합니다. 책망과 질책은 더 깊은 수렁으로 몰아넣을 수 있기 때문입니다. 귀신들림의 후유증은 심각합니다. 그러므로 초기에 영적 치유를 함께 해야 하지만 현실적으로 그런 부분에 정확한 도움을 줄 수 있는 사역자가 터무니없이 부족합니다. 하나님은 교회 안에 반드시 이런 부분에 헌신할 사역자를 불러내시지만, 교회가 무지해서 이들을 길러내지 못하였기 때문에 우리 가운데 오늘날까지 이런 질환으로 고생하는 분들이 너무도 많습니다.

이런 질환으로 고생하는 분들은 결국 교회를 나오지 않게 되고 가족들도 쉬쉬하면서 감추어버립니다. 얼마나 불행한 일입니까? 필자가 이 사역을 하면서 교회의 그늘에 가리어 버려진 지체들이 얼마나 많은지를 알게 되었고, 그들의 아픔을 아무도 알아주지 않는 현실이 더욱 안타깝고, 게다가 악습을 고칠 수 있도록 오랜 세월 동안 돌보아야 하는 현실적인 어려움 때문에 필자 역시 어쩔 수 없는 경우에 가슴이 더욱 아픕니다. 초기에 제대로 대응했더라면 이 지경으로까지 오지 않았을 질병을 치유시기를 놓침으로써 한 사람의 인생이 어두움 속에 버려진 것을 볼 때 교회 안에 능력 사역자들을 제대로 가르치고 세울 수 있는 구조를 만들어야겠다는 결심을 굳게 하게 된 것입니다.

귀신의 영향을 받는 성도들이 화려한 가운을 입고 성도들의 인사를 받기를 즐기는 목회자들에 의하여 버려졌습니다. 지금 버려져가고 있는 영혼들에 대해 무관심할수록 마귀는 더욱 신이 나서 삼킬 자를 찾아 분주히 다니고 있습니다. 필자의 사역에 참석한 분들이 귀신을 쫓는 능력을 받아 주님으로부터 가르침을 받기 시작한 분들이 있습니다. 어떤 자매는 예전에는 보이지 않던 악령의 세계가 지금은 집중적으로 보이기 시작하는 것입니다. 얼마 전만 해도 전혀 알지도 못했던 이 분야에 눈이 뜨여지기 시작하면서 보이는 것이 온통 귀신으로 고통을 당하는 사람들입니다. 예전에는 그냥 단순한 질병인줄 알았던 것이 그 배경에 귀신이 있음을 알게 되었고, 귀신을 쫓아내면서 환자들이 회복되는 것을 지금 하나씩 경험하기 시작하고 있습니다.

자신이 모른다고 있는 것이 없을 수는 없습니다. 귀신들림이 얼마나 가혹하고 처참한 일인지 귀신들림을 모르면 알 수 없습니다. 남의 일이라고 방관해서는 안 되는 것이 그리스도인입니다. 긍휼 없는 사람은 긍휼 없는 심판을 받게 되기 때문입니다. 이웃의 아픔을 함께 아파하는 마음을 가진 사람을 주님이 찾고 계십니다. 일할 것은 많은데 일할 일꾼이 없다고 주님은 말씀하십니다. 당신은 주님의 일꾼으로 사용되고 있습니까? 아직 아니라면 가슴을 찢고 회개하여 주님의 일꾼이 되어야 합니다.

주님이 주시는 능력을 덧입기까지 주님 앞에서 떠나지 말고 기다려야 합니다. 하늘로부터 능력이 덧입혀지기까지 주님을 사모하면서 잃어버린 영혼을 사랑하는 마음을 보이십시오. 주님은 제사보다도 상한 심령을 기뻐 받으시는 분입니다. 당신이 상한 심령으로 세상을 바라본다면 주님은 당신에게 커다란 능력을 주셔서 일꾼으로 불러내실 것입니다. 할렐루야!

22장 개별적으로 정밀 축귀하는 비결

(막9:25-27)"예수께서 무리의 달려 모이는 것을 보시고 그 더러운 귀신을 꾸짖어 가라사대 벙어리 되고 귀먹은 귀신아 내가 네게 명하노니 그 아이에게서 나오고 다시 들어가지 말라 하시매 귀신이 소리 지르며 아이로 심히 경련을 일으키게 하고 나가니 그 아이가 죽은 것 같이 되어 많은 사람이 말하기를 죽었다 하나 예수께서 그 손을 잡아 일으키시니 이에 일어서니라."

축귀는 영적인 활동입니다. 인간의 힘으로는 되지 않습니다. 성령의 능력을 덧입어야 할 수 있는 사역입니다. 그래서 축귀를 받는 사람이나, 하는 사역자나 모두 성령으로 장악 당해야 쉽게 성령의 능력으로 가능합니다. 귀신은 환자의 마음 안에서 성령의 역사에 의하여 귀신이 떠나갑니다. 축귀를 받고도 성령의 임재가 있는 곳에서 믿음 생활을 하고, 생활 간에도 임재 가운데 지내는 것이 중요합니다. 그래야 다시 틈타지 않고 영성을 유지할 수 있습니다.

첫째, 귀신의 종류를 분별하여 개별 축귀하는 방법.

1) 붙어있는 장소별 손을 얹고 치유하는 축귀하는 방법. ○ 눈에 붙어 있는 경우나 소경 귀신은 눈 위에 손을 얹습니다. 눈을 압박하여 눈을 파열시키는 경우도 있으므로 절대로 주의합니다. ○ 혀에 붙어 있는 경우나 벙어리 귀신이나 말더듬이 귀신은 혀를 잡습니다. ○ 귀에 붙어 있는 경우나 귀머거리 귀신은 손가락으로 귓속에 손가락을 넣거나 귀밑을 압박합니다. ○ 무릎 관절

에 붙어 있는 관절염 귀신이나, 다리병신 귀신은 눕게 하고, 무릎 관절에 양손을 가만히 올려놓고, 3분 이상 묵상 기도하면서 발작하기를 기다립니다. 발작하면 축귀합니다. ○ 아랫배에 붙어 있는 음란 귀신이나, 방광 귀신 혹은 자궁병 귀신은 아랫배에 손을 얹습니다. 이성간에는 특히 유의하세요. 이성 간에는 본인의 손을 얹게 하고 안수하세요. ○ 머리에 붙어 있는 경우나 두통 귀신은 머리나 눈 가장자리 양쪽을 압박합니다. ○ 얼굴에 붙어 있어 얼굴을 실룩이는 귀신이나 반쪽 마비를 일으키는 귀신은 양손바닥으로 얼굴을 감싸 줍니다. ○ 기관지에 붙어 있는 경우나 천식 귀신은 목에 손을 얹고 기도하거나 손가락을 바로 펴고, 기관지를 향하여 능력을 쏘는 것처럼 기도합니다. ○ 코에 붙어 있거나 축농증이나 비후성 알레르기와 같은 병을 유발하는 귀신은 엄지손가락과 둘째손가락으로 코를 살짝 잡고 묵상 기도합니다. ○ 가슴이나 유방에 붙어 있는 귀신은 가슴이나 유방 위에 손바닥을 얹고 기도합니다. 이성간에는 상대방의 손을 얹고 기도하세요. 특히 유의하세요. ○ 어깨나 등허리에 붙어 있는 귀신은 양손으로 어깨나 등허리에 손을 얹고 기도합니다. ○ 목이나 목덜미에 붙어 있는 귀신은 양손으로 목을 감싸 줍니다. ○ 배나 내장기관에 붙어 있는 귀신은 배 위에 손을 가만히 얹어 기도하거나 배를 쓸면서 혹은 배를 주무르면서 기도합니다. 심하게 배를 압박하거나 눌러서 내장의 기관을 손상시키거나 압박하여 장협착이나 질식사 시킬 수 있으므로 절대로 주의하여야 합니다. 이성간에는 주의하세요. ○ 허리에 붙어 있는 경우나 디스크를 유발하는 귀신은 허리에 가만히 손을 얹어 기도합니다. 다리를 만져서 기도하는 방법도 있습니다. 귀신이 주는 디스크가 아니고 단순하게 골반이 틀어져서 생긴 디스크는 환자를 눕게 하고 양다리를 돌리면서 가만히 묵상 기도합니다. 이때에 틀어진 한쪽 다리가 순간순간 조금씩 돌아와서 좌우 균형을 이루는 모습을 보게 되면 치료가 다 된 것입니다. 그러나 다시 틀어지는 경우가 많으므로 정상적이 된 상태로 굳어 질 때까지 주의해야 합니다. ○ 사타구니 사이나 은밀한 곳에도 붙어 있습니다. 이때에는 성령의 지혜를 받으면서 사역하세요.

2) 보이지 않는 부분의 개별축귀 기술. ○ 신경계통에 붙어 있는 경우나 불면증 불안 초조 성격이상을 가져오는 귀신은 가슴에 손을 얹고 기도하세요. ○ 혈관이나 체액을 타고 다니는 귀신은 머리에 안수하거나 피나 체액을 맑게 하는 조치를 취한 후 기도하면 더욱 효과적입니다. 조치란 의학적이고 식이요법도 포함됩니다. 피를 맑게 하는 여러 가지 방법을 사용해도 됩니다. ○ 내장이나 숙변에 붙어 있는 귀신은 뱃속에 딱딱한 부위가 만져집니다. 주무르거나 숙변을 제거하는 여러 가지 조치를 취한 후 기도 하는 것이 효과적입니다. ○ 육신의 질병이 있는 곳에 붙어 있는 귀신은 질병 귀신을 쫓거나 귀신을 쫓아낸 후 질병을 위한 치유 기도를 다시 하면 치유가 더욱 효과적입니다. ○ 귀신이 침입하여 질병을 일으킨 경우는 귀신을 먼저 축출해야 치유가 일어나고, 그 반대로 질병이 있는 곳에 나중에 침입한 귀신의 질병 치유는 귀신이 축출되더라도 치유가 급속히 이루어지지 아니합니다.

이런 경우는 병원치료와 약을 복용하면서 치유하는 것이 효과적입니다. ○ 음기나 사기를 타고 다니는 귀신은 쉽게 축출되고 발작합니다. ○ 산성 체질에 따라 다니는 귀신은 체질을 개선한 후에 축귀하면 더욱 쉽고 효과적입니다. ○ 근육에 붙어 있는 귀신은 살짝 압박해도 통증을 호소합니다. 어깨, 등, 허벅지 등등.

3) 인격적인 부분에 역사하는 귀신의 개별축사. ○ 지적인 귀신: 생각이나 사상이나 이론에 붙어 있는 귀신은 자신의 고집적인 잘못된 생각이나 사상이나 이론을 바꾸어야 합니다. 부정적, 비관적, 비판적, 이기적, 육신적 생각만을 합니다. 남의 가르침이나 충고를 절대로 믿지도 받아드리지도 않습니다. 본인이 인정해야 축귀가 가능합니다. ○ 감정적인 귀신: 감상적인 마음이나 낙심과 좌절, 사악한 마음의 소유자, 충동적인자를 말합니다. ○ 의지적인 귀신: 무기력한 자, 의지력이 약한 자. 게으른 자, 무위도식하는 자를 말합니다.

4) 영적인 부분에 역사하는 귀신축사 기술. 해당 귀신의 이름으로 부르면서 축귀하면 됩니다. 예를 든다면 성령의 임재가운데 "내가 예수님의 이름으로 명령한다. 이 더러운 교만 귀신아 정체를 밝혀라. 교만귀신은 떠나가라." 단 본인이 인정해야 귀신이 정체를 폭로하고 떠나갑니다. 본인이 마음을 열지 않고 인정하지 않으면 축귀는 할 수가 없습니다. 본인이 100% 인정하지 않으면 절대로 귀신이 떠나가지 않습니다.

○ 교만 귀신: 교만은 무지에서 나오고 자신의 무지를 감추려는 본능에서 나옵니다. 무지를 깨닫고 겸손해져야 합니다. 직분

자들에게 가장 많습니다. 자신을 알아야 합니다. 잘 알지도 못하면서 아는 척하지 말아야 합니다. 영적인 사역은 그렇게 말로 하는 것이 아니고 성령의 지지가 있어야 하는 것입니다.

○ 혈기 귀신: 혈기는 잠재되어 있는 분노에서 습관적이 되어서 나옵니다. 분노와 혈기의 원인이 주위 환경에서 나옵니다. 이 원인이 내적 치유가 되어 제거되어야 합니다.

○ 음란 귀신: 영적 음란, 육적 음란 모두 해당이 됩니다. 영적인 음란은 육적인 음란을 불러옵니다.

○ 더러운 귀신: 지저분하게 해놓고 산다든지 외모를 산만하게 하고 다닙니다.

○ 거룩한 영: 거룩을 가장하고 부부 관계를 추한 것으로 생각하고 독수공방을 주장하는 귀신입니다. ○ 시기와 질투의 귀신입니다. ○ 술 귀신(알코올), ○ 담배 귀신, ○ 마약 귀신,○ 살인 귀신, ○ 거짓 영, ○ 폭력 귀신, ○ 미혹의 영 등입니다.

둘째, 귀신의 속임 수법은 다양하다. ○ 엄살을 부리기도 하며, 혼수상태에 빠지기도 합니다. ○ 귀신들린 자의 비밀스러운 죄나 일들을 들추어냄으로 숨으려 합니다. ○ 사역자의 죄를 들추거나 비웃거나 하는 방법을 쓰기도 합니다. ○ 나간다고 거짓말을 하기도 하고 문을 열어 주면 나간다고 말하여 속이기도 합니다. ○ 잠잠하여 축출된 것처럼 가장하기도 합니다. ○ 때로는 몸 어느 부위에 있음이 느껴져서 그곳을 잡으면 도망하여 손이 닿지 않는 은밀한 곳에 숨거나 숨통 있는 곳에 숨기도하여 사역에 몰두한 나머지 숨통을 누를 수도 있음으로 주의해야 합니다. 귀신이 갑자기 잠잠해 질 때 귀신에게 귀신아 너 나갔느냐 하고 물으면 "그래 나갔다" 하고 대답하기도 하고, 나가지 않았다 하기도 하고, 야 너는 속지 않네 하고 말하기도 하면서, 자신의 정체를 다시 드러내는 어리석은 존재인 것도 알게 되었습니다. 들 컸다 하는 경우도 있습니다. 귀신과 대화는 주의하고 성령의 강한 불을 계속 환자에게 집어넣어 임재를 깊게 합니다.

셋째, 성령으로 귀신이 실체를 드러내는 비결. 강한 반응을 보이는 경우도 있고, 약한 반응을 보이는 경우도 있습니다. 때로는 귀신이 아닌 것 같은 반응이 의외로 귀신일 경우도 많습니다. 이 것은 귀신의 종류와 침입한 상태와 그리고 치유사역자의 영감과 영력의 정도의 상태에 따라서 여러 가지 반응이 다르게 나타나는 것을 보게 됩니다. 축귀하고 난 후, 그 사람에게 물어보아서 알게 되는 현상인데 치유 사역자에 따라서 귀신의 발작에 차이가 있는 것을 볼 때, 사역자에 따라, 그 능력에 차이가 있다는 것을 알게 됩니다. 성경의 사도행전에도 스와게의 아들들이 귀신에게 도리어 혼이 나는 경우를 보게 되는데, 어떤 사역자에게는 공격을 하여 사역자가 도리어 당하는 경우도 보게 되고, 때로는 저도 피곤하고, 영력이 떨어 질 경우에는 공격을 당하여 공격당한 것을 영감으로 알게 되어 이때는 즉시 강력한 기도로 몰아내야 합니다. 귀신이 정체를 드러낼 때는 공격을 합니다. 축귀사역자는 이점을 알고 무시로 성령 안에서 기도하고 전신갑주로 무장을 하지 않으면 공격을 당하거나 후유증으로 시달리게 됩니다.

1) 귀신이 사역자와 환자를 공격하는 경우. ○ 소름이 오싹 끼

치게 하거나 두려움을 줍니다. ○ 못 견딜 정도로 두통이 심하게 일어나게 만듭니다. ○ 치유사역을 두렵게 하거나 사역을 하기가 싫어지기도 합니다. ○ 지독한 냄새를 풍기기도 합니다. ○ 음욕을 불같이 일어나게 만들기도 합니다. ○ 때로는 주먹을 휘두르기도 하고 덤비기도 합니다. 그래서 저는 환자의 멱살을 잘 잡습니다. ○ 오물을 토하여 얼굴에 뒤집어쓰게도 합니다. ○ 욕설을 퍼붓기도 하고 저주하기도 합니다. ○ 쏘아보면서 위협을 주기도 합니다. ○ 온 몸이 가려워지기도 합니다. ○ 갑자기 현혹하여 예쁘거나 아름답게 보이기도 합니다. ○ 갑자기 구토나 통증이 오기도 합니다. ○ 순간적으로 눈에 헛것이 보이게도 합니다. ○ 갑자기 가슴이 답답해 오기도 합니다. ○ 기도를 하지 못하게 무엇인가 불안한 느낌을 불러일으키기도 합니다. 설교를 듣지 못하게 분심과 잡념을 일으키게도 하지만 졸게도 만들고 설교자를 갑자기 싫어지게도 합니다. 갑자기 미워지게 하거나 특정 사람이 꺼려지게 하기도 합니다. 갑자기 자신을 감추고 기도나 치료받기를 싫어하게 됩니다. 기도를 받으러 가다가 넘어지게 만들던가, 화(혈기)를 나게 만들어, 기도 받는 것을 중단하게 만듭니다. 이외에도 생각하지 못한 여러 가지 시험을 들게 만듭니다.

성령이 충만한 경우에도 침입하는데 사역자는 절대로 방심하면 안 됩니다. 직접 몸의 질병이나 약한 부위를 타고 완전하게 침입해 버리기도 합니다. 이때는 본인이 알아도 이놈은 보통 강한 놈이 아니기에 쉽사리 빠져나가지 않습니다. 이때는 본인의 육체적 질병이 무엇인가 알아서 질병부터 먼저 치유해야 됩니다.

그러나 신경 안정제는 되도록이면 먹어서는 안 됩니다. 먹지 않고 견딜만하면, 그렇지 않으면 먹여야합니다. 발작이 심하여 견딜 수 없으면 일정기간 겸하면서 축귀를 합니다. 성령이 충만한데 왜 들어오게 되느냐고 반문 할 사람이 있을지도 모릅니다. 완전하게 영, 혼, 육신이 100% 성령 충만하면 들어 올 수가 없습니다. 그러나 우리가 보통 말하는 수준의 성령 충만은 보편적으로 믿음이 좋은 상태의 관념적인 상태에서만 이해를 하고 있습니다.

그러나 성령 충만은 우리들이 보편적으로 생각하는 정도의 수준을 초월하는 정도의 수준입니다. 스테반과 같이 죽음 앞에서 죽음과 고통을 두려워하지 않을 정도의 수준이라야 충만한 상태이지만, 보통 상황 하에서는 우리들이 분별할 수가 없는 것입니다. 일정 시대에 과연 몇 사람이 신사참배를 거절하고 모진 고문이나 죽음을 택할 수 있었는가? 우리는 말로는 얼마든지 성령 충만을 말할 수 있습니다. "믿습니다" 라고 호기를 부린다고, 성령 충만한 것이 아니기 때문에 악한자의 영력이 우리의 영력 보다 강하면 침입을 하는 것입니다. "세례요한의 때부터 지금까지 천국은 침노를 당하나니 침노하는 자는 **빼앗느니라**."(마11:12). 이 외에도 여러 가지 방법으로 공격을 할 수 있다는 것을 염두에 두어야 합니다.

2) 귀신이 실체를 드러낼 때의 현상. ○ 콧구멍이 벌름거리거나 입술이 오므라들며 목구멍이 확장됩니다. ○ 몸이 부어오르기도 하고 부르르 떨기도 하며 뱀처럼 쉿 소리를 내기도 합니다. ○ 동물 소리로 울부짖기도 하며 심한 악취를 풍기기도 합니다. ○

더러운 가래를 뱉거나 거품을 뿜어내기도 합니다. ○ 흰 자위만 보이거나 눈동자만 크게 확장되거나 두 눈이 각각 따로 움직입니다. ○ 귀신들린 사람이 쓰러질 때는 귀신이 축출되는 경우가 많습니다. ○ 몸이 뒤틀리면서 발작하기 시작합니다. ○ 코를 골면서 자는 척하는 놈도 있습니다. ○ 혼수상태에 빠져 버리는 경우도 많습니다. 이외에도 여러 가지 크고 작은 여러 가지 특이한 육체적 현상들이 나타납니다. 참고로 영의 질병은 사단이나 귀신이 침입하여 일으키는 질병이지만 이러한 질병은 귀신을 축귀하면 즉시 기적적인 치유가 일어나게 됩니다. 그러나 육체의 질병으로 말미암아 사단이 침입하게 된 질병은 사단이 축귀되어도 급속한 치유가 되지 아니하는 경우가 있습니다.

경험이 많은 사역자들도 이런 경우를 이해하지 못하는 경우가 많은데, 이것은 사역자들이 영적인 면만 보기 때문입니다. 그래서 영. 혼. 육적인 상황을 전인적으로 살펴야합니다. 또한 의사의 치료로 영의 병이 치유되어지는 현상도 있는 것을 볼 수 있는데 이것은 의술이나 약으로 귀신을 축귀하는 것이 아니라, 육체의 질병이 치유됨으로 사단이나 귀신이 거할 근거지가 없어지게 됨으로 귀신이 스스로 그 환부에서 떠나가는 현상이 경우에 따라 일어나기 때문입니다. 그러나 얼마 있지 않아 다음 약한 곳에 문제를 일으킬 수가 있습니다.

넷째, 귀신이 축귀되지 아니하는 경우.

1) 약을 먹고 있는 경우: 귀신축귀의 원리는 잠재의식에 잠복되어 있는 귀신을 표면의식으로 노출시켜 축귀하는 것인데 약은

귀신의 활동의식을 잠잠하게 하는 역할을 하기 때문에 축귀에 역반응을 일으킵니다. 특별히 신경안정제가 섞인 것은 더욱 좋지 않습니다. 약을 복용한 기간이나 약의 정도에 따라 차이가 있지만 최하 2주간 이상의 기간이 지나야 약효가 떨어지게 됩니다. 심지어 2달 혹은 3달이 걸리는 경우도 있습니다.

내가 그동안 축귀사역을 하면서 체험한 것은 정신병, 우울. 불면 모두 영육의 상황이 좋을 때 축귀하여 치유해야합니다. 상황이 나빠질 시기는 본인 임상에 의하면 이렇습니다. 물질문제로 어려울 때, 심한 스트레스, 제삿날, 명절날, 이때가 되면 며칠 전부터 상황이 좋지 못하다가 악화됩니다.

2) 잠복되어 있는 귀신의 존재를 의심하거나 부인하고 있는 경우: 귀신축귀의 또 하나의 원리는 귀신으로부터 자신의 생각이나 감정이나 의지로부터 분리시키는 것인데 자신이 자기 내부에 있는 귀신의 존재를 부인하기 때문에 불가능하게 됩니다.

3) 귀신을 축귀하려는 본인의 의지가 부족한 경우: 즉 환자나 보호자의 마음의 준비나 기도의 부족으로 하나님께서 사단을 뽑아 주실 때가 되지 않은 것을 의미합니다. "아버지께 참되게 예배하는 자들은 영과 진리로 예배할 때가 오나니 곧 이 때라 아버지께서는 자기에게 이렇게 예배하는 자들을 찾으시느니라(요4:23)"

4) 특별한 하나님의 섭리와 경륜이 있을 때: 사도 바울과 같이 받은바 계시가 너무 커 교만하지 않도록 하기 위하여, 혹은 욥처럼 연단 후에 갑절의 축복을 주시기 위하여, 또는 사명을 감당 할 수 있는 능력자로 키우기 위하여, 때로는 하나님의 여러 가지 뜻

을 성취하기 위하여 그 뜻이 이루어 질 때까지 하나님께서 귀신을 뽑아 주시지 않을 때도 있습니다. 귀신을 통하여 하나님이 원하는 영적인 수준에 도달하게 하십니다. "여러 계시를 받은 것이 지극히 크므로 너무 자고하지 않게 하시려고 내 육체에 가시 곧 사단의 사자를 주셨으니 이는 나를 쳐서 너무 자고하지 않게 하려 하심이니라(고후12:7)"

5) 하나님의 나라의 유업을 이어받지 못할 자는 치유되지 아니합니다. 저의 경우 환자를 보더라도 성령께서 기도해주라는 감동이 없습니다. 나는 그렇게 안 하리라 결심하지만 막상 그 환자에게 가면 성령이 감동을 안 줍니다. 본인이 아는 바로는 성령의 임재가운데 기도하려면 머리에서 세상 생각이 떠나가지 않고 강사가 우습게 보이고, 과거의 상처 받던 여러 생각이 사로잡이 깊은 기도를 하지 못합니다. 잡념이 오고 그러니까 방언기도를 나름대로 하여 잡념을 몰아낸다고 하는데 귀신이 적응되어 꼼짝하지 않는 방언기도를 해댑니다. 그래서 빨리 영안을 열어 자신의 상태를 보려고 노력해야합니다. 오지랖이 넓지 말고, 무엇보다 집중과 몰입이 잘되면 치유는 잘됩니다. 쫓아 보내려고 노력하지 말고 빨리 그 단계를 넘어서야 합니다. "육체의 일은 현저하니 곧 음행과 더러운 것과 호색과 우상 숭배와 술수와 원수를 맺는 것과 분쟁과 시기와 분냄과 당짓는 것과 분리함과 이단과 투기와 술 취함과 방탕함과 또 그와 같은 것들이라 전에 너희에게 경계한 것같이 경계하노니 이런 일을 하는 자들은 하나님의 나라를 유업으로 받지 못할 것이요(갈 5:19-21)"

다섯째, 귀신을 쉽게 축사하는 원리

① 성령님 임하여 사로잡아 주시옵소서. 강하게 임하여 주시고, 치료하여 주옵소서. 이 시간, 이 지역, 여기 모든 사람들에게 임하여 보호하여 주시옵소서. 여기 모든 사람의 식구들을 임하여 보호하여 주시옵소서. 왜냐하면 축귀사역 중에 악한 영의 공격을 받을 수 있기 때문에 성령님에게 보호를 요청하는 것입니다. 초기 축사사역자는 꼭 해야 합니다.

② 머리나 손에 가볍게 손을 대고, 성령의 임재를 더 충만히, 더 충만히, 더 강하게. 완전하게 사로잡아 주시옵소서. 성령에게 요청하면서 성령이 완전하게 장악할 때까지 기다려야 합니다.

③ 나타나는 현상에 깊이 유념하여야 합니다. 손의 촉감을 활용하세요. 손으로 촉감이 옵니다.

④ 배가 꿈틀거리거나, 뛰기 시작하면 집중적으로 축사가 시작됩니다. 이때 성령의 인도에 따라 조상으로부터 전이된 악한 영을 다루세요. 상처에 의한 악한 영의 영향을 다루세요. 우두머리에게 명령하세요. 모두 데리고 나오도록 명령하세요. 예를 들어서 대장이 앞서고 모두 줄서서 나올지어다. 성령의 감동에 따라서 정체를 밝히라고 명령하세요. 지속적으로 성령의 인도와 감동에 따라 행동과 명령을 하세요.

⑤ 예수 이름으로 명령하세요. "내가 예수 이름으로 명하노니 이 사람에게서 떠나가라. 완전하게 해 놓고 떠나라." 손해나게 하고, 병들게 하고, 고통을 주던 모든 것을 회복하고 가지고 나오라고 명령하세요.

⑥ 다시 오지 못하도록 명령합니다. "나는 예수의 이름으로 악한 영들을 ○○에게서 분리시킨다. 이제 ○○에게서 떠나 예수님 발 앞으로 갈지어다. 영원한 불못으로 들어갈지어다. 다시는 오지 말지어다."

⑦ 만일 사역이 충분치 못하여 덜 끝났으면 이렇게 하기를 바랍니다. 악한 영들에게 이렇게 명령하기를 바랍니다. "내가 다음에 예수님의 이름으로 대적하여 부를 때까지 입다물고 있고, 이 사람을 해치지 말라." 고 명령한 후에 일단 사역을 끝내기 바랍니다. 사람이 하나님의 권능아래 있을 때에 하나님께서는 치유, 축귀 혹은 죄 씻음과 같은 놀라운 역사를 행하십니다. 성령 안에서 성령의 권능아래 쓰러질 때, 하나님의 임재 하심을 은밀하게 체험할 때 많은 경우에 치유와 축사가 일어나는 것을 체험합니다. 마음에 평안이 일어납니다.

악한 영을 축사할 때 주의 사항은 이렇습니다. 귀신축사를 할 때에 한 사람이 명령하세요. 악한 것이 헷갈릴 수가 있습니다. 그리고 치유는 부부가 함께 치유받는 것이 유익합니다. 왜냐하면 문제가 있는 사람은 이상이 없을 수가 있습니다. 그런데 반대로 문제가 없다고 생각하는 사람의 영적인 문제로 상대편에 문제가 발생할 수가 있다는 것입니다. 예를 든다면 부인에게 여러 문제가 있는데 부인에게는 영적인 문제가 없고, 오히려 남편에게 문제가 있어 부인이 고통을 당할 수가 있다는 것입니다.

그리고 공동으로 동일하게 들려있을 수도 있습니다. 지금 세상에는 알게 모르게 악한 영에게 고통을 당하는 사람이 많습니다.

23장 단체적으로 정밀 축귀하는 비결

(행8:4-8)"그 흩어진 사람들이 두루 다니며 복음의 말씀을 전할 새 빌립이 사마리아 성에 내려가 그리스도를 백성에게 전파하니 무리가 빌립의 말도 듣고 행하는 표적도 보고 일심으로 그의 말하는 것을 좇더라. 많은 사람에게 붙었던 더러운 귀신들이 크게 소리를 지르며 나가고 또 많은 중풍병자와 앉은뱅이가 나으니 그 성에 큰 기쁨이 있더라."

하나님은 우리가 성령의 능력을 힘입어 귀신을 쫓아내기를 원하십니다. 성도님들이나 목회자 분 들이나 만찬가지로 자기에게 와있는 은사를 하나님의 나라 확장에 사용하여 은사를 극대화 시켜야 합니다. 그러나 와 있는 은사를 가지고 자기와 가정과 교회의 취약한 부분을 찾아 치유해야 합니다. 잘하는 부분만 계속 치우치다가 보면 썩는 것이 있습니다. 그래서 성령 사역자는 전반적인 것을 보는 영안이 열려야 합니다.

영안이 열리지 않음으로 자신이나 가정에 또는 교회에 와 있는 취약점, 즉, 가난의 영이나, 질병의 영이나, 가정 분란의 영이나, 이간질의 영이나, 시기질투 영들을 볼 수가 없어 열심히 신앙생활하면서 하늘의 축복을 받지 못하고 고통을 당하는 수가 있습니다. 고로 주신 은사로 자신과 자신의 가정과 교회를 축복 받게 하는 데 사용하세요. 먼저는 자신이 치유 되어야 합니다. 그리고 다른 사람을 돌보아야 합니다.

첫째, 악한 영의 축사 사역의 원리. 귀신을 축사하는 성경적인 원리는 사람이 하는 것이 아니라, 성령님이 하십니다. 성경적인 방법은 성령을 힘입어 축사해야 하기 때문에 성령을 힘입는 방법을 알아야 합니다. 성령을 힘입으려면 먼저 예수를 영접해야 합니다. 누가 무슨 능력을 행하더라도 예수를 영접하여 예수 십자가를 통과하지 않은 능력은 마귀로부터 말미암은 것입니다. 분별력을 길러야합니다. 분명하게 축귀는 능력있는 사역자가 하는 것이 아닙니다. 환자 안에 계신 성령님의 역사로 귀신이 물러가는 것입니다. 그렇기 때문에 사역자는 환자가 성령으로 기도 하도록 도와야 합니다. 성령으로 기도가 되어야 귀신이 축귀됩니다.

성령을 힘입어 귀신을 축사하려면 귀신의 정체만 알아서는 근본적인 축사 방법을 알지 못합니다. 귀신의 실체를 잘 알아야 합니다. 축귀 사역할 때 성령을 힘입어야 하기 때문에 이 역시 성령의 정체만 이론적으로 신학적으로만 알아서는 안 됩니다. 성령의 실체를 알아서 성령을 힘입는 방법을 알아야 하는 것입니다. 성령의 실체 역시, 영의 형태로 우리 안에 성전 삼고, 임하고 있기 때문에 영의 실체를 알아야 하며, 임재 하신 성령님이 나를 통하여 나타나는 상태와 조건을 잘 알아야 하는 것입니다.

○ 귀신은 대개 초기에는 잠복되어 있으므로 귀신에게 침입된 자신의 상태를 환자가 인정하도록 함으로써 귀신의 정체를 노출시킵니다. 그래서 생명의 말씀을 들어야 합니다.

○ 귀신의 충동이나 말과 변덕스러운 행동을 거부하세요. 충동적인 성격과 충동적인 말로 남의 심령을 괴롭히고 변덕 적인 행

동으로 일들을 망치게 합니다.

　○ 귀신을 축사하려는 환자 자신의 의지를 발동시키는 것입니다. 자신의 의지가 발동되지 않으면 성령은 역사하지 않습니다. 영의 생각과 육신의 생각을 분리하고 성령의 소욕과 악령의 소욕을 분리하며 자신의 의지와 귀신의 의지를 분리하세요.

　○ 잠재의식에서 표면의식으로 노출시키는 것입니다. 그러므로 귀신의 행동을 억제시키는 약(藥)은 절대 금물입니다. 약을 금지하고 축사할 수 있으면 제일 좋습니다. 이때에는 축사를 위하여 약물의 중독성이 제거되기까지 기다려야 합니다. 물론 약물의 효력이 떨어지면 귀신의 세력이 나타나고 발동되지만 이를 극복하고 이길 수 있어야 합니다. 이를 극복하지 못하고 귀신을 두려워하면 귀신은 이길 수 없으므로 담대한 믿음이 필요합니다.

　만약 환자가 약을 먹지 않아 약물의 효력이 떨어지면 악한 영의 역사가 강하여, 발작이나 흥분이 지나쳐서 감당 할 수 없는 상태가 되는 경우가 되어 약을 정 끊기 두려우면, 약을 투약해 가면서 영적, 혼적, 육신 적인 상태를 호전 시켜서 해야 합니다. 믿음이 생기게 해야 합니다. 집중할 수 있도록 소리를 내게 하고, 주여, 주여! 를 크게 하여 기도에 몰입되게 해야 합니다. 의지와 시간을 가지고 계속 하면 말씀에 집중이 됩니다.

　○ 귀신이 좋아하는 것을 하지 않는다. 반대 행동 만 합니다. 음행과 더러운 것과 호색 우상숭배. 술수, 원수 맺는 것과, 시기와 분 냄과 당 짓는 것과, 분리함과, 이단과 투기와 술취함과 방탕함과, 그와 같은 것들입니다. "육체의 일은 분명하니 곧 음행과 더

러운 것과 호색과 우상 숭배와 주술과 원수 맺는 것과 분쟁과 시기와 분냄과 당 짓는 것과 분열함과 이단과 투기와 술 취함과 방탕함과 또 그와 같은 것들이라 전에 너희에게 경계한 것 같이 경계하노니 이런 일을 하는 자들은 하나님의 나라를 유업으로 받지 못할 것이요(갈5:19-21)" 또 능력을 얻기 위한 욕심으로 하는 기도, 말씀에서 벗어난 신비주의적 신앙관에서 탈피해야합니다. 무조건 기도 많이 하여 귀신을 축사하려는 마음은 버려야합니다. 영의 말씀을 들어서 영을 깨우고 성령의 역사를 받아가면서 축사해야 합니다. 영적인 자립 능력을 개발해야합니다.

○ 귀신이 싫어하고 성령이 원하는 것을 합니다. 찬양과 감사는 원망하는 마음, 불평하는 마음, 억압된 심령을 풀어버리고 성령이 역사하기 쉬운 상태와 조건이 됩니다. 사랑은 곧 하나님입니다. 헌금은 세상 욕심으로 인색해진 마음에 붙어있는 귀신들의 세력을 약화시킵니다. 믿음으로 속죄 제물을 드리게 하는 것도 좋습니다. 또 성령 충만한 교회에 상주하며 계속하는 봉사는 신앙의 여러 방면에서 많은 유익을 얻게 됩니다. 악한 영의 역사로 고통당하는 성도의 기도는 묵상 기도는 피하고 배에서 올라오는 부르짖는 기도를 하며, 말씀을 통하여 회개하는 기도를 많이 하세요. 마음의 기도는 속에서 나오는 방언을 많이 하는 것이 좋습니다. 예배는 자주 드리고 되도록이면 작정하여 정한 기간 정한 시각에 드려야 합니다. 세상 적인 욕심을 모두 버려야 합니다(명예욕, 출세욕, 물욕 등등). 전도는 성령이 기뻐하며 심령에 양식을 제공받습니다.

○ 귀신이 가져온 병(귀신의 집=견고한 진)을 먼저 치유하는 방법은 약물을 사용하지 않고 실시합니다. 그러나 상태가 중하면 일정기간 겸해도 됩니다.

○ 귀신은 성령 충만을 싫어합니다. 성령이 충만하면 순환기 계통이 활성화되어 피를 맑게 하는 역할을 하기 때문입니다. 사람은 피를 맑게 해야 건강합니다. 피를 깨끗하게 하려면 성령으로 충만한 믿음 생활을 해야 합니다. 우리는 항상 피를 깨끗하게 하려고 노력을 해야 합니다. "육체의 생명은 피에 있음이라 내가 이 피를 너희에게 주어 제단에 뿌려 너희의 생명을 위하여 속죄하게 하였나니 생명이 피에 있으므로 피가 죄를 속하느니라(레 17:11)" 육체의 생명은 피에 있고 귀신은 피가 탁하고 더러우면 침입합니다. 왜냐하면 피를 더 탁하게 하여 성인병이 들어 죽게 하기 위해서입니다. 그렇기 때문에 마귀는 사람들에게 스트레스를 주어서 혈액을 탁하게 하는 것입니다.

○ 몸을 흔들고 손뼉을 치면, 몸의 기력이 순환되고 귀신의 세력은 약화됩니다. 귀신은 혈액이나 체액이나 호르몬이나 기(氣)의 흐름을 막고 있기 때문에 몸을 흔들고 손뼉을 치면 몸의 굳어진 어혈이 풀리고, 혈액 순환이 원활해지며, 굳어진 마음과 육신이 풀어지면서 몸이 뜨거워지고, 마음에 열정이 생기기 때문에 차가운 신앙이 뜨거워지고, 갈급함을 느끼게 되고, 성령을 적극적으로 구하고 찾고 두드리는 자세로 바꾸어져서 성령이 임하게 됩니다. "구하라 그리하면 너희에게 주실 것이요 찾으라 그리하면 찾아낼 것이요 문을 두드리라 그리하면 너희에게 열릴 것이니

구하는 이마다 받을 것이요 찾는 이는 찾아낼 것이요 두드리는 이에게는 열릴 것이니라. 너희 중에 누가 아들이 떡을 달라 하는데 돌을 주며 생선을 달라 하는데 뱀을 줄 사람이 있겠느냐 너희가 악한 자라도 좋은 것으로 자식에게 줄 줄 알거든 하물며 하늘에 계신 너희 아버지께서 구하는 자에게 좋은 것으로 주시지 않겠느냐(마7:7-11)"

○ 기타, 영과 혼과 육신의 여러 가지 원인을 관찰하여, 그 원인을 하나하나 제거하여 그 세력을 약화시킨 후 축사합니다. 영, 혼, 육의 조건이 되어야합니다.

둘째, 귀신을 노출시키는 방법.

○ 안수함으로 성령의 불을 환자에게 전이시켜 귀신이 드러나게 합니다(눅13:10-13). 안수하면 성령의 흐름으로 인하여 성령의 불과 불 칼이나 능력이 상대방에게 전달되고 주입됩니다. 영안이 열린 사람은 이것이 보이고 느낄 수 있습니다. 성령의 불을 집어넣는 방법은 간단합니다. 사역자가 한손은 머리에 얹고, 한손은 등에다 대고, 환자에게 숨을 들이쉬고 내쉬라고 하면 환자의 마음이 열리기 때문에 열린 마음 안으로 성령의 불이 들어가고 나오게 됩니다. 조금 시간이 지나면 성령의 능력에 의하여 악한 영이 정체를 드러내게 됩니다. 반드시 성령의 임재가 환자를 장악한 다음에 사역해야 합니다.

○ 예수님의 이름으로 귀신을 몰아냅니다(행16:18). 예수님의 권세를 의지하여 명령합니다. 환자의 하는 행동이나 성령이 주시는 지식의 말씀을 가지고 권위 있게 명령하세요.

○ 찬송을 통하여 귀신의 정체를 드러냅니다(삼상16:14-23). 찬송 속에 거하시고 임재하시는 하나님의 능력을 귀신은 싫어합니다. 찬송을 진심으로 부르면 우리의 속박된 심령이 풀리는 것을 경험하게 됩니다. 기도가 막힐 때 진심과 정성으로 찬송을 부르면 기도가 열리게 됩니다.

○ 말씀으로 귀신의 정체를 드러냅니다(마8:16). 귀신은 물(말씀) 없는 곳으로 다니며 말씀을 싫어합니다.

○ 금식과 깊은 영의기도로 귀신의 정체를 드러냅니다(막9:14-29). 귀신은 인체에 잠복해 있으면서 우리들이 먹는 에너지를 먹고 있으면서 그 세력을 키워 나갑니다. 금식은 귀신의 세력을 약화시키기 때문에 육이 죽고 영이 활동하기 시작하면 견딜 수 없게 되어 떠나게 됩니다. 금식은 귀신이 좋아하는 것을 하지 않는 것입니다. 그리고 마음으로 방언기도를 하므로 귀신을 드러냅니다. 귀신은 마음으로 하는 방언기도를 아주 싫어합니다. 왜냐하면 성령의 이끌림을 받는 영의기도 이므로 정체를 숨길 수가 없으므로 아주 싫어합니다.

○ 믿음으로 귀신의 정체를 드러냅니다. 본인이 나에게도 악한 영의 역사가 있다고 인정하고 숨을 들이쉬고 내쉬고 하면서 영의 활동을 강화시키므로 귀신이 정체를 드러내게 됩니다(마17:14-29). 믿음은 영적인 능력이요 에너지입니다. 관념적인 믿음과는 다릅니다.

○ 성령을 힘입어서 귀신의 정체를 드러냅니다(마12:22-37). 가장 깊은 영적 상태가 되도록 하여 성령의 도우심을 구해야 합

니다. 성령 안에서 기도하면 성령이 임하게 되고 능력이 나타나게 됩니다. 능력 안에서 조용히 넘어지는 상태가 가장 깊은 영적 상태가 되도록 하는 것입니다.

○ 권능으로 귀신의 정체를 드러냅니다(눅9:1). 예수님이 주신 권세와 능력으로 이 권능은 고전 12:10절의 능력 행함의 은사로 나타납니다. "예수 이름으로 명하노니 이 사람을 괴롭히는 악한 귀신아 정체를 밝힐 지어다." 성령의 권세가 담겨있는 소리로 명령하세요.

셋째, 귀신을 단체적으로 축사하는 실제적인 방법. 영적인 분위기를 조성하는 것이 무엇보다 중요합니다. 악한 영을 축사할 때 여러 사람이 함께 예배를 드리고 찬송을 부르며 합심하여 기도하되 축사는 팀의 리더가 혼자서 하는 것이 좋습니다. 무엇보다도 축사가 될 수 있는 영적인 조건이 되는 것이 중요합니다. 환자가 성령으로 장악이 되고 성령의 역사가 강하게 나타나야 축사가 쉽습니다. 사람의 힘이나 은사로 축사를 하려고 하지 말고 성령의 권능으로 하려고 하고 이를 숙달하세요.

힘도 들지 않고 쉽게 축사할 수 있습니다. 만약 사역자가 은사로 축사를 하다가 보면 귀신에게 자신이 접신 되어 고통을 당하거나 탈진에 빠지거나 여러 가지 알지 못하는 환란과 풍파로 고통을 당할 수도 있습니다. 그러므로 사역자는 사역을 할 때에 항상 성령이 앞서가게 해야 합니다.

1) 구체적인 치유사역의 방법. 치유를 위한 특별예배를 드리고 난 후 통성 기도나 찬송기도를 30~40분간 격렬하도록 뜨겁게 배

에서 나오는 소리로 부르짖습니다. 이러한 뜨거운 기도라야 성령이 강하게 임하며 성령에 깊이 사로잡히어 성령 안에서 진심으로 기도 할 수가 있습니다.

제1의 방법: 개인적인 면담시간을 절약하기 위해 미리 면담카드를 제출케 하여, 집회 시간 전에 검토하여 활용하거나, 강단에 불러 올렸을 때 시간을 절약하는 방법도 있습니다. 카드를 보면서 기도합니다. ○○집사 간에 있는 질병은 치유될지어다. 이때 본인의 손을 환부에 얹게 한 후에 기도합니다. 헌금을 할 때 봉투에다가 병명을 적어서 내게 하여 보면서 불러내어 기도하는 방법도 있습니다. 그리고 돌아 다니면서 안수기도하면서 치유할 수도 있습니다. 헌금을 한 사람부터 치유사역을 해야 합니다. 왜냐하면 헌금을 했다는 것은 사모하는 마음으로 치유 받고자하는 마음의 문이 열렸다는 표시입니다. 그냥 불러내어 하는 것보다 훨씬 치유가 잘 됩니다. 신유를 체험하려면 마음이 열려야 합니다.

제2의 방법: 질병별로 한꺼번에 일으켜 세우고, 조용히 가슴에 자신의 손을 얹거나, 환부에 손을 얹게 하고, 자신이 죄를 고백하는 시간을 갖도록 한 후에 간절하게 사모하는 마음을 갖고 사역자가 하는 치유의 기도에 동참하게 합니다. 예를 든다면 악한 영에게 눌린 자들을 일어서게 한 후에 "환자들에게 자 호흡을 들이쉬고 내 쉬기를 바랍니다." 그러면서 "성령이여 임하소서. 성령이여 사로잡으소서." 한 다음에 어느 정도 성령의 임재가 장악하면 명령합니다. "예수 이름으로 명하노니 더러운 영들은 기침으로 하품으로 떠나갈지어다."하며 권세 있게 명령합니다.

그러면 여기저기서 기침을 하면서 소리를 지르면서 악한 영들이 떠나갑니다. 심장병이 있는 자들을 일어서게 한 후에 사역합니다. "환자들에게 가슴에 손을 얹고 호흡을 들이쉬고 내 쉬기를 바랍니다." 그러면서 "성령이여 임하소서. 성령이여 심장을 사로잡으소서."한 다음에 어느 정도 성령의 임재가 장악하면 명령합니다. "예수 이름으로 명하노니 심장병을 일으키는 질병의 영들은 기침으로 하품으로 떠나갈지어다."하며 권세 있게 명령합니다. 그러면 여기저기서 기침을 하면서 소리를 지르면서 심장병을 일으키던 악한 영들이 떠나갑니다. 주의할 것은 의자 앞에 일어서게 해야 합니다. 성령의 권능으로 뒤로 넘어졌을 때 머리가 상할 수도 있기 때문입니다. 이런 방법으로 성령께서 감동하시는 대로 환자를 불러 세워서 사역을 합니다. 그러면 말로 표현할 수 없는 성령의 역사가 일어납니다. 많은 병자들이 치유가 됩니다. 가시적인 효과도 대단하게 일어납니다.

제3의 방법: 가장 보편적인 방법은 성령께서 임하시도록 간절하게 기도한 후(행4:30,요11:41), 성령이 임하는 현상이 일어나면 성령이 강하게 임하는 자에게 먼저 안수합니다. 청중에게 숨을 들이쉬고 내쉬면서 성령의 임재를 받아들이도록 조치합니다. 그러면서 사역자는 계속적으로 성령의 역사를 요청하라. "성령이여 임하소서. 역사하소서. 환부를 사로잡아 주옵소서." 한 후에 성령의 임재가 사로잡은 사람을 안수하여 치유합니다.

제4의 방법: 치유대상자를 강단으로 불러 올린 후, 강단에서 앉거나 누워서 안수하고 기도합니다. 세워서 하는 방법도 있습니다. 이때에는 반드시 환자 뒤에 넘어질 때 받아주는 보조 사역자를 두어야 합니다. 사람이 적으면 개인적인 기도 시간을 갖고, 많으면 간단하게 안수하며 "예수님의 이름으로 명하노니 ○○병은 고침을 받을 지어다"하거나, 질병에 따라 '명령'의 기도를 합니다. 몸이 아픈 부위를 만지면서 즉시 치유되고 움직이라고 명령합니다. 주로 세워서 하게 되는데 넘어지는 것 때문에 거부 반응이 있을 수 있습니다. 세워서 하는 것이 본인의 임상 결과로 보면 치유의 효과가 큽니다. 세워서 사역을 할 경우는 꼭 뒤에서 받아주는 사역자를 두는 것이 좋습니다. 넘어질 때 받아주어야 하므로 뒤에 세우는 것입니다. 세워서 치유 사역을 하는 것에 거부감이 있을 때는 미리 이 사실이 두려워 할 일이 아니라고 주지시키는 것이 좋습니다. 꼭 세워서 치유를 할 필요는 없습니다. 나는 앉거나 누워 있으라고 하고 안수를 합니다. 그래도 치유가 잘됩니다. 그러므로 성령치유 사역자는 환경과 상황에 맞추어서 사역을 하면 됩니다. 꼭 한 곳에 고정 시킬 필요는 없습니다. 머리에 안수하더라도 안수하는 시간은 3분 이상 주어야 합니다. 누워서 기도를 받게 하는 방법도 치유효과가 큽니다. 의지가 꺾어진 상태이기 때문에 성령의 능력이 잘 전이됩니다.

나오는 순서는 가능하면 치유가 가능한 사람부터 먼저 나오게 합니다. 가능한 2일 이상 집회에 참석하고 헌금을 하여 마음이 열린 사람부터 나오게 합니다. 대부분 기도하지 않거나 성령의 기름부음이 전혀 일어나지 않는 사람부터 나오는 것이 보편적인데 이렇게 되어 치유의 역사가 힘들거나 어려워지면 사역자도 위축

되고 다른 사람들에게도 불신앙을 심어 주게 됩니다. 그러므로 기도하는 가운데 성령이 임한 여러 가지 모습을 드러내는 사람이나 치유가 가능하다고 분별되는 사람부터 먼저 나오라고 하여 기도 해줍니다. 이렇게 치유가 가능한 자들이 치유되는 것을 보면 다른 사람들에게 믿음을 고조시키고 분위기는 영적으로 충만해집니다. 이러한 분별은 치유사역에 종사하게 되면 영적인 안목이 늘어나고 영분별의 능력은 예민하게 발전합니다. 이러한 자들을 선별할 수 있는 성령의 가르침을 체험하게 됩니다.

제5의 방법: 5~7명씩 같은 종류의 질병이나 기도 받을 자를 나오게 하여 한 사람 한 사람 간단하게 아픈 부위를 질문하고 상태를 파악한 후 한꺼번에 일렬로 앉게 하거나 눕게 하거나 하여 사역을 하세요. 이 때 사람 한 사람 한사람 안수하며 기도합니다. 이 때 귀신이 발작하는 사람이 있다면 이 한 사람에게 너무 많은 시간을 빼앗기지 말고, 귀신의 발작은 그대로 두고 다른 사람들을 안수하고 기도합니다. 다른 사람을 기도한 후에 다시 가서 기도해 주면 됩니다.

제6의 방법: 청중을 모두 의자 앞에 일으켜 세우거나 기도 받기를 원하는 자는 그 자리에 일어나게 하여 은혜 찬송을 부른 후 묵상기도 가운데 성령이여 임하여 주시 옵소서, 기도한 후, 조용히 성령의 임재와 기름부음의 시기를 기다립니다.

성령이 역사하는 현상이 임하면 넘어지기 시작하고, 넘어지면서 여러 가지 영적 특이한 현상들이 나타나기 시작합니다. 이 때 치유 사역자 팀이 있다면 함께 참여하여 성령의 인도하심을 따라 함께 사역하면 더욱 많은 사람들을 상대 할 수 있습니다. 이때에 사역자에게 임하는 영감이나 말씀은 재빨리 포착하여 주저 없이 선포하여 하나님께 영광을 돌리는 것입니다.

제7의 방법: 모두 의자 앞에 일으켜 세우고 묵상기도 가운데 성령의 임재를 기다립니다. 눈을 감으라고 합니다. 호흡을 들이쉬고 내 쉬라고 합니다. 시간이 지나면 성령과 악령의 능력대결의 현상이 일어나고 귀신이 발작하기 시작합니다. 이때 발작하는 자에게 가서 귀신의 쫓아내거나 강단으로 데리고 나와 귀신을 쫓아냅니다. 귀신의 발로가 잠재의식에서 잠복되어 있다가 의식수준에 떠오르게 되고 밖으로 보이게 악 영의 발작 형태가 나타나게 됩니다. 이 때 여러가지 방법으로 축사합니다. 좌우지간 성령의 강력한 임재가 중요합니다.

넷째, 사단이나 귀신축사의 기본적인 과정.

[제 1 단계]: 자기 속에 있는 귀신의 존재를 인식시킵니다. 환자에게 내부에서 괴롭히고 있는 힘은 귀신의 존재임을 인식시킵니다. 귀신은 자기 정체를 노출시키는 자를 미워하고 부인하게 만듭니다. 자신에게 귀신이 역사하고 있다는 것을 인식하게 합니다.

[제 2 단계]: 투쟁의 필요성을 인식시키는 단계입니다. 귀신이 틈타게 된 자신의 죄를 인식시키고 자신의 의지를 발동하여 사단과의 투쟁을 결심하는 단계입니다. 마술이나 신비술을 단절하는 고백과 회개를 하게하고 예수님께 신앙을 고백하게 하거나 십자가의 보혈의 능력을 고백하게 합니다(약4:7).

[제 3 단계]: 명령이나 성령의 임재, 안수 등으로 사단을 공격

하는 단계입니다. 환자에게 호흡을 들이쉬고 내쉬면서 성령의 역사를 돕게 합니다.

[제 4 단계]: 잠복된 상태에서 표면화되어 나타나는 단계입니다. 자신의 정체를 드러내는 여러 가지 현상이 나타나기 시작합니다. 귀신과 대화는 하지 않는 편이 좋습니다. 시간만 낭비하게 됩니다. 반드시 성령께서 물어보라고 감동할 때만 대화하는 것입니다. 귀신이 하는 말은 모두 거짓말이기 때문입니다.

[제 5 단계]: 더 크게 발작하며 저항하는 격돌의 단계입니다. 감정을 자극하며 꾸짖기도 하고, 모욕을 주기도 하면 귀신은 증오를 나타내거나 비웃거나 덤비기도 합니다. "귀신이 소리 지르며 아이로 심히 경련을 일으키게 하고 나가니 그 아이가 죽은 것 같이 되어 많은 사람이 말하기를 죽었다 하나(막9:26)"

[제 6 단계]: 떠나갈 준비를 위한 단계입니다. 발작이 어느 정도 진정 되면서 하소연하기도 하며, 울기도 하며, 한숨을 쉬기도 하며, 토하기도 하며, 저주하기도 하며, 가래와 침을 뱉기도 합니다. 속이는 여러 가지 수법을 사용하기도 합니다. 여러 가지 말을 하기도 합니다. 경련을 강하게 하기도 합니다. 사지가 틀리고 몸을 앞뒤로 흔들기도 합니다. 얼굴이 흉측해지기도 합니다. 팔과 다리를 심하게 떨기도 합니다. 이때는 눈 가장자리를 엄지와 중지의 손가락으로 가볍게 누르고 축사의 여러 가지 수단을 다 동원합니다. 귀신에 따라서 축사하는 방법이 수백 종류가 될 수가 있습니다. 눈 가장 자리를 누르는 것은 다시 속으로 잠복하지 않도록 하는 것입니다. 그때 그때 상황을 잘 보아서 성령의 인도에 따라 이런 방법

저런 방법 다 동원해 보아야 합니다. 이 단계에서 쉽사리 떠나는 귀신이 있는가하면 오랫동안 버티는 귀신이 있습니다.

시간이 많이 걸리는 귀신은 떠날 때가 되지 않았으며, 이것은 아직 하나님의 때가 덜 되었기에 기도의 때가 차야 되고, 본인이 하나님께 마음을 더 드려야 합니다. 이 때 사역자는 결단을 필요로 합니다. 사역을 계속 할 상황이 되느냐 환자의 준비가 전혀 되지 않았느냐 등을 판단해야 될 중대한 시기입니다. "예수님의 이름으로 내가 네게 명하노니 더러운 귀신은 ○○에게서 나오라"고 권세 있게 명령합니다(눅4:36). 환자에게는 숨을 들이쉬고 내쉬면서 성령의 역사를 도우라고 합니다.

[제 7 단계]: 치유의 단계입니다. 갑자기 기침이나 토함이나 악을 쓰는 행동 등의 모든 동작이 멈추거나 정신이 돌아옵니다(막5;15). 기쁨이나 평안이 옵니다(행8:9). 초능력이 없어집니다(행16:18-19). 질병이 고침 받습니다(마17:18).

그러나 축사하다가 모든 동작이 멈추었다고 귀신이 완전히 떠난 것이 아니고 속이는 경우도 있으니 분별해야 합니다. 고로 축사는 한번으로 끝나는 것이 아니고 지속적인 영적인 싸움입니다. 환자가 영적으로 성숙해지는 만큼씩 귀신이 떠나갑니다. 영안이 열리고 하나님의 말씀의 비밀을 많이 깨달으면 깨달을수록 심령은 깨끗해지는 것입니다.

축귀는 성령님이 하십니다. 그러므로 축귀사역을 하실 분들은 성령님과 관계가 열려야 합니다. 자기 힘으로 사역하면 탈진에 빠질 수도 있으니 주의해야 합니다.

5부 성령이 앞서가는 사역을 하라.

24장 안수사역으로 영적권위를 나타내라.

(행19:6-7)"바울이 그들에게 안수하매 성령이 그들에게 임하시므로 방언도 하고 예언도 하니 모두 열두 사람쯤 되니라"

내적치유와 축귀사역을 하려면 안수사역에 능통해야 합니다. 모두 안수 사역으로 성도들의 믿음을 활성화하는 사역자들이 다 되기를 바랍니다. 안수 사역은 영적인 사역 중에서 대단히 중요한 사역입니다. 그런데 일부 목회자는 안수사역을 하지 않는 분들도 있습니다. 목회자가 안수사역을 하는 것과 안하는 것에는 정말 말로 표현할 수 없는 차이가 있습니다. 안수를 하면 문제가 좀 더 빨리 해결이 됩니다. 성경을 보면 예수님도 병자들을 안수하여 치유한 사례가 많이 있습니다. "열여덟 해 동안이나 귀신 들려 앓으며 꼬부라져 조금도 펴지 못하는 한 여자가 있더라. 예수께서 보시고 불러 이르시되 여자여 네가 네 병에서 놓였다 하시고 안수하시니 여자가 곧 펴고 하나님께 영광을 돌리는지라."(눅 13:11-13).

우리는 예수님의 치유사역의 본을 따라야 합니다. 저는 지금까지 십년을 넘게 성령치유 사역과 성령의 세례를 베푸는 사역을 했습니다. 그런데 안수를 하지 않을 때보다 안수를 할 때 더 강력한 치유의 역사가 일어났습니다. 그러므로 내적치유와 축귀사역을 하시는 사역자는 안수 사역을 하는 것이 좋습니다.

안수 사역시 영적 기름부음에 대한 집중을 해야 합니다. 즉, 안수 사역시 성령의 불이 들어가는가, 안 들어가는가? 어떤 느낌이 감지되는가? 어떤 기름부음이 오는가? 어떤 사람이 넘어지고 안 넘어지는가? 어떤 안수 방법을 사용할 것인가? 등등을 성령의 초자연적인 계시로 알아서 사역을 해야 합니다. 예를 든다면 불안수를 할 것인가? 손안수를 할 것인가? 눈안수를 할 것인가? 질병이나 통증이 일어나는 특정 부위에 안수할 것인가는 성령의 감동에 따라 행해야 합니다.

첫째, 안수 사역의 기능. 안수를 어떤 부위에 할 것인가? 질문하는 분들도 있을 것입니다. 사람에게는 각각 부위별로 혈이 있습니다. 혈이 많은 부위에 손을 얹고 안수를 하면 됩니다. 예를 든다면 머리에는 백회라는 혈이 있습니다. 백회의 혈 부위에 손을 얹고 안수 사역을 하면 되는 것입니다. 발바닥의 경우는 용천혈이 있습니다. 이 부분에 손을 얹고 안수하면 혈을 통해서 성령의 불이 들어가 성령의 역사가 잘 일어나는 것입니다. 안수 사역을 하는 방법은 다음과 같습니다.

① 축복 기도는 말 그대로 축복하면서 기도하는 것입니다(창 48:9-14).

② 눈에 대한 안수 사역은 이렇게 합니다. 눈에는 혈이 많이 있습니다. 그러므로 양손가락을 눈과 눈 위의 뼈 부분을 겹치게 대

고 성령의 불을 집어넣는 것입니다. 주의해야 할 것은 눈을 압박하면 눈이 터질 수도 있으니 가만히 눈 위에 손가락을 올리고 안수하면 될 것입니다.

③ 손에 대한 안수는 손바닥에 혈이 많이 있습니다. 살며시 손바닥을 마주치면서 안수하면 됩니다. 특별히 이성간에는 주의가 요구됩니다.

④ 머리의 성령의 불 안수는 피 사역자를 바르게 눕게 하고 머리에 오른 손을 얹고 안수하면 되는 것입니다. 이 때 피 사역자에게 호흡을 들이쉬고 내쉬면서 안수를 받으라고 해야 합니다. 호흡은 성령의 역사를 돕는 활동인 것입니다.

⑤ 발에 대한 안수사역은 발바닥의 용천부위에 손을 얹고 안수하는 것입니다. 저는 특별한 사람에게만 합니다. 저는 저의 사모 외에 다른 사람에게 한 번도 발안수를 하지 않았습니다. 저의 사모는 저에게 발 안수를 많이 받았습니다. 지금 성령의 역사가 강하게 나타나고 있습니다. 어떤 날은 저에게 발 안수를 받고 몸이 뜨거워서 잠을 제대로 자지 못한 날도 있었다고 했습니다. 성령의 강력한 불이 들어가 머리끝까지 올라갑니다.

우리가 영적인 사역자, 성도가 되려면 안수하는 것을 두려워하지 말아야 합니다. 또한 안수 받는 것도 두려워 말아야 합니다. 그리고 실패를 두려워하지 말아야 합니다. 내가 한다고 생각을 하지 말고 전적으로 성령께서 하신다고 생각하고 편안하고 자연스럽게 손을 얹고 안수하면 됩니다. 많은 목회자가 안수 사역을 꺼리는 이유는 자신이 안수한 후에 질병이나 문제가 해결되지 않으면 망신을 당할 위험성이 있으니 안하는 것입니다. 그러나 성령의 역사는 전적으로 하나님의 뜻입니다. 치유가 되어도 하나님이 치유하신 것입니다. 치유가 되지 않아도 하나님이 하지 않은 것입니다. 그러므로 성령치유 사역자는 실습 대상을 많이 만들어서 안수사역을 많이 해보아야 합니다. 그래야 담대함이 생깁니다. 안수 사역시 안수 사역자는 권능이 있어야 하고, 안수를 받는 사람은 믿음이 있어야 합니다. 그리고 하나님의 역사가 함께해야 치유나 문제의 해결의 역사가 일어나는 것입니다.

안수 사역은 눈으로 보는 것이 아니라 성령의 임재로 느끼는 감동으로 보는 것입니다. 그러므로 안수를 많이 해보아야 합니다. 그러면 자연스럽게 느끼고 알 수가 있습니다.

둘째, 안수에 대한 견해들

① 케네스 해긴 목사 "나는 기적을 믿는다."의 저자의 경우는 안수는 교회사역에 있어서 행하는 사역자와 행하지 않는 사역자와는 근본적으로 틀립니다. 그 이유는 안수를 행하는 사역자에게는 성령께서 피사역자가 권위를 느끼게 만들어줍니다.

예를 든다면 어떤 교회는 목회자가 설교와 다른 것들은 별 볼일 없는데도 그 교회가 충만한 이유는 그 목회자가 예배 후에 30분 이상 통성 기도를 하게 한 후에 안수사역을 하기 때문입니다. 그런데 안수를 안 하면 교회에 문제가 생긴다고 합니다. 저에게는 많은 목회자가 찾아오셔서 상담을 합니다. 와서 이구동성으로 하는 말이 안수를 하지 않았더니 교회에 문제가 생겼다고 합니다. 안수를 하세요. 안수를 자주 받으세요.

② 오랄로버츠 목사의 경우는 오른 손의 민감성을 이용합니다. 즉 그는 안수를 하면서 그 사람에 대한 영적 상태를 알아낸다고 합니다.

③ 저의 경우도 오른 손의 민감성을 이용하여 사역을 합니다. 손을 얹으면 상대의 심령의 상태나 영의 막힘 등의 문제가 저의 손을 통하여 영으로 전이 되어 알게 됩니다. 이는 무어라고 글로 표현하기가 좀 난해합니다. 제가 조언하여 준다면 안수를 많이 해보라는 것입니다. 그러면 자연적으로 습득하게 될 것입니다.

셋째, 안수사역자가 알아야 할 사항. 안수 받을 때 불세례를 체험합니다. 성령은 뜨겁게 기도하며 사모하는 자에게 역사하시어 체험하게 하십니다. 성령으로 뜨겁게 기도하는 자에게 안수 할 때 성령의 불세례가 임합니다. "이에 두 사도가 저희에게 안수하매 성령을 받는지라"(행8:17). "바울이 그들에게 안수하매 성령이 그들에게 임하시므로 방언도 하고 예언도 하니"(행19:6).

이 말씀은 안수 자로부터 성령의 능력의 전이현상이 일어남을 의미합니다. 그러나 성령의 능력이 전이가 일어나는 사람이 있고 전이되지 않는 사람이 있습니다. 능력의 전이가 일어나는 사람은 마음이 열려 성령이 역사할 수 있는 심령이 준비된 영적인 사람입니다. 성령의 능력의 전이가 이루어지는 사람은 영적 교류가 이루어지고 있는 성령의 역사에 장악당한 사람입니다. 안수하는 사역자와 영적 교류가 이루어 질 수 있는 사람은 이는 믿음으로 받아드리는 사람이며 마음이 열려 있는 사람입니다. 강하게 성령의 능력전이가 이루어지면 안수 할 때 회개가 터지기도 하고, 방언이나 예언이 터지기도 하며, 질병이 치유되기도 하며, 잠복된 귀신이 발작하기도 하며 때로는 넘어지기도 하며, 혼수상태에 빠질 수도 있으며 심하면 입신의 경지에 이르게도 됩니다.

저는 보통 성령 집회 할 때에 안수를 많이 하는 편입니다. 그래서 안수 사역에 대하여 체험을 많이 했습니다. 그러나 아무렇게나 안수를 한다고 성령의 불세례를 받는 것이 아닙니다. 안수사역을 하는 영적인 방법이 있습니다. 우선 상대방이 안수를 받으려고 마음의 문을 열어야 합니다. 마음의 문이 열려서 안수를 받아야 성령의 역사가 일어나는 것입니다. 저는 상대방이 마음의 문이 열렸는지, 안 열렸는지 신체 일부에 손을 얹어보면 당장 압니다. 하도 안수를 많이 해왔기 때문입니다. 그러면 마음이 열린 사람에게 먼저 안수를 합니다. 마음이 열리지 않은 사람은 기다리는 것입니다. 보통 다른 사람이 안수 받고 성령으로 충만해지면 마음을 열게 됩니다. 그러면 손을 얹고 안수를 합니다.

한 손은 머리에 얹고, 한손은 등 뒤에 얹고 안수를 합니다. 그러면서 안수를 받는 사람에게 호흡을 하게 합니다. 호흡을 들이쉬고 내쉬라고 합니다. 이는 성령이 역사할 수 있도록 통로를 열어드리기 위하여 하는 영의 활동입니다. 그러면서 가만히 손을 얹고 안수를 합니다.

사역자는 이러한 사람들에게 안수 할 때는 성령의 능력이 빨려 들어가는 듯한 느낌을 느끼거나 안수 받는 자는 뜨거운 기운이 자신에게 들어오는 것을 지각하게 됩니다. 성령이 더욱 강하게 역사 하는 상태와 조건을 이해하는 것이 능력이며, 말씀과 진리를 똑바로 알고 영적인 맥을 뚫어 평소에 영분별이 있는 영성훈련과 기도훈련으로 더 큰 능력이 전이 될 수가 있습니다. 능력의 전이가 일어나지 않는 사람은 그리스도인이라 할지라도 말씀으로 영이 깨어나지 않는 영적인 어린아이 즉 육신적인 사람입니다. 여러 가지 장애 요인을 가지고 있는 사람으로서 ①영적 장애 또는, ②혼적 장애 혹은 ③육체적 장애를 지니고 있는 사람입니다. 안수할 때 이러한 것을 말해 속칭 "기도가 쑥쑥 잘 들어간다."라고 말하기도 하며 생통이라서 "전혀 돌덩이 같다"라고 하기도 합니다. 사역자는 이러한 능력의 전이 현상이 잘 이루어지지 않는 장애요인을 잘 알고, 사역자는 영적인 장애를 제거하는 자신 만의 방법을 가지고 있어야 효과적인 성령사역을 할 수가 있습니다.

   이런 장애가 있는 사람은 말씀과 영의기도 찬양을 통하여 장애요인을 제거해야 합니다. 그러므로 사역자나 피 사역자 공히 성령 충만을 받는 자기 방법을 개발하여 자기 자신을 훈련시키며, 심령이 어린아이의 심령이 되는 영성훈련을 통하여 예수의 생명과 능력이 나타날 수가 있는 것입니다. 성도들에게 나타나는 이 장애요인을 처리 할 수 있는 자가 강력한 능력을 이끌어내어 하나님의 쓰임을 받고 있는 사역자요, 영성훈련을 인도하는 인도자가 될 수 있습니다. 이러한 영적 혼적 육신적인 장애요인을 잘 이해하고 분별하는 것이, 육신의 질병의 원인이나, 영과 혼 즉 심령의 문제를 진단하는 영안이 열리는 요인 중에 하나요, 하나님의 나라를 이해하고, 진리를 헤아리게 되는 열쇠라 할 수 있습니다. 구체적이고 세밀한 것은 각 장마다 설명되어지는 부분을 서로 연결하여 이해하게 되면 성령의 불세례를 베풀고 받는 영적인 원리의 맥을 뚫게 됩니다. "내 말과 내 전도함이 지혜의 권하는 말로 하지 아니하고 다만 성령의 나타남과 능력으로 하여 너희 믿음이 사람의 지혜에 있지 아니하고 다만 하나님의 능력에 있게 하려 하였노라"(고전2:4-5). "우리 산 자가 항상 예수를 위하여 죽음에 넘기움은 예수의 생명이 또한 우리 죽을 육체에 나타나게 하려 함이니라"(고후4:11).

제가 성령치유 사역을 하며 안수 할 때 많은 분들이 성령의 불세례를 체험합니다. 십년 이상을 성령체험하려고 이곳저곳을 헤매고 다녀도 성령을 체험하지 못한 분들도 몇 번만 안수 받으면 성령의 불세례를 체험합니다. 성령은 말이 아니고 실제라는 것을 체험합니다. 그리하여 많은 분들이 마음의 상처가 치유되고 구습이 치유되어 영적으로 변하니 한번 오시면 계속해서 오시면서 성령의 은혜를 체험합니다. 그리하여 목회자는 영계와 영안이 열려 목회의 길이 열려 목회를 잘하고 있습니다. 성도들은 불치의 질병이 치유되고 부부관계가 회복되고 재정의 문제가 풀리니 모두들 기뻐하고 있습니다.

1) 안수 능력을 강화시키는 원리와 착안사항. 몇 사람을 놓고 각각에 대하여 안수를 시험해 보라는 것입니다. 그러면 각 사람에 대한 서로 다른 느낌이 있음을 알게 됩니다. 그것이 안수사역의 유익한 점입니다. 같은 사람에게 그냥 얼굴만 보고 감동을 대

언을 해보고, 다시 안수하면서 감동을 대언 해보세요. 손을 얹고 감동을 대언하는 경우 더 명확한 감동의 대언을 할 수 있음을 알게 될 것입니다. 이것이 안수의 놀라운 능력입니다. 좌우지간 두려움을 버리고 많이 해보아야 합니다.

2) 안수시 생각할 점. 안수할 때 능력이 흘러들어가는가, 들어가지 않는가? 영적 사역자는 이 부분에서 민감해야 합니다. 일단 안수가 들어간다면 거기에는 어떤 희망이 있기 때문입니다. 만약 안 들어간다면 방해하는 세력을 분별하면서 제거하라. 영적인 눌림이 있다는 것입니다. 눌림을 제거해야 안수가 들어갑니다. 분별하고 명령하여 눌림을 제거하세요. 그래도 안 되는 경우 금식을 하게 하세요. 안수 사역시 자신이 지금 자신의 영이 어떠한 상태인가 자각할 줄 알아야 합니다. 자신의 영적인 상태를 아는가? 내 영의 감각으로 사역을 하는 지. 즉, 성령의 깊은 임재 하에 있는지. 성령이 충만한 상태인지. 아니면 내 혼의 감각(머리=지식)으로 사역을 하는지를 알아야 합니다. 분별하여 만약에 혼의 감각으로 사역을 한다면 고치고 발전시켜야합니다.

예를 든다면 내 영이 어디에 있는가? 내 영이 아래로 내려앉은 경우는 이렇습니다. 성령으로 충만하지 못하여 영이 침체 시에는 졸리기도 하고, 기도가 안 되고, 짜증이 잘 나고, 마음이 우울하고, 가슴이 답답하기도 합니다. 실제로 악령이 역사하면 영을 아래로 누르고 밀어 내립니다. 악령은 우리의 마음 안에 있는 영을 압박하여 충만하지 못하게 영을 누릅니다. 사역자는 자신의 영을 분별할 줄 알아야 합니다.

많은 사람들을 대상으로 성령집회를 인도할 때 자신의 영이나 피 사역자의 영이 눌려 있다면 영을 깨워야 합니다. 시간이 있고 장소가 허락되면 일으켜 세워서 영적인 찬양을 두곡정도 부르고, 피 사역자들에게 호흡을 들이쉬고 내쉬라고 하면서 성령의 불! 성령의 불하면서 불을 던지세요. 영이 눌려있으면 그 사람의 영적인 상태가 가리 워서 보이지 않으니 영을 깨워서 영이 눌림에서 뜨게 해야 합니다. 만약에 자신의 영이 눌려있다면, 호흡을 깊게 하면서 배에서 나오는 발성기도나 방언기도를 충분히 하여 자신의 영의 상태가 충만하게 된 다음에 사역에 임하는 습관을 들여야 합니다. 절대로 혼적인 사역이 되지 않도록 해야 합니다. 혼적인 사역이 길어지면 자신에게 육적인 문제가 나타나기도 합니다.

3) 안수 받는 사람이 알아야 할 사항. 안수 받을 성도는 안수사역을 하는 사역자의 신앙상태를 알아야 합니다. 보이는 면만 보지 말고 열매를 보아야 합니다. 제가 지금까지 체험한 바로는 5년 이상 성령사역을 했는데 시시비비가 없었다면 문제가 없는 사역자입니다. 사역자가 믿을만 하다면 안수를 받는 것입니다. 사역자가 머리든지 어느 특정부위든지 손을 얹고 안수할 때 안수를 받는 성도는 다른 말이나 행동을 하지 말아야 합니다. 그냥 호흡을 들이쉬고 내쉬면서 사역자에게서 역사하는 성령의 기름부음을 끌어들이는 것입니다. 이때 호흡은 최대한 크게 해야 합니다. 호흡을 하는데 호흡이 배꼽아래까지 들어오도록 최대한 크게 호흡을 해야 사역자에게 역사하는 성령의 기름부음을 끌어들일 수가 있습니다. 숨을 깊이 들이쉬면서 사역자에게서 역사하는 성

령의 불을 끌어들이는 것입니다. 깊은 호흡을 하면서 성령의 불을 끌어들이시기 바랍니다. 어느 정도 시간이 지나면 자신에게서 성령의 역사가 나타납니다. 이때에는 성령께서 하시는 일에 크게 반응해야 합니다. 이때 말과 행동에 있어서 크게 반응하기 바랍니다. 성령께서 하라는 대로 순종하는 것이 좋습니다. 될 수 있으면 크게 반응을 하는 것이 좋습니다. 더 강하게, 으으으 아 뜨거워하면서 성령의 역사하심을 환영하고 받아들여야 합니다. 떨리면 떨어야 합니다. 울음이 나오면 울어야 합니다. 성령은 인격이기 때문에 자신이 받아들이는 만큼 역사하는 것입니다. 그러므로 성령께서 역사하는 대로 따라가는 것이 좋습니다. 이렇게 성령의 불을 끌어들이면 성령의 불세례가 임합니다. 말로 표현 할 수 없는 뜨거운 성령의 불을 체험하게 됩니다.

4) 영이 눌려있거나 자고 있을 때 해결하는 방법

① 영을 깨우라 입니다. 안수하며 피 사역자에게 호흡을 깊게 들이쉬고 내쉬라고 하고 명령하세요. 묶임은 풀릴지어다. 막힌 영은 뚫어질지어다. 자는 영은 깨어날지어다. 영의 통로는 열릴지어다. 하면서 영에게 명령하세요, 이때 본인이 아멘!, 아멘! 하고, 배에서 나오는 소리로 주여! 하고 부르짖게 하세요. 다른 방법 호흡을 최대한 깊게 들이쉬고 내쉬게 하세요.

② 영을 뜨게(올라오게)하라 입니다. 안수하면서 그 영혼에게 "영은 깨어날지어다." "영은 깨어날지어다." "막힌 영은 뚫어질지어다." "영의 기도가 터질지어다." "눌린 영은 올라올지어다." "영은 깰지어다." "영은 깨어날지어다." "깊은 곳에서 성령의 능

력이 올라올지어다." "영의 기도가 터질지어다." "영을 막고 있는 악한 영은 떠나갈지어다." 하며 영에게 명령하세요. 그 이유는 귀신이 그 사람의 상처를 이용하여 영을 압박하고 누르기 때문입니다.

악한 영에게 강하게 눌린 사람의 경우에는 풀어, 풀어, 하면서 "영을 압박하는 귀신은 떠날지어다." "기침으로 올라올지어다." 본인에게는 깊게 호흡을 하면서 주여! 주여! 기도하라고 하여 막힌 영의 통로를 뚫어야 합니다.

③ 그저 성령을 흘려보내는 것입니다. "성령님 임하소서, 평안하게 하소서." 그러면서 본인에게는 호흡을 들이 쉬고 내쉬고 하라고 하면서 안수하세요. 그리고 명령하세요. "성령으로 장악이 될지어다." "평안이 임할 지어다." "막힌 영의 통로는 열릴 지어다." 하고 낮은 소리로 명령하면서 1-2분간만 안수하세요. 너무 길게 하면 성령의 역사가 밖으로 나타나 성도가 두려워할 수도 있습니다.

세 가지 방법 중에 첫째 방법과 두 번째 방법은 성령의 체험을 한 성도에게 하는 것입니다. 강력한 성령의 역사가 나타나는 방법입니다. 그러므로 초신자들에게는 하지 않는 편이 좋습니다. 성령의 역사를 이해하지 못하여 두려워할 수가 있습니다. 아직 성령체험을 하지 않은 초신자들에게 세 번째 방법이 가장 좋은 방법입니다. 좌우지간 안수를 많이 해서 시행착오를 겪어야 이를 이해할 수가 있습니다.

25장 영적손상을 바로 알고 대비하라.

(마7:21-23)"(21)나더러 주여! 주여! 하는 자마다 다 천
국에 들어갈 것이 아니요 다만 하늘에 계신 내 아버지의
뜻대로 행하는 자라야 들어가리라."

내적치유와 축귀사역을 하시는 분들은 특별하게 영적손상을
알고 대처할 수 있어야 합니다. 하나님은 우리들에게 영적전이
뿐만 아니라, 영적손상이 있다는 것을 알고 대비하게 하십니다.
신령한 은사를 받아서 사역에 임하는 과정에서 흔히 경험하게 되
는 두 가지 비슷한 영적 현상으로서 '전이'(transference)와 '손
상'(damage)이 있습니다. 이 두 가지는 증상으로는 서로 비슷하
기 때문에 구분이 잘 되지 않지만 면밀히 살펴보면 분별할 수 있
는 것입니다. '영적 전이'는 은사를 받은 초기에 주로 많이 나타나
며, 전이를 체험하는 가운데에는 자신의 은사의 한 기능으로 자
리 매김이 되는 경우가 있습니다.

그러나 '영적 손상'은 사단과 마귀 또는 귀신으로부터 공격을
받아 생기는 증상이기 때문에 주로 축사나 신유은사를 받은 사람
이 악한 영에 의해서 질병이 생겼을 경우, 그 질병을 치유하는 사
역자가 성령의 보증 없이 사역할 때 경험되는 것입니다. 악한 영
은 아직 영적 능력이 약하거나 경험이 많지 않은 초보 사역자를
위협하여, 사역을 약화시키거나 두려움을 주어, 사역을 못하고
물러나게 하기 위해서 충격을 주는 것입니다. 악한 영은 이렇게

악랄하게 영적인 사역을 못하도록 온갖 방법을 다 동원하는 것입니다. 개별치유 사역자는 성령으로 충만한 가운데 성령님이 보증하는 사역을 하는 습관이 되어야 합니다.

실제로 안양에 사시는 목사님이 저에게 이렇게 말했습니다. 저는 나이가 들어 목회자가 된 사람인데 나이가 있어 65세부터 신학대학원을 다니면서 교회를 개척하여 목회를 했습니다. 그런데 오시는 성도 분들이 모두 환자만 오셨습니다. 그래서 예수 이름으로 기도하면 병이 낫기도 했습니다. 그러던 어느날 할머니 한 분이 기도를 해달라고 하며 교회를 찾아오셨습니다. 그래서 머리에 손을 얹고 예수 이름으로 명하노니 질병은 떠나가라, 했더니 이 할머니가 막 울더랍니다. "야~ 이놈아, 네 놈 때문에 내가 나가야 한다. 야 이놈아, 네 놈 때문에 내가 나가야 한다." 하며 우는데 등골이 오싹하고 등에서 찬물이 줄줄 흐르는데 도저히 사역을 할 수가 없더랍니다. 그런 일이 있은 다음부터는 두렵고 불안하여 기도도 못하고 사역도 하지 못했다고 했습니다. 이것이 바로 영적 손상입니다. 이분은 아직 성령으로 장악당하지 못하고 성령님이 보증하여 주시지 않는 상태에서 사역함으로 악한 영으로부터 영적 손상을 당한 것입니다. 이 분은 자신이 축사를 받았어야 합니다. 만약에 이런 경험이 있었다면 귀신축사를 받으시기를 바랍니다.

그리고 일부 목회자가 하는 말이 귀신을 쫓아내려고 성령이 역사하는 장소에 가서 기도하고 안수를 받을 때 다른 사람들이 기침이나 하품을 할 때 밖으로 나온 귀신이 다른 사람에서 들어간다는 것입니다. 이는 잘 모르고 하는 말입니다. 자신이 성령으로 충만한 상태에서 기도하면 초자연적인 상태가 됩니다. 초자연적인 상태가 된 자신에게 초인적인 귀신이 자신 안에 들어올 수가 없는 것입니다. 자신 안에 역사하던 귀신도 떠나가느라고 정신이 없는데 밖에서 역사하던 귀신이 들어오지 못합니다. 오히려 귀신들이 자신에게서 나가지 않으려는 술책입니다.

자신 안에 귀신이 들어온다고 두려워하면서 움츠려 있으면 성령으로 충만하지 못합니다. 자연스럽게 귀신이 떠나갈 수 있는 영적인 상태가 되지 못하는 것입니다. 귀신이 자신에게 계속 역사할 수 있는 빌미를 제공하는 것입니다. 다른 사람에게서 나온 귀신이 들어온다는 논리는 기도하지 않고 멍청하게 앉아있는 사람에게 해당되는 말입니다. 이것은 명확한 사례가 없는 돌아다니는 사람의 말입니다. 경각심을 가지고 자신의 영을 지키기 위하여 관심을 가지라고 강조하는 말입니다.

첫째, 영적손상의 경우. 영육치유를 행하는 사역자나 축사를 행하는 사역자는 환자의 상태에 대한 지식의 말씀으로 영적 전이를 경험하게 됩니다. 환자가 앓고 있는 질병의 정도나 또는 아직 환자가 질병을 제대로 깨닫지 못하고 있는 경우에 또는 사역자가 어느 곳에 손을 얹어야 할 것인지를 깨닫게 하기 위해서, 그리고 자신이 감당할 수 있는 문제인지를 가늠하게 하기 위해서 성령께서 환자의 고통을 사역자에게 전이시켜 느끼게 하는 것입니다. 예를 들어서 머리가 아픈 사람을 치유 기도하려고 하면 사역자의 머리가 아프다는 것입니다.

예를 든다면, 상대방의 통증부위가 동일하게 아프고 힘들게 되기도 하고…. 속이 더부룩하거나…. 쓰리거나…. 어지럽거나…. 현기증을 느끼거나…. 구토증이 생기거나…. 냉기를 느끼거나…. 온 몸의 뼈나 근육이 뭉쳐들고 뻣뻣해지는 것 같은 체험을 하게 되며…. 눈앞이 아찔해지며…. 독한 약에 취한 사람처럼…. 넋을 잃은 것처럼…. 몽롱한 현상을 겪기도 합니다.

아주 약한 전기에 노출된 듯 손이나 팔이나 어깨에 찌릿해지는 정전기 같은 체험도 있고요…. 몸살이나 오한처럼…. 몸이 밑으로 쳐지며…. 미열이 나고…. 식은땀이 나기도하고…. 몸이나 팔다리가 욱신욱신 아프게 되는 영적다운 현상을 경험하기도 합니다. 이것이 바로 영적인 손상의 현상입니다.

저도 이런 일을 경험합니다. 한 일 년이 지난 일인 것 같습니다. 이 근방에서 기도원을 한다는 권사가 왔습니다. 그래서 권사를 나오라고 해서 기도하려고 하니까, 제 머리가 많이 아팠습니다. 기도를 해주고 상당한 시간동안 깊은 기도를 해서 해결했습니다. 해결하지 않고 시간이 지나면 영적침체나 탈진이 일어날 수 있습니다. 사역을 한 후에 자기 정화 시간을 가져야 합니다.

또 치유 사역 초기에 이런 경우가 있었습니다. 집회에 처음 오는 사람이 많을 경우 첫 시간에 집회를 인도하기가 영적인 힘이 버거워지다가 두 시간 정도 지나면 장악이 되는 경우도 있습니다. 좌우지간 치유 사역자는 성령이 충만한 가운데 사역을 해야 합니다. 그래서 성령께서 앞서시면서 성령치유 사역과 축사를 하시게 해야 합니다. 사역자는 성령을 따라가는 사역자가 되어야 합니다. 그래야 사역자에게 피해가 생기지 않는 것입니다. 사역자는 부단하게 자신의 영성에 관심과 힘을 써야 합니다. 만약에 환자가 영적으로 강하여 귀신이 축사되지 않을 경우는 성령으로 완전하게 장악한 다음에 축사를 하도록 해야 합니다. 어느 정도 시간이 경과되어야 합니다. 절대로 영적인 사역은 급하게 되지 않습니다. 하나님의 시간표를 따라야 합니다. 치유를 받으러 다니는 성도님들도 이점을 알고 사역자에게 조급하게 안수기도를 받으려고 하지 말아야 합니다. 성령의 역사를 따라가지 않으면 악한 영의 영향으로 사역자가 고통을 당합니다.

탈진에 대한 자세한 것은 출간된 "카리스마적인 권능과 탈진극복"을 참고하시기를 바랍니다. 실제로 어느 여 목사님은 류마치스 관절염을 앓는 환자를 기도해주었는데 자신이 류마치스 관절염이 걸려서 손가락이 틀어졌다고 하는 분을 기도해준 경험도 있습니다. 또 제가 시화에서 목회 할 때 어느 권사님이 벌침을 배우겠다고 해서, 제가 저희 교회에 와서 영성훈련을 받으면 신유은사가 나타나니, 신유은사를 가지고 전도를 하라고 했더니, 그 권사님 하시는 말이 저 신유은사 받지 않을래요, 전에 우리 교회 목사님이 신유은사가 있어서 환자들을 자주 기도해 주었는데, 기도해 주고나면 환자는 병이 낫는데 자신이 아파서 며칠씩 고생하는 것을 보았습니다. 저는 그런 고생을 하기 싫으니까 신유은사 받지 않겠습니다.

이런 경우 환자의 고통이 고스란히 사역자에게 전달되어 오는 것입니다. 자신이 감당할 수준이 아닌 문제를 다루고자 하면 문제가 해결 되지 않을 뿐만 아니라, 자신도 피해를 입게 되는 것입니다. 영적 전이의 현상은 사람마다 상황마다 다를 수 있습니다. 환자를 접촉하기 전인 중보기도 단계에서도 경험할 수 있으며, 환자를 직접 대하고 사역을 행할 때 느낄 수 있으며, 사역을 마치고 귀가한 후에 나타날 수도 있습니다.

현장에서는 전혀 느끼지 못했던 것을 집에 돌아온 후에 서서히 증상을 느끼기 시작하여 힘이 빠지고 통증이 일어나기도 합니다. 이런 경우 대부분은 잠깐 경험하게 되지만, 경우에 따라서는 몇 시간 또는 며칠이 될 수도 있습니다. 그러나 이런 경우는 예외적이며, 대부분은 기도하면 사라지게 됩니다. 성령으로 인도받지 못하고 성령이 보증해 주지 않는 이런 영적 사역은 자신이 지니고 있는 영적 능력을 소진하게 되는 소모성 사역입니다. 성령이 보증을 하여 주지 않는다는 증거입니다.

그러므로 사역자는 사역 전후로 충분한 기도로 무장해야 합니다. 이런 증상을 자주 경험하게 되는데, 치유하지 않고 그냥 방치한 일부 사역자에게는 악한 기능으로 고정되기도 합니다. 영적 사역은 영적 분별을 몸으로 느껴야만 하기 때문에 환자의 질병 정도를 가늠하기 위한 인식 수단으로 사역자의 영적 전이 현상이 환자 분별의 기능이 됩니다. 이런 기능을 갖추는 사람은 치유 사역자이며, 능력 전도자에게는 거의 찾아볼 수 없는 기능이기도 합니다. 일명 성령의 지식의 말씀의 은사입니다.

다시 한 번 말씀드리면 자신에게 강하게 고통이 찾아오는 경우는 영적으로 강하게 눌린 상태이므로 말씀과 영의 찬양과 안수로 치유를 받아야 합니다. 그리고 계속 성령의 깊은 임재로 완전히 심령이 장악된 다음에 사역을 하시기를 바랍니다. 성령의 사역은 급하게 인간 욕심으로 사역하면 안 됩니다. 대규모 군중집회에서 치유의 역사를 일으키는 전도자에게 있어서 영적 전이는 사실상 필요하지 않습니다.

이 기능은 일대일 치유를 하는 경우 전인치유를 위해서 주어지는 성령의 지식의 말씀의 한 부분이기도 합니다. 그러나 지식의 말씀의 은사는 환자를 치유할 때 나타나는 현상이지, 치유가 끝난 다음에 나타나는 현상은 아니라는 것을 아셔야 합니다. 사역을 끝낸 다음에 나타나는 현상은 영적손상으로 나타나는 현상이니 치유하고, 사역자 자신의 영성관리를 하여야 합니다. 이런 영적 전이와 비슷한 영적 손상은 악령의 공격에 의해서 영적 능력이 급격히 소진되었을 경우에 나타나게 되며, 간혹 충분한 기도와 성령의 역사 없이 인간적인 욕심으로 혼적인 사역을 행한 결과 영적 능력이 상당히 소진되어 버렸기 때문에 나타나는 현상입니다. 저는 이렇게 사역을 하시다가 체력과 영력이 소진되어 사역을 하지 못하는 목회자를 많이 치유하여본 경험이 있습니다. 이런 분들의 공통적인 특징이 목회를 할 수 없을 정도로 탈진을 경험한다는 것입니다.

영적 탈진은 과도하게 능력을 소모했거나, 자신이 감당하기에 벅찬 악한 영으로부터 충격을 받았을 경우 나타납니다. 마귀의 집요한 공격을 받게 되면 영적 탈진이 일어나, 영적인 일이 시들해지거나, 무기력해져서 무덤덤한 신앙생활을 하게 되는 경우가 있습니다. 성령 충만이 사라지고 육신적으로 신앙생활을 해야 하기 때문에 교리적이고, 형식적인 신앙생활에 빠지게 됩니다. 그리고 기도가 되지 않고, 몸이 이곳저곳 아프기도 하고, 힘이 없고 피곤하기만 합니다. 짜증이 심해지기도 합니다. 이것이 일반적인 성도들과 경험이 부족한 사역자들이 경험하게 되는 영적 탈진의 현상입니다.

영적 사역자들이 경험하는 영적 손상으로 인한 능력의 소진은 점진적으로 나타나는 것이며, 악령으로부터 지속적으로 공격을 받게 되면 영적 능력이 소멸되어가게 됩니다. 일부 사역자들이 이런 증상을 영적 전이로 오해하게 되어 자신에 대한 축사를 하지 않게 되어 지속적으로 악령의 공격을 받게 되며, 그럴 때마다 영적 탈진이 일어나고, 마침내는 더 이상 사역을 할 수 없는 지경에 이르게 되는 것입니다. 체력도 소진되고 여러 영육의 문제가 발생하여 더 이상 사역을 하지 못하게 되는 것입니다. 일 년을 치유해도 회복이 되지 않는 사역자도 있습니다.

악한 영에 의해서 발생한 질병이나 문제를 다룰 때는 반드시 악령으로부터 공격을 받게 됩니다. 그러나 경험이 부족하거나 이에 대한 지식이 부족한 사역자의 경우 단순한 질병이나 문제로만 여기고, 주님이 주신 영적인 권세로 축사를 제대로 하지 못하고, 성령께서 치유하시거나 해결해주시기만을 간구하는, 치유하여 주시옵소서하는 나약한 기도를 하게 됩니다. 이런 경우에도 치유가 일어나고 문제가 해결될 수도 있지만, 사역자는 자신도 모르는 사이에 악한 영으로부터 심각한 영육의 훼손을 받게 되는 것입니다.

영적 손상을 받게 되면 육신적으로 힘이 빠지고, 쑤시고 아파서 환자처럼 눕게 되거나, 머리가 어지럽고, 매스꺼우며, 정신이 혼미해지고, 힘이 빠져 행동할 수 없게 됩니다. 오한과 식은땀이 흐르면서 몸이 쳐져서 아무것도 하지 못합니다. 시간이 지남에 따라 더 심해져서 사역을 하지 못하기도 합니다. 몸은 매를 맞은 듯이 쑤시고, 이곳저곳 아프며, 머리가 어지러운 현기증 증상에 시달리게 되며, 이명 현상(tinnitus)이 나타나 정신을 차릴 수가 없습니다. 때로는 정신이 맑아져 잠을 잘 수 없게 되어, 불면증에 시달리기도 합니다. 환상이 보이고 환청이 들리며, 육신이 고단해져서 신음소리를 내기도 합니다. 이런 육신적 고통을 단순히 영적 전이로만 이해한다면 문제가 생길 수도 있습니다. 왜냐하면 축사를 받은 후에 나타나는 증상과 비슷하기 때문에 속기 쉽습니다. 일반적으로 축사를 받을 후 며칠 동안은 힘이 없는 경우가 많습니다. 그래서 특히 축사사역에 있어서 영적 능력을 가늠하는 것이 중요합니다. 자신이 감당할 수 있는 악령의 수준이 있는 것입니다. 성령이 앞서서 하시게 해야 합니다. 그리고 강력한 영권으로 무장하여 성령으로 깊은 영의기도를 해야 합니다. 탈진으로 진행이 되었다면 전문적인 치유사역자를 찾아가서 우리 충만한 교회에서 매주토요일 하는 것과 같은 집중정밀치유를 받아야 합니다. 그렇지 않고 방치하거나 병원에서 치유하려고 한다면 1년이 되어도 치유할 수가 없는 경우가 있습니다.

감당하지 못할 강한 악령을 만나게 되면 심각한 타격을 받게 될 뿐만 아니라, 심하면 귀신 들리게 될 수도 있습니다. 능력도 없는 스게와의 일곱 아들들이 함부로 귀신을 쫓으려다가 봉변만 당하였듯이, 능력이 되지 않는 상태에서 귀신을 섣불리 상대하려고 하다가 불행한 일을 당하는 경우가 있습니다. 귀신들린 청년을 불쌍히 여기고 믿음으로 귀신을 쫓아주려던 사모가 귀신 들려 고생한 경우가 있었습니다.

축사 사역자의 경우에 기본적으로 어느 정도의 귀신들은 감당할 수 있는 능력이 있지만, 계속 되는 영적 전투에서 많은 능력과 체력을 소진할 수 있습니다. 그런 경우에 더 강력한 악령을 만나게 되면 심각한 손상을 받을 수 있습니다. 악한 영의 공격을 단순히 영적 전이로 오해하여 사역자 자신에 대한 적절한 축사를 하지 않으면 계속 탈진을 경험하게 됩니다. 악한 영에 의해서 생긴 문제를 다룰 때마다, 심각한 영적 탈진을 경험하게 되면 자신에 대해 축사를 해야 합니다.

악한 영을 대적하여 몰아내지 않기 때문에 악령은 사역자를 얕잡아보고 계속 공격을 하게 되고, 그럴 때마다 영적 전이라고만 생각하고 아무런 대응을 하지 않으면 이런 고통은 계속 당하게 될 것입니다. 영적 전이는 환자가 가지고 있는 영적 문제에 대한 정보를 성령으로부터 받아서 효과적으로 사역을 할 수 있게 하기 위한 성령의 기능으로 주어지는 일종의 지식의 말씀인 것입니다.

그런데 사단은 사역자를 괴롭게 하기 위해서 손상을 주게 됩니다. 사역 초기에 또는 이런 사실을 제대로 이해하지 못하는 사역자에게 마귀는 집요하게 공격을 하게 됩니다. 이렇게 되면 그 사역자는 영적 전이와 영적 손상을 함께 경험하게 됩니다. 그래서 자신에게 나타나는 모든 경험은 다 성령께서 주시는 영적 전이라고 믿어버리게 됩니다. 그 결과 육신적 고통을 계속 치르게 되는 것입니다. 더 나가서는 사역을 하지 못하게 되는 것입니다. 이를 흔히 '양신 역사'라고 부르는데, 성령과 악령이 그 사람을 함께 사용하는 것입니다.

그러나 이런 상태는 결국 오래 가지 못합니다. 사역자가 알아차리고 자신을 축사하고 관리하면 금방 없어집니다. 그러나 이런 사실을 제대로 파악하지 못하면 성령은 차츰 위축되고 악령의 역사가 더 강해지게 됩니다. 사단은 교묘하게 사역자를 속여서 그릇된 일을 하도록 만듭니다. 결과적으로 시간이 지나면 사역자의 타락으로 나타나게 됩니다. 인간 방법을 동원한 사역을 하게 됩니다.

그러다가 성령의 기름부음이 없는 사역자가 되어 필경에는 사역을 못하게 되는 것입니다. 이렇게 하는 것이 마귀의 목적입니다. 하나님의 일꾼을 타락시켜 사역에서 제외시키려는 것입니다. 영적 충격은 서서히 영적 능력을 소멸시켜 무기력하게 만들려는 사단의 전략이기도 합니다. 능력을 받아서 사역을 행하던 사람이 몇 년이 지나고 나면 무기력해져서 치유 사역을 더 이상 할 수 없게 되는 모습을 볼 수 있습니다. 이런 경우에 상당수는 이와 같은 과정에서 제대로 대처하지 못했기 때문에 있는 것도 빼앗긴 경우라고 볼 수 있을 것입니다. 그래서 사역자는 자신의 내면관리에 힘써야 합니다. 그리고 깊은 기도로 심령이 항상 성령의 임재 가운데 있어야 합니다.

그래야 자신의 영성을 보존하며 건강을 유지하며 사역할 수 있습니다. 특히 축사 사역을 할 때는 성령의 강한 역사를 일으켜서 성령께서 하시도록 해야 합니다. 절대 자신의 의지로 사역을 하려고 하면 영락없이 영적 손상을 당하게 됩니다. 그러므로 사역자는 항상 성령의 충만과 내면관리에 힘써야 합니다. 기도가 깊어져서 자신의 영성을 맑게 유지해야 합니다. 그래야 사역시 악한 영의 공격을 받지 않고 자신을 보호 할 수가 있습니다. 자신을 보호하며 사역을 해야 사역자의 수명이 길어지고 길게 사역을 할 수가 있는 것입니다.

얼마 전에 한 집사님이 저에게 메일로 상담을 하신 내용입니다. 저는 24년째 믿음 생활을 하고 있는 집사입니다. 제가 상담하고 싶은 것은 이런 것입니다. 제 생각 같아서는 충만한 교회에 직접 가서 은혜 받고 능력 받고 싶은 것이 솔직한 심정이나 그렇지 못할 상황이다 보니 저의 신앙을 상담 드립니다. 언제부터인가 금요 철야예배에 가서 찬양하고 기도 드리다보면 하품이 나는 것을 깨달았습니다. 저희 목사님도 성령 충만 하시다보니 기도 하던 중 넘어지기도 하고요. 말씀을 듣는 것도 아니고, 환상을 보는 것도 아니기에 능력을 받는 다는 느낌은 받지 못하고 그냥 그런 현상만 나타나는 것이었습니다. 그런데 "귀신축사 알고 보니 쉽다"라는 책과 "가계의 고통을 끊고 축복받는 비결"이라는 책을 보면 영안이 열릴 때 가슴이 답답하고 하품이 나온다고 했습니다.

저의 경우에는 새벽기도 때 환자를 위해 기도하다보면 주체할 수 없는 하품이 나오며 가슴이 답답하고 온몸에 힘이 다 빠지는 것을 몇 번 체험을 하였습니다. 물론 환자를 놓고 기도 할 때 다 그런 것은 아니지만 정말 하품을 할 때는 입이 찢어지는 것 같고 눈물도 주체가 되지 않습니다. 그러다 보면 온몸에 힘이 다 빠지는 것을 느낍니다. 그러나 책을 보면 이러한 현상은 성령 세례를 받을 때 한번 나타난다고 설명이 되어있는 것 같아서요. 정말 영안이 열려서 주의 일을 하고 싶고 기회가 닿으면 꼭 충만한 교회에 가서 능력 받고 싶어요. 저 같은 경우 왜 이런 현상이 자꾸 나타날까요? 그래서 제가 이렇게 답변을 해주었습니다.

성령의 체험은 이론을 알고 이론을 들어서 체험할 수 있는 것이 아닙니다. 성령은 살아있는 실체이기 때문에 이론으로는 이해할 수가 없는 것이지요. 집사님의 교회 목사님이 안수하시면 넘어지기도 한다고 하는데, 넘어지고 아무런 영적인 현상이 일어나지 않으면 한번 잘 생각해볼 문제입니다. 성령의 권능으로 영. 혼. 육이 순간 성령으로 장악이 되어 넘어지는 것인데, 저의 지금까지 임상적인 경험으로는 이렇게 성령으로 장악되어 넘어지면 영적인 무슨 현상이 일어나야 진정한 성령에 권능에 의해 넘어진 것입니다.

우리 교회에서 제가 안수를 할 때 넘어지는 사람은 더러운 영들이 떠나고, 성령으로 충만함을 받아 방언을 말하는 영적인 현상이 눈에 보이게 나타납니다. 그리고 집사님이 자꾸 하품이 나오고 가슴이 답답한 것은 미약한 성령의 역사가 집사님에게서 나타나는 현상입니다. 이런 상태를 가지고 환자를 기도해주면 집사님에게 환자에게서 잘못된 영이 전이 되어 집사님이 고생을 합니다. 왜냐하면 집사님의 영이 열린 상태이기 때문에 영들이 쉽게 들락거릴 수가 있습니다.

그래서 기도해주고 나면 힘이 없고 자신을 감당하기 어려운 영적다운 현상을 경험하는 것입니다. 이것은 신학적인 용어로 영적 손상이라는 것입니다. 내가 상대방의 악한 영의 전이로 인하여 고통을 당한다는 것입니다. 우리 교회에 교재와 테 잎 중에 영의 전이와 성령의 역사라는 것이 있습니다. 여기에 제가 아주 자세하게 설명해 놓았습니다. 권면을 드리자면 집사님은 아직 성령이 완전히 장악하여 내면에서 올라오는 상태가 아니기 때문에 환자를 기도해주는 것은 삼가는 것이 본인의 영성관리를 위하여 좋습니다.

한번 오셔서 강한 불같은 성령을 체험하여 심령 안에 답답함을 말씀과 성령으로 씻어 내는 것이 좋겠습니다. 그리고 제가 지금까지 출판한 책을 읽어보시면 많은 영적인 도움이 있고 집사님이 궁금해 하는 것이 많이 풀릴 것입니다.

영적인 은사를 사용하려면 영감이 깊어져야 하고 영력이 있어야합니다. 영적 삶이란 성령의 일과 마귀의 일을 분별하는 능력을 길러내는 과정이라고 생각할 수 있습니다. 하나님의 아들 예수께서 오신 이유는 마귀의 일을 멸하고자 함이 아닙니까? 그리고 그의 제자들인 성도들 역시 마귀의 일을 멸하는 것이 의무입니다. 그러려면 마귀의 속임수를 파악해야 하며, 특히 성령의 일로 위장한 짝퉁을 분별해낼 줄 알아야 할 것입니다.

26장 번아웃 신드롬을 알고 사역하라.

(고전 9:27)"내가 내 몸을 쳐 복종하게 함은 내가 남에게
전파한 후에 자신이 도리어 버림을 당할까 두려워함이로다"

요즘 몇 년 새 새롭게 떠오르는 증후군 중 하나인 번아웃 증후군입니다. "Burn out": 에너지를 소진하다. 어떤 일에 과도하게 몰두하고 신경 쓰다가 어느 순간 모두 불타버린 연료처럼 무기력증이 찾아오기도 하는 이 증후군은 과도한 업무로 인한 극도의 피로감이 신체적, 정신적으로 모두 기력을 완전히 소진시켜 버리는 상태를 일컫는 말로 현대인들에게 자주 발생하고 있으며, 증상으로는 우울증과 무기력증, 수면장애, 인지능력 저하, 자기혐오와 직무 거부 형태까지 다양하게 나타나고 있습니다. 이 증후군은 일중독이나 만성피로가 가장 큰 원인으로 꼽히고 있습니다. 번아웃 증후군에 빠지면, 업무 효율도 떨어지며 직장과 일에 대한 부정적인 생각이 들고 이런 생각이 장기화되면 늘 피곤하며 잠도 잘 못 자는 수면장애 및 개인적인 우울증이나 무기력증이 생겨 헤어 나오기 힘든 지경까지 다다르기도 합니다. 목회자들이 번아웃에 걸려서 사역을 하지 못하는 분들이 있습니다.

바로 탈진이라고도 하고 영적인 피해라고도 합니다. 하나님은 예수를 믿는 성도들이 믿음의 수준이 자라기를 원하십니다. 영적인 역사는 모두 비슷합니다. 육적인 눈을 가지고 분별이 불가능합니다. 그렇기 때문에 말씀을 적용하여 체험함으로 영안이 열려

야합니다. 지금 교회에는 많은 분들이 귀신 역사를 두려워합니다. 왜 그렇습니까? 체험하지 않았기 때문에 막연하게 두려워하는 것입니다. 예를 든다면 귀신을 쫓던 아무개 목사가 귀신에게 접신되어 고통을 당했다. 이런 소문이 종종 들리기 때문입니다. 어떤 사모님의 말을 빌리자면 자신이 어느 집회에 참석했는데 강사가 귀신을 쫓아내지 말라고 했다는 것입니다. 이유인 즉은 귀신을 쫓아내고 나니 자신에게 들어붙어서 피해를 가한다는 것입니다. 이분은 이 말을 철석같이 믿고 남편목사님에게 귀신을 쫓아내지 못하게 하여 결국 교회 문을 닫았습니다. 한번 생각해 보세요. 예수님의 일을 대신해야 하는 목사가 귀신이 무서워서 쫓아내지 못하니 어떻게 예수님이 그 목사를 통하여 하나님의 나라를 건설하겠습니까? 분명하게 귀신은 두려워할 존재가 절대로 아닙니다. 정확하게 말한다면 그림자에 불과한 존재들입니다. 성령의 역사가 일어나면 정체를 폭로해야 되고 예수 이름으로 떠나라고 명령하면 떠나가야 되는 존재들입니다. 바르게 알고 영성과 진리를 적용하여 귀신들을 몰아내시기를 바랍니다. 그럼 왜 목회자나 성도들이 영적인 피해를 당할까요?

첫째, 영적인 지식이 없어서 당합니다. 필자의 교회에 오셔서 치유 받은 전남에 계시는 목사님의 말씀을 빌리자면 이렇습니다. 목사님은 경기도에 있는 기도원에 8년 정도 다녔습니다. 거기서 강사 목사님에게 들은 대로 자신의 교회에 가서 환자들을 안수하고 귀신들을 쫓았습니다. 얼마 지나자 오른쪽 어깨가 마비가 된 것입니다. 한약방에 다니면서 침을 맞아도 치유되지 않았습니다.

인간적인 방법을 다 동원하여 1년을 치유해도 고쳐지지를 안았습니다. 물론 성도들의 치유 안수는 두려워서 하지 못했습니다.

그러다가 사모님이 필자의 교회를 소문을 통해서 알게 되었습니다. 사모님이 치유는 영적 치유 밖에 없다고 목사님을 매주 마다 필자의 교회에 가게 했습니다. 그 당시는 월-화-수-목 4일을 하루에 3번씩 집회를 할 때입니다. 다행하게 서울에 기거할 수 있는 곳이 있어서 거기에서 기거하면서 10개월을 다녔습니다.

그런데 문제는 영적으로 너무나 강하게 묶여서 그렇게 불을 집어넣고 안수를 해도 성령께서 장악을 하지 못했습니다. 배에서 올라오는 소리로 주여! 주여! 를 아무리 외쳐도 성령의 역사로 영의통로가 열리지를 않았습니다. 왜 그럴까요? 성령의 권능이 자신을 주장하지 않는데 자신의 의지로 성도들의 병을 고치고 귀신을 쫓아냈기 때문에 자신 안에 상처에 귀신들이 견고한 진을 만들어서 그렇게 된 것입니다.

4개월이 되니까, 성령께서 장악을 하여 하품을 하기 시작을 하더니 기침이 나왔습니다. 영의통로가 열린 것입니다. 지속적으로 안수하고 성령의 역사를 일으키니 서서히 마비된 어깨가 풀어지기 시작을 했습니다. 7개월이 되니까, 완전하게 정상으로 회복이 되었습니다. 사모님이 굉장히 기뻐하셨다는 것입니다, 한 번 생각해 보세요. 한쪽이 마비되었다가 풀렸으니 얼마나 기뻤겠습니까? 이분이 왜 이렇게 고생을 했습니까? 무지해서 고통을 당한 것입니다.

성령의 역사가 앞서가는 사역을 해야 하는데 직책과 의지를 가지고 사역에 임했기 때문에 영적인 피해를 당한 것입니다. 그러나 나쁜 것만은 아닙니다. 그 일을 통해서 바른 성령의 역사를 알고 영적으로 깊어졌기 때문에 하나님의 편에서는 유익입니다. 이분이 최근에도 토요일 날 올라오셔서 집중 치유를 몇 번 받고 가셨습니다. 영적인 것을 바르게 깨달으니 자신을 관리하면서 사역하는 것입니다.

둘째, 자신의 힘으로 사역하기 때문입니다. 일부 목회자들이 영적인 사역을 자신의 의지와 욕심을 가지고 하려고 합니다. 영적인 사역을 그렇게 의지나 욕심으로 하는 것이 아닙니다. 필자는 젊은 목회자들에게 이렇게 권면합니다. 먼저 사역을 하려고 하지 말고 자신을 준비하라는 것입니다. 교회개척이 능사가 아니라는 것입니다. 영적인 준비가 먼저라는 것입니다. 말씀의 비밀을 깨닫고 성령으로 기도하면서 하나님과 관계를 열라는 것입니다. 영적인 사역은 성령께서 하시는 것입니다. 사역자는 성령께서 하라는 대로 순종하고 따라가는 것입니다.

하나님의 일인데 자신이 하나님과 관계도 열리지 않았는데 시작을 한다는 것은 참으로 무모하고 위험한 일입니다. 반드시 실패를 경험합니다. 실패로 끝나는 것이 아니라, 필자가 체험한 바로는 영적인 피해를 당하여 회복하는데 시간이 걸립니다. 딜레마에 빠져서 영적인 사역을 하지 못할 수도 있습니다. 우리 한국 교회에 많은 목회자 들이 영적인 사역을 하다가 피해를 당하여 사역을 하지 못하는 분들이 많습니다. 이분들이 모두 자신의 힘으로 이론으로 사역을 했기 때문에 피해를 당하고 사역을 포기한 것입니다.

그래서 준비하라는 것입니다. 준비가 되어 하나님과 관계가 열리면 성령사역은 그리 어렵지 않습니다. 필자는 즐겁게 사역을 하고 있습니다. 영적인 사역이 바른 진리를 적용하고 성령의 인도를 받으면 쉽습니다. 그리고 보람이 있습니다. 영적인 피해를 당하여 사역을 포기한 분들의 이야기를 들어보면 영적인 피해를 당할 수밖에 없었다는 것입니다. 한마디로 바른 성령의 역사를 따라가지 않고 바른 진리를 적용하지 못했다는 것입니다. 막연하게 아는 지식을 가지고 사역을 했기 때문입니다.

필자가 생각하는 준비하는 기간은 사람마다 다르겠지만, 자신 안에서 성령의 역사가 흘러나올 때까지 준비해야 합니다. 성령님과 인격적인 관계가 열릴 때까지 준비해야 합니다. 자신 안에 성령으로 가득 채워야 한다는 말입니다. 자신 안에서 성령의 역사가 나와야 한다는 뜻입니다. 영적인 사역은 사역자에게 역사하는 성령의 역사를 환자에게 전이시켜서 환자의 심령에서 성령의 역사가 일어나게 할 수 있어야 성공합니다. 그렇기 때문에 사역자의 영성이 굉장히 중요한 것입니다. 자신을 준비하세요. 관심을 가지면 됩니다.

셋째, 은사를 가지고 사역하기 때문입니다. 많은 목회자들이 성령의 은사가 있어서 사역을 했는데 영적인 손상을 당하고 영적인 피해를 받아 사역을 하지 못합니다. 목사님! 성령의 은사를 받으러 왔습니다. 목사님! 저는 은사가 없기 때문에 말씀사역을 하려고 합니다. 알아도 지극히 잘못 안 것입니다. 역적인 사역은 은사를 가지고 하는 것이 아닙니다. 그렇게 생각하고 영적인 사역을 하니까, 영적인 손상을 당하고 영적인 피해를 받아 사역을 하지 못하는 것입니다. 하나님은 성령의 열매가 좋은 사역자와 함께 하십니다. 성령의 은사는 열매가 아름답지 못해도 나타납니다. 성경에 보면 다윗을 죽이려고 쫓아다니던 사울 왕에게도 예언의 은사가 나타났습니다.

은사를 가지고 영적인 사역을 하니 변화되지 않는 이성과 육체를 귀신들이 공격하여 영적인 손상을 입게 되는 것입니다. 분명하게 영적인 사역은 자신에게 역사하는 성령께서 하시는 것입니다. 그러므로 성령께서 자신을 통하여 나타나도록 자신을 준비해야 합니다. 자신의 심령에 성령으로 충만하게 채워야 합니다. 자신이 성령의 도구가 되어야 합니다. 은사를 가지고 사역을 하다가 보면 얼마가지 않아서 영적인 고갈이 오고, 인간적인 육성으로 사역을 하다가 영적인 손상이나 피해를 당하게 됩니다. 하나님은 그렇게 호락호락하지 않으십니다. 사역자의 심령이 완전하게 하나님을 채워질 때까지 기다리십니다. 기다리다가 수준에 도달하면 성령께서 감동하시면서 영적인 사역을 하게 하십니다.

넷째, 계획성 없는 사역을 하기 때문입니다. 필자는 분명하게 성령치유 사역을 하려고 하는 분들에게 이렇게 말합니다. 정확한 시간을 정해놓고 사역을 하라는 것입니다. 무슨 일이 있더라도 정한 시간 내에 끝내라는 것입니다. 영적인 문제를 가지고 해결 받고자 자신을 찾아온 사람들은 어찌하든지 문제만 빨리 해결 받으려고 합니다. 그런데 바르게 알아야 할 것은 날이 새도록 붙잡고 안수기도 한다고 문제가 해결이 되지 않는다는 것입니다. 환자가 영적으로 깊어지는 만큼씩 치유가 됩니다. 이것이 하나님의 치유의 목적입니다. 치유를 받으면서 하나님께서 원하시는 영성으로 바뀌기를 원하십니다.

환자가 말씀의 비밀을 깨닫는 만큼씩 치유가 된다는 말입니다. 그렇게 해서 치유되어 하나님의 뜻이 그 사람을 통해서 이루어지기를 원하시는 것입니다. 하나님의 뜻은 필자가 누누이 강조했듯이 믿는 하나님의 자녀가 지금 심령에 천국을 이루고, 삶에서 아브라함의 복을 받아 누리면서 하나님의 군사로서의 사명을 감당하다가 천국에 들어가는 것입니다. 그렇기 때문에 치유와 문제의 해결은 하나님의 시간표에 따라야 합니다. 사역자가 욕심을 가지고 환자를 치유하여 변화시키려고 해도 마음대로 되지 않는 것입니다. 그래서 시간을 정해놓고 사역을 하라는 것입니다. 그리고 절대로 안수만 해서는 환자를 정상으로 화복시킬 수가 없습니다. 진리의 말씀을 전하여 환자의 영을 깨워야 합니다.

사역자가 되려는 분들이 알아야 할 것은 사역자의 영성도 어떤 능력 있는 목사에게 안수한번 받아서 뻥 뚫리면 능력이 나타나는 것이 절대로 아닙니다. 사역자가 영적인 비밀을 깨닫는 만큼씩 깊어지는 것입니다. 그러므로 쉽게 능력 받아서 한탕하려는 생각은 접는 것이 좋습니다. 하나님은 정확하게 사역자의 인격의 성숙을 측정하고 계십니다. 시간을 정해놓고 계획성 있는 사역을 해야 영적인 피해를 당하지 않습니다.

다섯째, 자신을 정화하는 시간을 가지 않기 때문입니다. 사역이 끝난 다음에도 자기 관리를 해야 합니다. 많은 치유사역자들이 치유 사역할 때 타고 들어온 악한 영의 영향으로 탈진 현상을 많이 겪고 있습니다. 이는 자신의 관리를 게을리 했기 때문에 당하는 것입니다. 그러므로 사역을 한 후에 성령의 깊은 임재 하에 배호흡 기도를 해서 제거해야 합니다. 저의 경우는 이렇게 제거합니다. 의식을 배꼽아래에 두고 호흡을 깊게 들이쉬고 내쉽니다. 이때 아랫배가 아픈 경우도 있습니다.

그러면 자신의 손을 통증부위에 두고 계속 강한 호흡을 하면 통증이 없어지면서 하품이나 기침이나 트림으로 빠져나갑니다. 조금 있으면 머리가 맑아지고 상쾌하여 집니다. 자신이 생각해서 마음이 가볍다고 생각이 되면 다 빠져나간 것입니다. 우리 성도들이나 사역자들은 앞에 설명한 깊은 영의기도의 방법들을 터득하면 자신의 영성관리에 대단히 유익합니다.

영적인 사역을 하다가 영적인 손상을 입어 영의 통로가 막히면 여러 가지 문제가 발생합니다. 가슴이 답답해집니다. 짜증이 심해집니다. 여기저기 육체의 질병이 발생하기도 합니다. 가정불화가 생기기도 합니다. 인간관계가 꼬이기도 합니다. 재정에 문제가 생깁니다. 사람은 영적이면서 육적인 존재입니다. 고로 영의 만족을 누려야 모든 것이 정상이 되는 것입니다. 모든 문제의 시발점은 영에서 시작이 되는 것입니다. 영에서 문제가 생기면 마음의 병으로 진전이 됩니다. 마음의 병이 깊어지면 육체의 질병으로 나타나는 것입니다. 그러므로 육체의 질병이 생겼다면 영적인 문제가 깊어졌다는 증거가 되는 것입니다.

이때 제일먼저 해야 할 것이 영의 통로를 뚫어야 합니다. 영의 통로는 혼자 기도해서 쉽게 뚫리지 않습니다. 성령으로 충만한 사역자의 도움을 받는 것이 빠릅니다. 빠른 시간 내에 영의 통로를 뚫어야 합니다. 이를 예방하기 위하여 깊은 영의 기도로 항상 영의 통로를 열어야 합니다.

여섯째, 영육의 균형을 유지하지 않기 때문입니다. 주님은 육으로 계실 때 육성으로 하는 말이 곧 영임을 우리에게 일깨워주셨습니다. 우리의 영은 육을 떠나서는 이 세상에 존재할 수 없습니다. 세상에 존재하는 동안 필수적으로 육을 입어야 하는 것입니다. 영과 육의 관계는 상호 보완적이며 필요한 존재입니다. 따라서 영은 육의 조건에 많은 영향을 받습니다.

육이 범죄 함으로써 영은 심하게 위축되며, 육이 쇠잔하면 영은 그 힘을 잃게 됩니다. 강한 영적 힘을 얻기 위해서는 많은 기도를 해야 한다고 생각하는 사람들이 많습니다. 또 금식을 해야 한다고 생각하는 사람들이 있습니다. 물론 틀린 말은 아닙니다. 그렇다고 올바른 말도 아닙니다. 영적 힘이 기도의 분량에 있는 것은 아닙니다. 영적 힘이 강하면 많은 기도를 할 수 있습니다. 오랜 기도와 끈질긴 기도는 영적 힘이 없으면 불가능한 일입니다. 그러나 기도의 양에 의하여 영력이 강해지는 것은 아닙니다.

하나님은 우리의 기도를 통해서 영적 힘을 공급합니다. 그러나 기도만이 유일한 통로가 되는 것은 아닙니다. 하나님이 우리에게 힘을 공급하는 수단은 여러 가지가 있습니다. 성령으로 기도하기, 말씀의 실천, 예배, 찬양, 봉사, 헌신, 성경공부, 호흡, 그리고 체력단련 등입니다. 그중에서 체력 단련은 우리가 그동안 간과해온 내용입니다. 체력과 영력은 비례합니다. 허약한 체력으로는 강한 영력을 유지할 수 없습니다. 특히 다리의 힘을 길러야 합니다. 영적인 사역을 하시는 목회자가 강단에 앉아서 말씀을 전하는 것은 좋지 못합니다. 벌써 귀신에게 역사할 수 있는 빌미를 제공한 것입니다. 좋은 음식도 먹어야 합니다.

1시간 집회를 인도하고 지치는 사람과 10시간 인도해도 힘이 남아도는 사람과의 영력은 크게 차이가 납니다. 영력이 강하게 나타나는 집회에서는 회중이 힘을 얻습니다. 그러나 무기력한 집회에서는 사람들이 지루해하고 답답해합니다. 이런 집회에는 조는 사람이 많습니다. 회중이 준다고 강사가 야단을 치는 경우를 봅니다. 조는 회중이 문제입니까, 졸도록 만든 강사가 문제입니까? 강사가 영력이 약해서 일어나는 현상입니다. 영적인 사역을 하시는 분들은 체력과 영성이 균형이 잡히도록 관리를 해야 합니다. 그래야 영적인 손상이나 영적인 피해를 당하지 않습니다.

일곱째, 인간적인 욕심을 버리지 않기 때문입니다. 우리가 바르게 알아야 할 것이 목회는 영적인 일입니다. 영적인 사역만 영적인 일이 아닙니다. 많은 목회자가 영적인 사역만이 영적인 일이라고 생각하는 분들이 있습니다. 모든 목회활동은 영적인 일입니다. 요즈음 인터넷에 들어가 보면 서울에 있는 사랑의 교회로 인하여 좋지 못한 기사들이 올라옵니다. 이것이 모두 인간적인 욕심 때문에 생긴 일입니다. 필자는 개인적으로 목회자가 인간적인 욕심을 가지고 사역을 하기 때문에 영적인 손상을 당하고 영적인 피해를 당한다고 생각을 합니다.

목회자는 분명하게 하나님의 종입니다. 하나님의 종은 하나님께서 시키는 일만 하면 됩니다. 그렇데 그러하지 못하고 자신의 욕심을 가지고 사역을 하니까, 육성이 발동되어 성령이 역사가 일어나지 않으니 인간방법을 추구하게 됩니다. 인간방법을 추구하니 귀신이 역사하는 것입니다. 많은 분들이 교회에서 하는 일은 모두 하나님의 일이라고 생각하는데 이는 전적으로 하나님의 뜻을 오해한 것입니다. 하나님께서 분명하게 지시한 것만 하나님의 일입니다.

목회자가 자기의 생각과 뜻을 가지고 추진하는 모든 것은 영적인 일이 아닙니다. 거기에는 하나님의 역사가 없습니다. 바르게 알아야 합니다. 아무리 귀신을 쫓아내고 병을 고쳐도 하나님께서 모른 다고 하십니다. 마태복음 7장 22-23절을 봅니다. "그 날에 많은 사람이 나더러 이르되 주여! 주여! 우리가 주의 이름으로 선지자 노릇 하며, 주의 이름으로 귀신을 쫓아내며 주의 이름으로 많은 권능을 행하지 아니하였나이까 하리니, 그 때에 내가 그들에게 밝히 말하되 내가 너희를 도무지 알지 못하니 불법을 행하는 자들아 내게서 떠나가라 하리라" 보십시오. 주님께서 '불법을 행하는 자들아 내게서 떠나가라'고 하십니다. 마태복음 7장 21절에 "나더러 주여! 주여! 하는 자마다 다 천국에 들어갈 것이 아니요. 다만 하늘에 계신 내 아버지의 뜻대로 행하는 자라야 들어가리라" 말씀하십니다. 하나님의 음성을 듣고 뜻에 따라서 영적인 일을 해야 하나님께서 역사하시는 것입니다.

자기 마음대로 욕심을 가지고 하니까, 하나님의 역사가 함께 하지 않아 영적인 손상이아 영적인 피해를 당하는 것입니다. 분명하게 성령의 음성을 듣고 성령의 인도에 따라 영적인 사역을 하면 영적인 손상이나 영적이 피해를 절대로 당하지 않습니다.

여덟째, 나쁜 영이 전이 될까봐 안수 안하기 때문에 당합니다. 일부 목사님들이 환자를 안수하면 자신에게 나쁜 영이 침입을 할까봐 안수를 안 하십니다. 그리고 안수하여 치유되거나 문제가 해결되지 않으면 망신을 당하기 때문에 안수를 안 하십니다. 그래서 자신은 말씀 중심의 목회를 하기 때문에 안수를 하지 않을 뿐더러, 하나님께서 자신에게는 그런 사명이나 은사를 주시지 않았다고 합리합니다. 그런데 영적인 역사를 알면 목회자는 모두가 안수를 해야 된다고 이해하게 될 것입니다.

예수님도 안수를 하셨다는 것입니다. 마가복음 8장 23-26절을 봅니다. "예수께서 맹인의 손을 붙잡으시고 마을 밖으로 데리고 나가사 눈에 침을 뱉으시며 그에게 안수하시고 무엇이 보이느냐 물으시니, 쳐다보며 이르되 사람들이 보이나이다. 나무 같은 것들이 걸어가는 것을 보나이다 하거늘, 이에 그 눈에 다시 안수하시매 그가 주목하여 보더니 나아서 모든 것을 밝히 보는지라. 예수께서 그 사람을 집으로 보내시며 이르시되 마을에는 들어가지 말라 하시니라" 분명하게 예수님도 안수를 하셨습니다. 사복음서에 보면 여러 곳에 예수님이 안수하신 것이 기록되어 있습니다.

그러므로 안수를 하지 않는 목사님은 예수님의 일을 하지 않는 사람입니다. 더 나아가 예수님과 상관이 없는 사람입니다. 그래서 영적인 피해를 많이 당합니다. 요즈음 성도들이 영적인 관심이 지대합니다. 필자의 교회에도 성도들이 다수가 오셔서 은혜를 받습니다. 그분들에게서도 심령에서 성령의 불이 나옵니다. 예를 들어 말씀을 드립니다. 목사님이 강단에 서서 말씀을 전하실 때 성도들이 아멘으로 화답을 할 때가 있습니다. 아멘 할 때 성도의 심령에서 성령의 불이 나온다는 것입니다. 이 성령의 불이 목사님에게 전이가 됩니다. 전이될 때 성령으로 충만한 목사님이라고 하면 문제가 되지 않지만, 안수하는 것을 싫어하고 스스로 성령의 은사도 없다고 하시는 목사님에게 성령의 불이 있을 리가 만무한 것입니다.

성도들에 심령에서 나오는 불이 목사님에게 전이될 때 목사님에게 역사하는 영적인 세력이 부담을 갖게 됩니다. 차츰 강단에 서있는 목사님도 성령으로 장악되기 때문입니다. 그러면 목사님의 무의식과 잠재의식에 잠복되어 있는 영적인 세력이 정체를 폭로하면서 여러 가지 문제를 일으킬 수가 있는 것입니다. 그래서 말씀 중심의 목사님들이 나아가 들어 체력이 떨어지면 여러 가지 질병으로 고생을 하시는 것입니다. 이를 방지하는 방법은 간단합니다. 성령으로 세례를 받고 성령으로 기도하면서 심령을 성령으로 정화하면 되는 것입니다. 문제는 무시하고 관심을 갖지 않기 때문에 당하는 것입니다.

27장 능력 받고 사용하는 원리를 알라.

(고전 9:27)"내가 내 몸을 쳐 복종하게 함은 내가 남에게
전파한 후에 자신이 도리어 버림을 당할까 두려워함이로다"

능력은 자신 안에 성전에서 성령으로 받은 만큼 사용해야 합니다. 그러니까, 성령으로 기도하여 충전된 만큼 사역에서 사용하는 것입니다. 많은 목회자들이 능력을 받은 만큼 사용하지 않아 탈진에 빠지는 경우를 종종 봅니다. 말씀의 묵상과 성령으로 기도하여 충전하지 않고 사용하기만 해서 그렇게 되는 것입니다. 분명하게 능력은 받은 만큼 사용해야 합니다. 마찬가지로 육체도 쉼을 가져야 합니다. 영적인 탈진이나 피해를 당하지 않으려면 바르게 알고 행해야 합니다. 선무당이 사람을 잡는다고 정확하게 알지 못하고 성령의 인도를 받지 않고 욕심으로 사역을 하면 당하게 됩니다. 항상 성령님이 앞서시게 해야 합니다. 그래야 교활한 영적존재들로부터 자신을 보호할 수가 있습니다. 바울은 "내가 내 몸을 쳐 복종하게 함은 내가 남에게 전파한 후에 자신이 도리어 버림을 당할까 두려워함이로다(고전 9:27)" 하였습니다.

영적인 탈진이나 피해를 당하면 치유하기가 쉽지가 않습니다. 자신이 마음을 열고 받아들인 역사이기 때문에 쉽사리 떠나가지 않는 것이 보통입니다. 또한 자신이 영적 탈진이나 피해를 당했다는 것을 알아차릴 때는 이미 상당한 시간이 흐른 다음이므로 귀신이 이미 자신에게 집을 지었을 수 있기 때문입니다.

첫째, 바른 영적지식을 쌓으라. 우리 성도들은 영적인 피해를 당하지 않기 위하여 바른 영적인 지식을 쌓아야 합니다. 자신의 영은 자신이 지켜야 합니다. 영적인 피해를 당한 후에 원망하거나 후회해도 때는 늦은 것입니다. 그리고 책임을 본인에게 있습니다. 문제를 해결하는 것에 앞서서 하나님과 자신과 관계를 열어가려고 부단한 노력을 해야 합니다. 많은 목회자와 성도들이 영의 문제를 육의 문제와는 별개로 보는 견해가 있습니다. 영을 강하게 하기 위해서는 육을 억제해야 한다고 생각합니다. 이런 사람들은 영을 강하게 하기 위해서 육의 요구를 억제하고 절제된 생활을 합니다. 영지주의나 불교적 영성을 추구하는 사람들이 그런 태도를 취합니다. 그러나 기독교의 영성은 영과 육의 긴밀한 조화를 추구합니다. 주님은 육으로 계실 때 육성으로 하는 말이 곧 영임을 우리에게 일깨워주셨습니다. 우리의 영은 세상에 존재하는 동안 필수적으로 육을 입어야 하는 것입니다. 영은 육을 떠나서는 존재할 수가 없습니다. 영과 육의 관계는 상호 보완적이며 필요한 존재입니다. 따라서 영은 육의 조건에 많은 영향을 받습니다.

육이 범죄 함으로써 영은 심하게 위축되며, 육이 쇠잔하면 영은 그 힘을 잃게 됩니다. 강한 영적 힘을 얻기 위해서는 많은 기도를 해야 한다고 생각하는 사람들이 많습니다. 물론 틀린 말은 아닙니다. 그렇다고 올바른 말도 아닙니다. 영적 힘이 기도의 분량에 있는 것은 아닙니다. 영적 힘이 강하면 많은 기도를 할 수 있습니다. 오랜 기도와 끈질긴 기도는 영적 힘이 없으면 불가능한 일입니다. 그러나 기도의 양에 의하여 영력이 강해지는 것은 아닙니다. 십 분을 기도하더라도 자신 안에 계신 하나님과 연결 되는 깊은 기도라야 영력이 강해지는 것입니다.

하나님은 우리의 기도를 통해서 영적 힘을 공급합니다. 그러나 기도만이 유일한 통로가 되는 것은 아닙니다. 하나님이 우리에게 힘을 공급하는 수단은 여러 가지가 있습니다. 성령으로 기도하기, 말씀의 실천, 예배, 찬양, 봉사, 헌신, 성경공부, 성령 안에서 깊은 호흡, 그리고 체력단련 등입니다. 그중에서 체력 단련은 우리가 그동안 간과해온 내용입니다. 체력과 영력은 비례합니다. 허약한 체력으로는 강한 영력을 유지할 수 없습니다.

1시간 집회를 인도하고 지치는 사람과 10시간 인도해도 힘이 남아도는 사람과의 영력은 크게 차이가 납니다. 영력이 강하게 나타나는 집회에서는 회중이 힘을 얻습니다. 그러나 무기력한 집회에서는 사람들이 지루해하고 답답해합니다. 이런 집회에는 조는 사람이 많습니다. 회중이 준다고 강사가 야단을 치는 경우를 봅니다. 조는 회중이 문제입니까, 졸도록 만든 강사가 문제입니까?

영적 권능이 약하면 마귀가 판을 칩니다. 마귀가 집회를 온통 휘젓고 다닙니다. 어떤 귀신들린 사람이 있었습니다. 교회의 목사님과 몇 명의 성도가 축사를 위한 예배를 시작했습니다. 그 목사님은 축사를 해 본 경험이 없는 분이었습니다. 이론적으로 알고 있고, 또 목사는 하나님의 종이므로 귀신을 능히 쫓을 수 있을 것으로 믿고 예배를 시작했습니다. 그런데 예배가 처음부터 곤경에 빠지게 되었습니다. 귀신의 영향을 받는 자가 소리를 지르면서 소란을 피웠기 때문입니다.

영력은 체력을 바탕으로 하는 예로써 심한 병에 걸려 다운된 사람을 위해서 치유기도와 축귀하는 경우 심한 체력과 영력의 소모를 가져옵니다. 1시간 기도에 1kg 이상 체중이 빠집니다. 영력도 소진됩니다. 기도를 하고 나면 영력과 체력이 동시에 소진되는 것입니다. 특히 초보자가 악령과 싸우는 영적 전투에 임하면 급격히 체력이 소진되는 것을 느낍니다. 자신의 힘으로 사역하기 때문입니다. 그러므로 평상시에 체력과 영력을 관리해야 합니다. 영적 전투가 물리적인 힘을 써서 하는 것은 아닙니다. 반드시 성령의 인도를 받아가며 사역을 해야 합니다.

그런데 초보 사역자들이 성령의 인도를 받는다는 것이 그리 쉽지 않습니다. 성령의 역사가 일어나기 시작을 하면 흥분하여 자기 힘으로 하려고 덤비기 때문입니다. 필자와 같이 18년이란 세월동안 오로지 개별치유사역에 전념했다면 노련하게 성령의 인도를 받아가며 비교적 쉽게 사역을 감당하지만, 초보사역자들은 성령이 인도받기가 쉽지 않습니다. 성령이 역사하고 귀신이 정체를 폭로하면 성령님과 교통은 뒷전이고 자신의 생각과 힘으로 하려고 합니다. 체력이 소진되는 것입니다. 그래서 체험을 해야 한다는 것입니다. 영력은 체력을 바탕으로 하여 그 속에서 우러나오는 보이지 않는 힘(에너지)입니다. 영력의 바탕이 되는 체력을 강하게 기르는 것은 사역자의 필수적인 일과입니다. 영력은 체력에 비례 한다고 보아도 과언이 아닙니다.

필자는 개인적으로 일주일에 5회 정도 워킹을 합니다. 춥거나 더우면 러닝머신을 1시간이상 합니다. 대략 8Km 정도 워킹을 하는데 컨디션이 좋은 날은 좀 더 워킹을 합니다. 매일 마음으로 기도하면서 꾸준히 8Km를 1시간 정도의 속력으로 워킹을 합니다. 기도하면서 워킹을 하니 영성도 깊어지고 하나님과 관계도 깊어지고 일거양득입니다. 강한 체력을 유지하여야만 강한 영력을 소화할 수 있습니다. 물론 영적 힘의 분량은 주님이 주십니다. 체력이 아무리 강하다도 해도 주님이 영력을 주시지 않으면 영력을 발휘할 수 없습니다. 주님이 주신 영력을 100% 발휘할 수 있느냐 없느냐는 체력에 달려 있습니다.

적당한 운동을 계속함으로써 건강이 유지되고 체력이 향상 되면 주님이 주신 영적 능력을 효율적으로 사용할 수 있는 것입니다. 그러므로 운동은 사역자에게는 더욱 필수과목입니다. 운동하지 않고 좋은 사역을 하겠다는 생각은 버리십시오. 지금의 사역보다 더욱 능력 있는 사역을 원한다면 지금 당장 운동을 시작하여 체력을 향상시키기 바랍니다. 자신을 준비하고 관리해야 합니다. 육체가 건강해진만큼 영적 능력도 크게 나타날 것입니다. 영적 능력은 우리가 추구해야 할 대상은 아닙니다. 영적 능력은 주님을 나타내는 수단이지 우리가 추구할 궁극적인 목표는 아닙니다. 그러나 우리가 이 세상에 사는 동안에 보다 아름답고 좋을 집에서 살고 싶은 소망이 누구에게나 있듯이 주님을 나타내는 방법을 터득하여 보다 더 강하게 나타낸다면 아름답지 않겠습니까?

이런 점에서 우리는 강한 능력을 소유해야 할 것입니다. 특히 우리의 원수 마귀는 강한 힘을 소유하고 있습니다. 이 마귀와 싸워 이기기 위해서 우리는 자신 안에 계신 주님으로부터 강한 능력을 받아야 합니다. 영적 싸움은 파워게임 입니다. 자신에게 역사하는 성령의 권능이 강하면 귀신은 물러나고 내가 권능이 약하면 귀신은 절대로 물러나지 않습니다. 자신에게 주어진 하나님의 능력의 한계 안에서 귀신을 쫓을 수 있는 것입니다.

지난날 초보사역시 집중치유를 하면서 머리가 혼미해지고 몸에 힘이 없고 말하기 힘든 고통과 온몸의 힘이 다 빠져나가 탈진하는 것과 같은 힘겨움이 몰려올 때도 있었습니다. 그러나 저의 강인한 체력과 영력이 있으니 영적인 싸움에 승리하게 됩니다. 그런데 체력이 약하여 포기하면 영적인 전쟁에서 패한 것입니다.

마라톤 선수가 자신 보다 불과 1미터 정도 앞선 선수를 추월하지 못하고 계속 그 뒤에서만 달리다가 끝내 지고 마는 것을 보는 경우가 있습니다. 약간의 차이는 마라톤에서는 결코 따라잡을 수 없는 절대적 힘의 우위가 되는 것입니다. 이처럼 영적 전투에서도 마찬가지입니다. 필자는 달리기를 하면서 수없이 쉬고 싶은 유혹을 받습니다. 그러나 이럴 때마다 귀신들린 사람들을 생각합니다. 제가 실패한 경험들을 떠올리면서 이를 악물고 달립니다. 그렇게 달리면 목표에 이릅니다. 숨이 턱에 차고 심장이 멎을 것 같던 힘든 고비를 넘기면 호흡도 편안해지고 기분도 상쾌해지면서 얼마든지 달리게 됩니다.

이제 귀신을 내어 쫓는 일에 있어서 체력으로 인하여 포기하는 일은 결코 없기를 저는 바라면서 달립니다. 포기하는 것은 그 가정의 고통을 지속시키는 불행한 일입니다. 끈질긴 기도와 영적 인내의 싸움을 위해서 우리는 운동을 해야 합니다. 특별히 워킹을 권합니다. 건강을 위해 달리는 것이 아닙니다. 기록을 위해서 달리는 것도 아닙니다. 우리는 하나님의 나라와 모든 성도들의 행복과 자신의 행복을 위해서 달리는 워킹이 되어야 합니다.

제가 현재 이렇게 사역을 감당하는 것도 강한 체력적인 뒷받침이 있기 때문입니다. 체력적인 뒷받침이 없었더라면 벌써 사역을 포기하거나 하지 못했을 것입니다. 두 시간을 서서 걸어 다니면서 환자들을 안수할 때 솔직하게 힘이 듭니다. 특별히 개인을 상대하며 치유하는 사역자는 강한 체력이 뒷받침이 되어야 합니다. 체력과 영성은 같이 가야 합니다. 어느 한쪽으로 치우쳐서는 안 됩니다. 균형이 맞아야 영성이 깊어집니다. 그래야 영적인 피해를 당하지 않습니다. 영적인 손상과 영적인 피해는 깊은 기도를 하지 않아 영성이 약하고 체력을 준비하지 않아 당하는 것입니다. 영육의 균형을 유지하시기를 바랍니다.

그리고 영력을 유지하기 위하여 마음으로 기도를 많이 해야 합니다. 한마디로 자신의 마음 안에 하나님으로 충만하게 채우는 것입니다. 그래야 영적인 손상이나 영적인 피해를 당하지 않습니다. 성령으로 기도하여 영의 상태가 되면 하나님께 질문도 할 수가 있습니다. 성령으로 기도하여 영의 상태가 되어야 내적인 상처도 치유되고, 귀신도 떠나가고, 병도 고쳐지고, 문제도 해결되고, 하나님의 음성도 들을 수가 있는 것입니다. 성령으로 기도하는 것은 성령의 임재가운데 성령 안에서 기도하는 것을 말합니다. 마음으로 기도하여 마음의 문이 열려야 영으로 기도하게 되는 것입니다. 자꾸 하나님께 물어보면 마음이 열립니다.

영으로 기도하는 것이 성령으로 기도하는 것입니다. 그렇기 때문에 먼저 마음의 방언기도로 마음의 문을 열어야 영으로 기도할 수가 있는 것입니다. 마음으로 방언 기도하는 비결은 이렇습니다. 숨을 들이 쉬고 내 쉬면서 방언기도를 합니다. 숨을 들이 쉬고 내 쉬면서 방언기도를 합니다. 숨을 들이 쉬고 내 쉬면서 방언기도를 합니다. 자연스럽게 마음으로 방언기도를 하면 되는 것입니다. 말로 하는 기도는 호흡을 들이쉬고 내쉬면서 주여! 합니다. 이렇게 지속적으로 마음으로 기도를 합니다.

방언으로 하는 마음의 기도는 호흡을 들이쉬고 내쉬면서 방언기도하고, 호흡을 들이쉬고 내쉬면서 방언기도를 합니다. 즉 내면의 활동이 강화되어 자신의 마음속 영 안에 계신 성령이 밖으로 나오시게 해야 합니다. 코로는 바람을 들이쉬고 배꼽 아랫배로 호흡을 하는 것입니다. 기도를 하가다 보면 성령께서 감동을 주시는 것이 있습니다. 좌우지간 기도를 쉬지 말아야 합니다. 특별하게 성령으로 깊은 영의기도를 하려고 해야 합니다.

둘째, 영적검진을 주기적으로 받아라. 하나님은 말씀과 성령으로 자신의 영적진단을 주기적으로 하여 영육으로 강건하게 지내게 하십니다. 예수를 믿고 성령으로 거듭난 성도는 영적진단이 습관이 되어야 합니다. 성도의 문제는 영에서부터 시작이 되기 때문입니다. 자신의 육체에 문제가 생긴 것은 이미 영적인 문제가 깊어진 것입니다.

제가 집필하여 출판한 책을 읽고 상담 전화를 하시는 분들이 있습니다. 이분들이 이구동성으로 하는 말이, 기도가 되지 않는

다는 것입니다. 기도가 되지 않는다는 것은 영의 질병이 깊어진 것입니다. 이때에 치유법은 막힌 기도를 성령의 역사로 뚫는 것입니다. 절대로 혼자 기도하려고 해도 기도가 열리지를 않습니다. 반드시 영적인 사역자의 안수를 받아 막힌 영의 통로를 뚫는 것이 급선무입니다. 문제는 기도가 되지 않는 지경에 까지 진전되지 않게 하기 위하여 영적진단을 주기적으로 하는 것입니다. 육체를 건강하게 하기 위하여 건강진단을 주기적으로 합니다. 40세가 넘으면 건강보험 공단에서 2년에 한 번씩 건강 검진을 받게 합니다. 이때 자신의 건강 상태를 확인하고 문제가 있는 곳은 치유합니다. 그래서 건강을 유지하게 합니다.

이처럼 건강한 영적 삶을 살기 위해서는 주기적으로 영적 진단을 받을 필요가 있습니다. 저는 주기적인 영적진단을 아주 많이 강조합니다. 성령의 역사가 강한 장소에 가서 자신의 영적인 상태를 주기적으로 진단하는 것입니다. 암은 조기에 진단하면 100% 치유가 되지만, 검진을 하지 않으면 말기가 될 때까지 우리 몸은 암을 느끼지 못합니다. 그래서 의사들이 하는 말이 암을 발견하는 것은 주기적인 검진 밖에 없습니다. 라고 말을 합니다. 영적인 병도 이렇습니다. 병의 바이러스인 마귀나 귀신이 들어왔는데도 우리의 몸이 느끼지 못하는 경우가 많습니다. 영은 신호를 보내는데도 무지해서 그 신호를 놓치는 경우가 많습니다. 그러므로 주기적으로 자신의 영적인 상태를 점검할 필요가 있습니다. 주기적인 영적 상태 점검은 무엇보다 중요합니다.

세대에 역사하는 영적인 존재들은 태중에서 들어옵니다. 이것들이 평소에는 잠복하여 있다가 취약한 시기가 되면 고개를 들고 일어나 문제를 일으키는 것입니다. 이를 예방하기 위하여 주기적인 영적 검진이 필요한 것입니다. 저는 평소에 이렇게 말합니다. 예수를 믿고 교회에 들어오면 먼저 성령으로 세례를 받아야 합니다. 성령으로 세례를 받은 다음에 말씀과 성령으로 내면의 상처를 치유하는 것입니다. 상처를 치유 받으면서 병행하여 자아를 십자가에 매다는 것입니다.

성령의 역사로 혈통에 대물림되는 악한 영을 축귀하는 것입니다. 그리하여 영적체질을 만드는 것입니다. 이는 어려서부터 적용해야 되는 것입니다. 세대에 역사하는 악한 영을 성령의 역사로 드러내어 미리 축귀하는 것입니다. 그래서 저는 우리 충만한 교회에 다니고 있는 성도들의 자녀를 매주 안수해서 영적으로 맑은 상태를 유지하게 하려고 노력합니다. 이렇게 주기적으로 안수를 받으니 영적으로 깨끗해지는 것은 물론이고 육적으로도 건강하게 지냅니다. 기존 성도들은 주일날 영적점검을 받는 것입니다. 성령의 역사가 강하게 나타나니 세대에 대물림 되던 악한 영이 더 이상 숨어있지 못하고 정체를 폭로하는 것입니다. 폭로되어 떠나가게 하고 매 주일 성령의 역사를 체험하며 영적 상태를 유지하는 것입니다.

저는 항상 이렇게 말합니다. 성도들은 주일날이 아주 중요하다고 말입니다. 요즈음 세상 살아가는 것이 힘이 들어 주일 하루 밖에 교회를 나오지 못하는 분들이 많습니다. 이 중요한 주일을 성령으로 충만하게 예배를 드려서 영성을 유지하는 것입니다.

이렇게 신앙생활을 하지 못하니 세대에 역사하던 악한 영들이 예수를 믿어도 꼼짝하지 않고 숨어 있다가 영육으로 취약한 시기에 고개를 들고 나와 문제를 일으키는 것입니다. 제가 지금까지 성령치유 사역을 하면서 체험한 바로는 세대에 역사하던 악한 영이 장로가 된 다음에도 영육으로 이해 못하는 고통을 가하는 것입니다.

우리 충만한 교회 성령치유 집회와 주일 예배에 참석하여 성령의 강한 역사를 체험하고 자신 안에 도사리고 있던 중풍의 영들이 정체를 폭로하여 떠나보낸 분들이 부지기수입니다. 또 무속의 영들이 숨어 있다가 정체를 폭로하여 떠나보낸 성도 목회자가 많습니다. 이는 현재 진행형입니다. 지금도 역사가 일어난다는 것입니다. 오늘도 일어날 것입니다. 오셔서 체험해 보시기를 바랍니다. 이렇게 사전에 성령의 역사로 정체를 폭로하여 떠나보내지 않고 취약한 시기에 드러나서 고통을 당하다가 찾아오는 분들 또한 부지기수입니다.

또 매주 토요일 진행하는 개별 집중정밀치유 시간에 자신도 모르고 지내던 영적인 문제가 드러나 치유가 됩니다. 어떤 분은 무당의 영이 정체를 밝히고 떠나갑니다. 어떤 분은 중풍의 영이 드러나 떠나갑니다. 어떤 분들은 관절염을 일으켜서 걷지 못하게 하려고 숨어있던 귀신들이 정체를 폭로하고 떠나가기도 합니다. 저는 모든 성도와 목회자가 집중 치유를 받아서 자신의 영적인 상태를 진단 받아야 한다고 강조합니다. 영적인 진단은 나이가 젊을 때 받는 것이 아주 좋습니다. 저는 아이들은 초등학교 다닐 때 받는 것이 가장 좋다고 생각을 합니다. 영적인 진단을 주기적으로 하시기를 바랍니다. 고통을 당하다가 이렇게 해도 안 되고, 저렇게 해도 안 되니, 할 수 없이 저희 교회 같은 곳에서 치유를 받는 것입니다. 그런데 때는 이미 늦은 것입니다. 이미 정체를 드러냈기 때문에 치유하려면 시간이 많이 걸리는 것입니다. 세대에 역사하는 악한 영은 태중에서 침입을 합니다. 침입하여 정체를 드러내는 시기는 두 가지가 있습니다.

첫째로 성령의 역사에 의하여 청체를 드러냅니다. 이것이 제일로 좋은 현상입니다. 두 번째는 여러 가지 상황이 좋지 못하여 스트레스를 당하여 영육으로 취약한 시기에 드러내는 것입니다. 이 상황이 제일로 나쁜 것입니다. 이런 취약한 시기에 드러나는 것을 방지하기 위하여 주기적인 영적 점검을 하여 악한 영들을 드러내는 것입니다. 그래서 성도는 교회를 잘 정해야 합니다. 그리고 주일을 효과적으로 보내면서 주기적인 영적 점검을 받아야 합니다. 많은 성도들이 이렇게 주기적인 영적 점검을 받지 않음으로 인하여 불필요한 고통을 당하고 있습니다.

어떤 분은 목사가 된 다음에 악한 영들이 드러나 고생을 합니다. 어떤 분은 안수 집사가 된 다음에 악한 영이 드러나 말로 표현 못하는 고통을 당하기도 합니다. 저는 하나님의 은혜로 성령치유 사역을 하고 있습니다. 사역을 하다 보면 영적으로 무지하여 예수를 잘 믿으면서도 불필요한 고통을 당하면서 사는 분들을 볼 때 참으로 안타깝기 짝이 없습니다. 기독교 신앙은 예방 신앙입니다. 주기적인 영적검진이 필요한 것입니다.

이 책을 통해 예수님이 땅끝까지 전파 되기를 소원합니다.
(출판으로 인한 이익금은 문서선교와 개척교회 선교에 사용합니다.)

내적치유 축귀능력 받는 비결

발 행 일 l 2017. 6. 1초판 1쇄 발행

지 은 이 l 강요셉

펴 낸 이 l 강무신

편집담당 l 강무신

디 자 인 l 강요셉

교정담당 l 강무신

펴 낸 곳 l 도서출판 성령

신고번호 l 제22-3134호(2007.5.25)

등록번호 l 114-90-70539

주　　소 l 서울 서초구 방배천로 4안길 20(방배동)

전　　화 l 02)3474-0675/ 3472-0191

E-mail l kangms113@hanmail.net

유　　통 l 하늘유통. 031)947-7777

ISBN l 978-89-97999-59-0 부가기호 l 03230

가　　격 l 16,000원